सर्वश्रेष्ठ सट्टेबाज़

तेज़ी के बाज़ार में कैसे बड़ा मुनाफा कमाएं और मंदी के बाज़ार में कुछ न गंवाएं

सर्वश्रेष्ठ सट्टेबाज़
तेज़ी के बाज़ार में कैसे बड़ा मुनाफा कमाएं
और मंदी के बाज़ार में कुछ न गंवाएं

लेखक: ब्रैड कोटेश्वर

सर्वश्रेष्ठ सट्टेबाज़

ग्रेट एक्सप्रेशन पब्लिशिंग
स्कॉट्सडेल, AZ 85262

इस पुस्तक के सभी पात्र काल्पनिक हैं। पात्रों की किसी भी जीवित या मृत व्यक्ति से कोई भी समानता आकस्मिक व पूरी तरह से संयोगमात्र है। इस पुस्तक के घटनाक्रम घटित हो सकते हैं या नहीं भी हो सकते हैं और काल्पनिक हो सकते हैं या नहीं भी हो सकते हैं। यदि अतीत में घटनाएं हुई हैं तो उन्हें बाज़ार के सबक देने के लिए उदाहरण के रूप में प्रयोग किया जा सकता है या नहीं भी किया जा सकता है। यदि घटनाएं अभी तक नहीं हुई हैं तो भविष्य में हो सकती हैं या नहीं भी हो सकती हैं।

प्रकाशन तिथि: अक्टूबर, 2022
ISBN: 978-1-934295-9-8-4

मेरी बेटी को समर्पित,
जिसने बाज़ारों की तरह ही मुझे बहुत कुछ सिखाया है

सट्टेबाज़ ध्यान देता है, समझता है और उसके बाद लाभ कमाने की सबसे अच्छी संभावना के आधार पर काम करता है

विषयसूची

विषयसूची vii

प्रस्तावना ix

अध्याय 1: सट्टेबाज़ की कॉल 1

अध्याय 2: क्या सट्टेबाज़ी सीखी जा सकती है? 23

अध्याय 3: सबसे पहले, कोई नुकसान न करें 37

अध्याय 4: संदेह की स्थिति में, कुछ न करें 55

अध्याय 5: अटकल कैसे लगाएं 63

अध्याय 6: हर चीज़ की पुष्टि करें 79

अध्याय 7: मात्रा लगभग सबकुछ है 97

अध्याय 8: केवल असली ब्रेकआउट ख़रीदें 105

अध्याय 9: चार्ट पैटर्न - किसे फर्क पड़ता है? 119

अध्याय 10: ब्रेकअवे अच्छा दांव होते हैं 131

अध्याय 11: सट्टेबाज़ी के नियम और मूलभूत बातें 137

अध्याय 12: सट्टेबाज़ी के अतिरिक्त नियम और मूलभूत बातें 157

अध्याय 13: सट्टेबाज़ी के और नियम और मूलभूत बातें 173

अध्याय 14: मूलभूत बातों का दोहराव 193

अध्याय 15: सामान्य दिनचर्या 199

अध्याय 16: गतिविधि शुरू होने के बाद प्रतिबद्धता करें 205

अध्याय 17: अनुभवी हारने वाला या अनुभवी विजेता 209

परिशिष्ट 1: सट्टेबाज़ी के नियम.. 217

परिशिष्ट 2: एक तस्वीर हज़ार शब्दों के बराबर होती है....................... 221

परिशिष्ट 3: वो अन्य किताबें जिनकी सट्टेबाज़ों को ज़रूरत पड़ेगी........ 239

प्रस्तावना

मैं कोने में स्थित नाई की दुकान पर बाल कटवा रहा था। मुझे पुराने ज़माने वाली नाई की दुकानें पसंद थीं। आजकल, हर जगह बड़ी-बड़ी नाई की दुकानें खुलती जा रही थीं। उनके नाम बोलना मुश्किल था और वो उसके आगे "सैलून" लगाना पसंद करते थे, ख़ुद को "हेयरस्टाइलिस्ट" कहने वाले आधुनिक समय के नाइयों को उससे तीन गुना ज़्यादा पैसे लेने का मुफ़्त लाइसेंस मिल गया था, जो किसी साधारण नाई की दुकान पर बाल कटवाने में लगना चाहिए। मुझे लगता है कि मेरा नाई, एड, अपने सत्तरवें साल में चल रहा होगा। मेरे बाल काटते हुए, वो अपने जवानी के दिनों की बातें कर रहा था, जब वह शिकागो के बाहर अपनी नाई की दुकान चलाता था। मैंने उससे पूछा, "आप एरिज़ोना कब आये?" उसने कहा कि वो लगभग दस साल पहले सेवानिवृत्त हो गया था और शिकागो में अपनी दुकान बेचने के तुरंत बाद एरिज़ोना चला आया था। उसके बाद, तुरंत मेरे दिमाग में एक सवाल आया और मैंने ज़्यादा कुछ सोचे-समझे

बिना उससे पूछ लिया, "यदि आप दस साल पहले ही सेवानिवृत्त हो गए थे तो अभी तक काम क्यों कर रहे हैं?" उसने अपनी आवाज़ में थोड़ी उदासी और गुस्से के साथ जवाब दिया, "मुझे आप जैसे लोगों की बात सुननी चाहिए थे। लेकिन मैंने म्युचुअल फंड में अपने पैसे लगा दिए और बेयर मार्केट में मेरे हाथ से सबकुछ निकल गया। अब देखिये मैं अपने आख़िरी सालों में सबसे बुरी आर्थिक परिस्थिति झेल रहा हूँ।"

बाल कटवाकर घर आते समय, मैंने मन ही मन सोचा कि मीडिया कभी भी उन हज़ारों कहानियों के बारे में बात नहीं करती जो एड से मिलती-जुलती हैं या उससे भी बुरी हैं। बाज़ार में हमेशा स्टॉक मार्केट में तेज़ी से पैसे बनाने के बड़े वादे की चर्चा चलती रहती है।

स्कॉट्सडेल में अप्रैल के शुरुआत की खूबसूरत वसंत की सुबह थी। मैं अपनी पंद्रह मिनट की प्रसिद्धि का आनंद ले रहा था क्योंकि टाइम मैगज़ीन ने अभी-अभी अपने एक बिज़नेस कॉलम में मेरा और मेरी पत्नी का ज़िक्र किया था। टाइम मैगज़ीन ने टेज़र इंटरनेशनल के शेयर के मूल्य में अभूतपूर्व वृद्धि और उसके बाद मूल्यों में गिरावट को कवर किया था। उस लेख में उन्होंने मेरे बारे में भी कुछ ज़िक्र किया था।

मैंने 2004 में अपनी किताब "सर्वश्रेष्ठ स्टॉक" लिखी थी, जो टेज़र की शानदार मूल्य गतिविधि पर आधारित थी। मेरा फोन लगातार बजे जा रहा था क्योंकि मेरे परिवार के लोग, दोस्त और यहाँ तक कि मेरे पड़ोसी मुझे यह बताने के लिए कॉल कर रहे थे कि उनकी जान-पहचान में मैं ऐसा इकलौता

इंसान हूँ जिसके बारे में टाइम मैगज़ीन में लिखा गया है। मुझे ज़्यादातर लोगों को याद दिलाना पड़ रहा था कि टाइम का नया अंक पहले ही आ चुका है और पिछले महीने का टाइम मैगज़ीन अब पुराने ज़माने की बात हो गई है। इंसानों की याददाश्त छोटी होने कारण, लोगों ने टेज़र की कहानी को भूला दिया था। इसमें कोई संदेह नहीं है कि भविष्य के बाज़ार चक्र अपने साथ कई और नए स्टॉक लेकर आएंगे, जो टेज़र की तरह ही कहानियां लिखेंगे।

उन कई कॉल में से कुछ न्यूयॉर्क के बड़े पब्लिशिंग हाउसों के भी कॉल थे। अब जबकि मेरा नाम टाइम मैगज़ीन में आया था, इसलिए ज़ाहिर तौर पर, उन्होंने मेरी पिछली किताब को चुन लिया था, जिसे मैंने 2004 के सितम्बर महीने में सेल्फ-पब्लिश किया था। ये बड़े-बड़े हाउस अपनी बातों को घुमा-फिराकर नहीं बोलते थे। वो सीधे मुद्दे पर आते थे। "आपकी पहली किताब की कितनी कॉपी बिकी है? टाइम मैगज़ीन के लेख ने उनकी बिक्रियों को कितना बढ़ाया है? क्या आपके पास कोई दूसरी किताब है जिसपर आप अभी काम कर रहे हैं? क्या कोई दूसरा प्रकाशक आपके पास आया था? यदि हो सके तो क्या आप अपनी दूसरी किताब का रफ़ मैनुस्क्रिप्ट भेज सकते हैं?" उन सबके सवाल लगभग एक जैसे थे।

मुझे नहीं पता उन्हें कैसे पता चला कि मैं अपनी दूसरी किताब पर काम कर रहा हूँ। लेकिन मुझे लोगों की नज़रों में आकर अच्छा लग रहा था। मैंने ख़ुशी-ख़ुशी उन सबको अपने मैनुस्क्रिप्ट की ड्राफ्ट कॉपी भेज दी, जो मैंने तब तक तैयार की थी।

लगभग एक हफ्ते बाद मुझे एक पब्लिशर की कॉल आयी। वह आदमी मुंहफट था और सीधे मुद्दे पर आया। उसने कहा, “ब्रैड, आपकी मैनुस्क्रिप्ट अच्छी है लेकिन माफ़ करियेगा, मैं इसे नहीं बेच सकता। आपने बहुत ही सरल और आसान भाषा में क्लासिक सिद्धांतों के बारे में बताया है। मुझे लगता है, पाठकों को इसमें मज़ा आएगा और वो इससे सीखेंगे भी। लेकिन, मुझे इस किताब में ऐसा कुछ नहीं दिखाई दे रहा जो आसानी से पैसे कमाने का वादा करता है और इसमें ऐसा कुछ नहीं है जिसे मैं इसकी मार्केटिंग करने के लिए किसी नए आसानी से अमीर बनने के तरीके के रूप में इस्तेमाल कर सकता हूँ। मुझे किताब में बाज़ार को मात देने का कोई नया और आसान तरीका नहीं दिखा।”

मैंने उन्हें बीच में रोकते हुए कहा, “डेविड, मुझे आपसे यह कहते हुए अफ़सोस हो रहा है, लेकिन बाज़ार में अमीर बनने का कोई तेज़ और आसान तरीका नहीं है। अगर कोई तरीका होता तो अब तक इसका पता चल चुका होता। दुनिया में हज़ारों सालों से सट्टेबाज़ी चल रही है। कुछ भी नहीं बदला। मैंने सबकों को बहुत ही आसान और सरल भाषा में रखा है। अगर मुझे अपने जवानी के दिनों में कोई ऐसी किताब मिली होती तो मुझे बहुत ख़ुशी होती। मैं ऐसी कई सारी बड़ी गलतियां करने से बच जाता तो मैंने शुरुआत में की थीं।”

डेविड ने अचानक कहा, “मैं आपकी नई मैनुस्क्रिप्ट का प्रचार नहीं कर सकता और न ही इसे बेच सकता हूँ। जब मैं किसी किताब को मार्केट में उतारता हूँ तो यह आम तौर पर बाज़ार में आसानी से अमीर बनने का नया तरीका बताता है। लोगों को शॉर्ट-कट अच्छे लगते हैं और वो बाज़ार को मात देने का

नया फैंसी तरीका जानने के लिए बड़ी कीमत चुकाने के लिए तैयार रहते हैं। यदि मैं इसका प्रचार करूँ और इसे मार्केट करूँ तो मैं पहले दिन ही हज़ारों कॉपी बेच सकता हूँ। आप जिल इन्कॉग्निटो को जानते हैं? जब वो किताब लिखती हैं तो चाहे वो किताब कितनी भी बुरी क्यों न हो, पहले दिन ही उनकी 20,000 किताबें बिक जाती हैं। मैं इसका प्रचार कर सकता हूँ, इसे बेच सकता हूँ, इसे आगे बढ़ा सकता हूँ, इसकी मार्केटिंग कर सकता हूँ। उनकी किताबों में हमेशा तेज़ी से अमीर बनने का तरीका बताया जाता है और लोग बिना कुछ सोचे-समझे उनके लिखे पर विश्वास कर लेते हैं।"

"मैं आपको पब्लिशिंग की दुनिया का एक अंदर का चुटकुला बताता हूँ - हम केवल उन्हीं किताबों को प्रकाशित करते हैं, जिन्हें आम तौर पर बिकने में किसी मदद की ज़रूरत नहीं होती है। यदि आपका मन बदल जाए और आप कोई ऐसी किताब लिख सकें जो बाज़ार को मात देने का कोई नया अत्याधुनिक तरीका बताती है तो मुझे बताइयेगा, मैं उसका प्रचार करूँगा, उसे बाज़ार में लाऊंगा और बेस्ट-सेलर बनाऊंगा। इस मामले में लोग बहुत अजीब होते हैं क्योंकि वो कभी भी किसी झूठे वादे को पढ़ने के लिए पैसे खर्च करने को तैयार रहते हैं, लेकिन बाज़ार के सच्चे सबकों को जानने के लिए कभी पैसे नहीं देंगे।"

"बाज़ार के सच्चे सबकों और वास्तविकताओं को लागू करना बहुत मुश्किल होता है क्योंकि लोग आसान पैसों की तलाश में होते हैं। लेकिन आसान पैसे कुछ होते ही नहीं हैं। एकमात्र आसान पैसे आसान पैसों के वादे बेचना है। ज़रा जिल से पूछिए। आप जानते हैं, मैं किसकी बात कर रहा हूँ?" मैं जिल को जानता

था। वो बाहरमासी बुल थी। उसे केवल दो बाज़ार पता थे - एक बुल बाज़ार और दूसरा सुपर बुल बाज़ार। वो हमेशा सही होने का दावा करती थी। हालाँकि, लोगों को इस बात से कोई आपत्ति नहीं थी कि जिल हमेशा जीत की ओर इशारा करती थी। लोगों के लिए बस इतना मायने रखता था कि जिल आशावादी थी और उसके अनुसार एक बड़ा बुल मार्केट बस आने ही वाला है।

मैंने टिप्पणी की कि डेविड जिस जिल के बारे में बात कर रहे थे, उसका काम बहुत अच्छा चल रहा था। वो अपने समाचारपत्र में उन सभी शेयरों को प्रकाशित करती थी, जिन्होंने पिछले कुछ महीने में बहुत अच्छी गतिविधि की है। उसके बाद, वो कहती थी कि "अगर आपने यह शेयर छह महीने पहले ख़रीदा होता तो आज आपके पास तिगुने पैसे होते। ऐसे शेयरों के बारे में जानने के लिए, आपको मेरी चार्टिंग सेवा और स्क्रीनिंग प्रोग्रामों के लिए सब्सक्राइब करना चाहिए।" ज़ाहिर तौर पर, ये चार्ट्स और स्क्रीन सस्ते नहीं होंगे। जब उसका कोई पाठक सही और स्मार्ट सवाल करता था कि "आपका पेपर गतिविधि शुरू होने से पहले संभावित ख़रीद के रूप में शेयरों की सलाह क्यों नहीं देता, बल्कि आप हमेशा शेयरों की गतिविधि के बारे में बाद में क्यों बताती हैं?" - इसपर वो अपना क्लासिक सेल्समैन वाला जवाब देती थी कि, "हम समाचारपत्र हैं, न कि निवेश सलाहकार। हम शानदार मुनाफे कमाने के लिए निवेशक के लिए टूल्स ऑफर करते हैं।"

फिर मैं सोच में पड़ गया, "मुझे ऐसे तरीके धोखेबाज़ किस्म के लगते हैं और ये अमीरी का झांसा देने के अलावा और कुछ नहीं है। लेकिन शेयर बाज़ार का

तो काम ही है, भोले-भाले लोगों को तेज़ी से अमीर बनने के लालच में फंसाना।" मेरी बातें कड़वी थीं, लेकिन इतना तय था कि पब्लिशिंग बिज़नेस में डेविड अंदरूनी इंसान थे और उन्हें अपने संभावित लेखकों से ऐसी खरी बातें सुनने की आदत थी।

डेविड ने मुझे बीच में रोकते हुए कहा, "लेकिन ब्रैड, लोग यही चाहते हैं। शायद ज़्यादातर लोगों को इस बात पर भरोसा न हो, लेकिन बाज़ार की सच्चाई की सच्ची और सटीक तस्वीर पाने के बजाय लोगों को तेज़ी से अमीर बनने की योजनाएं ख़रीदना ज़्यादा पसंद है। सच्चाई स्वीकार करना मुश्किल होता है। लोग इस बात पर यकीन करना चाहते हैं कि बाज़ार में आसानी से ढेर सारा मुनाफा कमाया जा सकता है। वो इस विचार पर भरोसा करके ढेर सारे पैसे देने को तैयार हो जायेंगे कि बाज़ारों में कोई भी आसानी से बहुत सारे पैसे कमा सकता है। यदि आप ऐसी किताबें और सेवाएं लाते रहेंगे तो वो आपके पास हमेशा वापस आते रहेंगे।"

"बाज़ार मांग पर चलता है। जहाँ मांग होती है, हम वहाँ आपूर्ति करते हैं। तेज़ी से अमीर बनने के शॉर्ट कट और आसान पैसे बनाने के वादे मांग में हैं। बाज़ारों में उससे कहीं ज़्यादा लोग पैसे गंवाते हैं, जितना कोई मानना भी नहीं चाहेगा। ये सारे हारे हुए लोग अपना पैसा तेज़ी और आसानी से वापस पाना चाहते हैं। और हम यही देते हैं - आसानी से पैसे कमाने का वादा। और उस मांग को पूरा करने के लिए किताबें और सेवाएं बेचना हमारे लिए आसान पैसा है।"

मुझे पता था, यह सच है। न केवल कमोडिटीज़ मार्केट में अपने ब्रोकर के अनुभवों से, बल्कि दूसरे व्यवसायों के अनुभवों से भी। यह बहुत निराशाजनक होता है, जब आप एक ऐसी दुर्लभ सेवा ऑफर कर रहे होते हैं जो नुकसान से बचने के लिए सही चरणों के बारे में बता सकती है और सही अवसरों का प्रयोग कर सकती है, लेकिन कोई उसे नहीं ख़रीदेगा क्योंकि वो काम कठिन, मुश्किल है, उसके लिए बहुत सारे धैर्य, दृढ़ता की ज़रूरत होती है और चीज़ों को समझने के लिए आपको अपने दिमाग को ख़ास तौर पर तैयार करना पड़ता है।

डेविड ने आगे कहा, "आपके काम में एक और कमी है, वो यह कि आप अपनी किताब में CNBC या वॉल स्ट्रीट जैसी मशहूर चीज़ों का प्रयोग नहीं करते हैं। यदि आप कुछ जाने-माने लोगों का साक्षात्कार ले पाते तो आपके लिए अपनी किताब को बेचना आसान हो जायेगा। लोग बड़ी हस्तियों को फॉलो करते हैं। किसी सेलिब्रिटी या जानी-मानी हस्ती के होने से आपकी किताब की बिक्री तेज़ करने में मदद मिलेगी।"

मैंने डेविड से कहा, "कोई बात नहीं, डेविड। मैं अपनी किताब को सेल्फ-पब्लिश करूंगा। इस तरह मैं इसपर पूरी तरह नियंत्रण रख पाऊंगा कि मैं क्या लिखता हूँ, मैं कैसे लिखता हूँ और कब लिखता हूँ। आपने सही कहा। आप जिस तरह का प्रकाशन करते हैं वो काफी हद तक उससे मिलता-जुलता है जैसे वॉल स्ट्रीट के आंतरिक लोग काम करते हैं। इसे मुख्य रूप से मांग बनाने और पूरी करने के लिए चर्चित और निर्मित किया जाता है। उस तरह के पूंजीवाद में कोई बुराई नहीं है। लेकिन यह मेरा स्टाइल नहीं है।"

इसपर डेविड ने मुझे ठंडी सी प्रतिक्रिया देते हुए कहा, "गुड लक। कोई भी प्रमुख मीडिया आउटलेट कभी सेल्फ-पब्लिश्ड काम की समीक्षा नहीं करता है। इसके अलावा, आपको किताब की मार्केटिंग करने में मुश्किल आएगी क्योंकि ज़्यादातर पारंपरिक बड़े न्यूयॉर्क प्रकाशकों के पास अपने ख़ुद के लेखकों के लिए सभी रेडियो, टीवी और प्रिंट साक्षात्कार और कवरेज का एक्सेस होता है। किसी सेल्फ-पब्लिश्ड लेखक के लिए ऐसे एक्सपोज़र पाना बिल्कुल नामुमकिन है।"

"इसके अलावा, सेल्फ-पब्लिश्ड किताबें वॉल-मार्ट, बार्न्स एंड नोबल, बॉर्डर्स, बी. डाल्टन जैसे प्रमुख बुकस्टोरों और चेन स्टोरों में जगह नहीं बना सकती हैं। हम जैसे पारंपरिक बड़े प्रकाशकों के पास ही वो क्षमता और अनुबंधात्मक व्यवस्था है जिसकी वजह से आपकी किताबें बुक स्टोर में रखी जा सकती हैं। इसके अलावा, हमारे अपने हज़ारों इन-हाउस कर्मचारियों के साथ, हम अमेज़न जैसे सभी बड़े ऑनलाइन रिटेलरों पर सैकड़ों समीक्षाएं दे सकते हैं। आप जैसे सेल्फ-पब्लिशर के पास अपनी किताब को आगे बढ़ाने के लिए कोई तकनीक नहीं होती है। मुझे नहीं लगता आपको अपनी किताबों की बिक्री से कुछ ख़ास मुनाफा हो पायेगा। इसके अलावा, आप इसे भरने के बारे में क्या जानते हैं? हम प्रकाशक किसी किताब को कई सारे बेकार के पेजों और फालतू जानकारियों से भरने के बारे में थोड़ी-बहुत चीज़ें जानते हैं। हम बस आपकी किताब को मोटा और जानकारी से भरा हुआ बनाने के लिए आपके पेजों को पूरी तरह भर सकते हैं। हम किताब में पेजों की संख्या बढ़ाने के लिए

विषयसूची, शब्दकोष आदि डालते हैं। जैसा कि आपको पता है, पेज जितने ज़्यादा होंगे हम उतने ही ज़्यादा पैसे ले सकते हैं।"

डेविड की बात पूरी तरह सही थी। भले ही अमेरिका किसी भी दूसरे देश के मुक़ाबले कहीं ज़्यादा अवसर देता था, लेकिन यह अभी भी पुराने खिलाड़ियों के नेटवर्क के अंदर काम कर रहा था। चाहे कोई किताब कितनी भी अच्छी क्यों न हो, उसे बेस्ट-सेलर बनाने के लिए मीडिया और लोगों के सामने लाना बहुत महत्वपूर्ण था। यदि लोगों को किसी अच्छी किताब के बारे में न बताया जाए तो किताब के ख़रीदे और पढ़े जाने की संभावना बहुत कम होती है क्योंकि हर साल हज़ारों नई किताबें आती हैं, जिनमें से ज़्यादातर को इन बड़े खिलाड़ियों द्वारा आगे बढ़ाया जाता है, प्रचारित किया जाता है, मार्केट किया जाता है, और बेचा जाता है।

डेविड की बातों में कुछ भी हैरानी भरा नहीं था। मैं बाज़ारों में पुराना था और हर मिनट के साथ और पुराना होता जा रहा था। मैं इतने समय से इस खेल में था कि सारी सच्चाइयों को अच्छी तरह से जानता था। मैं अपनी किताब से अमीर बनने की तलाश में नहीं था। मैं बस अपने पीछे कुछ ऐसा छोड़ना चाहता था जो मैंने ख़ुद से सीखा था और आधुनिक समय के सबसे महान सट्टेबाजों में से एक, बॉयड हंट, ने मुझे सिखाया था। बाकी दुनिया बॉयड से अनजान थी और उन्हें ऐसे ही रहना अच्छा लगता था। यह मेरा सौभाग्य था कि मैं बॉयड को अच्छी तरह से जानता था और बाज़ार में उनके कुछ ऑपरेशन बिल्कुल अविश्वसनीय थे।

सर्वश्रेष्ठ सट्टेबाज़

सफल सट्टेबाज़ी के बारे में नियम और जानकारी इस किताब में दिए गए हैं। खेल के नियमों को कोई कैसे स्वीकार कर सकता है, समझ सकता है और लागू कर सकता है, यह प्रत्येक खिलाड़ी के ऊपर निर्भर करता है।

अध्याय 1

सट्टेबाज़ की कॉल

बॉयड हंट एक माहिर सट्टेबाज़ थे। मैं कुछ बहुत सफल सट्टेबाज़ों को जानता हूँ, लेकिन बॉयड से अच्छा और कोई नहीं था और वो अपनी लीग में सबसे हटकर थे। अब वह अपने नब्बेवें साल में चल रहे थे और पहले से कहीं ज़्यादा एकांत चाहते थे। लेकिन वो बहुत विवेकशील और विनम्र थे। बॉयड के साथ घंटों बातचीत करने के बावजूद किसी व्यक्ति के लिए यह पता लगा पाना मुश्किल था कि वह इतने सफल मार्केट ऑपरेटर हैं। यदि सही तरीके से इस्तेमाल किया जाए तो बाज़ारों के बारे में उनकी जानकारी की कीमत करोड़ों में थी।

2005 की शुरुआत का समय था, जब मुझे उनकी कॉल आयी थी। 52 हफ्ते में टेज़र के शानदार 7000% की गतिविधि के बारे में रिपोर्ट लिखे हुए मुझे महीनों बीत चुके थे। असल में, वो रिपोर्ट किसी तरह स्थानीय मीडिया के हाथ लग गई और लोगों में गुस्सा न भड़काने के लिए, मैंने उस रिपोर्ट को काल्पनिक

कहानी के रूप में प्रकाशित किया था और बड़े पैमाने पर लोगों के लिए उपलब्ध कराया था। उस किताब का नाम था, “सर्वश्रेष्ठ स्टॉक।” और उसकी लोगों ने बहुत सराहना की थी, जो ख़ासकर पहली बार किताब लिखने वाले किसी अज्ञात लेखक के लिए बड़ी बात थी, जिसने अपना काम ख़ुद प्रकाशित किया था। लेकिन इस बात से निराशा भी हुई कि कुछ पाठक उस किताब में मौजूद सबकों को समझने में नाकामयाब हुए थे। मुझे पता चल गया कि यह एक लेखक के रूप में मेरी अपनी कमियों के कारण था। मैं अंग्रेज़ी भाषा में माहिर नहीं था। और मेरा दिमाग अंग्रेज़ी के सर्वोत्तम प्रयोग के साथ युक्तिपूर्वक और किसी भी तरीके से होने की कोशिश करने के बजाय बाज़ार के सबकों को काल्पनिक कहानी में शामिल करने पर ज़्यादा केंद्रित था।

रिपोर्ट के काल्पनिक घटना के रूप में रिलीज़ होने के बाद, कुछ पहचानों और घटनाओं को सुरक्षित रखने के लिए, न जाने कैसे मीडिया की दिलचस्पी इसमें नहीं रही। बाद में मुझे यह समझ आया कि ज़्यादातर स्थानीय मीडिया के पास टेज़र के स्टॉक थे। और 2004 की शरद ऋतु में कोई यह नहीं सुनना चाहता था कि अप्रैल 2004 में स्टॉक अपने शीर्ष पर था। असल में, अप्रैल 2004 का शीर्ष उस शीर्ष के बहुत करीब था जो हो सकता था। अकेले 2005 में, वसंत आने तक टेज़र \$33 के उच्च से \$7- \$10 की मूल्य सीमा तक गिर गया था। उस वक़्त मैं सबको जाकर यह नहीं बोलने वाला था कि “मैंने ऐसा बोला था।” मैं वैसा नहीं था और वैसे भी टेज़र अब पुरानी बात हो चुकी थी। इसके अलावा,

मैंने भी बाज़ार में कई बार गलतियां की हैं। हालाँकि, इतने सालों के समय में मैंने ज़्यादातर बार सही और कम बार गलत होना सीख लिया है।

जब बॉयड ने मुझे कॉल किया तो मैं थोड़ा घबरा गया। उन्हें मुझसे क्या चाहिए था? क्या उन्हें मेरी पहली किताब में उनके चरित्र का इस्तेमाल करना अच्छा नहीं लगा? मैंने एक बेहतरीन सट्टेबाज़ की गतिविधियां दिखाने के लिए अपनी किताब में उनके कुछ ट्रेडिंग रिकॉर्ड और तकनीक का प्रयोग किया था। मुझे उनसे बात किये हुए कई महीने बीत चुके थे। मैंने अपना वादा पूरा किया था कि मैं किसी भी कीमत पर उनकी पहचान सुरक्षित रखूंगा क्योंकि वो सचमुच बहुत प्राइवेट इंसान थे। मैंने उनके असली नाम के बजाय उनका काल्पनिक नाम प्रयोग किया था और उनके घर के लिए काल्पनिक स्थान का चयन किया था। क्या वो मुझे यह बताने के लिए कॉल कर रहे थे कि उन्हें मेरा उनके ट्रेडों का ज़िक्र करना अच्छा नहीं लगा, जो टेज़र स्टॉक पर उनके असली निष्पादन से बहुत मिलता-जुलता था?

जनवरी 2005 की सुबह थी। अभी सुबह के बस 6 बजे थे। हर दिन की तरह मैं ब्लैक कॉफी पी रहा था और द न्यूयॉर्क टाइम्स और द एरिज़ोना रिपब्लिक के बिज़नेस सेक्शन पढ़ रहा था। तभी मेरा फ़ोन बजने लगा। मैंने उसे उठाया। वो बॉयड थे। उन्होंने मुझे जल्दी से ब्रेकफास्ट के समय उनसे मिलने के लिए बुलाया। उन्होंने कहा कि उन्हें मुझसे कोई ज़रूरी बात करनी है और उसके लिए मेरा वहाँ होना ज़रूरी है। वो बहुत जल्दी में लग रहे थे और इसलिए मैं तुरंत उनसे मिलने के लिए निकल पड़ा।

उनके ड्राइववे में अपनी गाड़ी लगाने के बाद, मैं सोच में पड़ गया और जानना चाहता था कि बॉयड ने मुझे कॉल क्यों किया होगा। लेकिन मैं अभी भी सुबह-सुबह एरिज़ोना की खूबसूरत सर्दियों के सूरज को सराहने से ख़ुद को नहीं रोक पा रहा था। बॉयड पूल के किनारे बैठकर कॉफी पी रहे थे। वह मुझसे हाथ मिलाने के लिए खड़े हो गए। जब उन्होंने मुझे गुड मॉर्निंग कहा तो मैंने ध्यान दिया कि वो पहले से कहीं ज़्यादा बूढ़े और थके हुए लगे रहे थे।

उन्होंने मुझे कॉफ़ी पकड़ाते हुए कहा, “इतने शॉर्ट नोटिस पर आने के लिए धन्यवाद। लेकिन अब मेरे पास ज़्यादा वक़्त नहीं बचा है। जब मैंने पिछली बार अपने शरीर की जांच करवाई थी तो डॉक्टर को मेरे फेफड़ों में कुछ ट्यूमर मिले थे और मुझे डर है कि मुझे लंग कैंसर हो गया है।” मैं सन्न रह गया। मैंने उन्हें कभी सिगरेट पीते नहीं देखा। मैं बस इतना ही कह पाया, “ऐसा कैसे हो सकता है? आप तो सिगरेट भी नहीं पीते। मुझे माफ़ करना, बॉयड। लेकिन मुझे नहीं पता मैं आपसे क्या कहूं। यह बहुत बुरा हुआ।”

इसपर उन्होंने बेपरवाही से कहा कि अपनी जवानी के दिनों में वो बहुत ज़्यादा सिगरेट पीते थे। उन्होंने अपने पचासवें साल में जाकर सिगरेट पीना छोड़ा था। लेकिन जवानी के दिनों में उनके फेफड़ों को जो नुकसान हुआ था, वो अब उनके सामने आ रहा था। उन्हें अपनी बीमारी पर बात करने में ज़्यादा दिलचस्पी नहीं थी। उन्होंने सीधे मुद्दे पर आते हुए कहा, “आपको तो पता है कि मेरे कुछ पुराने दोस्त हैं जिनके लिए मैं छोटी स्टॉक मार्केट कमेंटरी लिखता हूँ। उन्होंने मुझे एक ऐसा इंसान ढूंढने को कहा है जो मेरी जगह वो कमेंटरी

लिख सके। मैं किसी और के बारे में नहीं सोच पाया। मेरे दिमाग में सबसे पहले और बस आपका नाम आया।"

मैं पूरी तरह हैरान था। यह बिल्कुल अचानक हुआ था और मुझे इसकी ज़रा भी उम्मीद नहीं थी। सबसे पहले, मैं बॉयड की बीमारी के बारे में सुनकर सन्न हो गया था। ऊपर से, उन्होंने मेरे ऊपर यह नया भारी-भरकम बोझ डाल दिया। मुझे कुछ समझ नहीं आ रहा था और मैं बस बैठकर उन्हें घूरे जा रहा था। मैंने कुछ कहने के लिए अपना मुंह खोला, लेकिन कुछ बोल नहीं पाया। बॉयड ने मेरी असहजता को महसूस किया, और अपनी शांत, मधुर आवाज़ में मुस्कराते हुए कहा, "चिंता मत करिये। मुझे पूरा यकीन है, इससे आपके समय और दूसरे कामों में कोई रुकावट नहीं आएगी क्योंकि मुझे अच्छी तरह पता है कि बाज़ार को जानने के लिए आप ज़्यादातर वही करते हैं जो मैं करता हूँ। और मुझे यह भी पता है कि बाज़ार को समझने के बाद, आप भी संभावित स्टॉक विजेताओं को ही चुनते हैं। काफी हद तक मैं अपने पाठकों को यही ऑफर करता हूँ। और मेरे पास अभी भी इतना समय है कि मैं बुनियादी बातों को समझने में आपकी मदद कर सकूँ और बाज़ार के मूड के बारे में ख़ुद समझकर लिखने में आपको सहज होने का मौका दे सकूँ।"

मैंने किसी तरह ख़ुद को संभाला और गहरी सांस लेकर कहा, "मैं बहुत ख़ुश हूँ, बॉयड कि आपने मुझे इस काबिल समझा। लेकिन सच कहूं तो बाज़ारों के बारे में मेरी जानकारी आपके जितनी अच्छी नहीं है। इसके अलावा, मैं ऐसे

एक-दो लोगों को जानता हूँ जो आपके लिए यह काम मुझसे बेहतर कर सकते हैं।"

"ख़ुद को कम मत समझिये। मुझे पता है, आप किन लोगों की बात कर रहे हैं लेकिन वो दूसरी चीज़ों में उलझे हुए हैं। और वो वॉल स्ट्रीट की मशीनरी से जुड़े हैं और इसकी वजह से उनके लिए निष्पक्ष और स्वतंत्र रह पाना नामुमकिन है। मैं कोई ऐसा इंसान चाहता हूँ, जो अंदरूनी सूत्रों के प्रभाव से पूरी तरह बचा हुआ हो। यह कोई ऐसा इंसान होना चाहिए जिसे किसी भी समय अंदर के किसी व्यक्ति से किसी तरह का कोई लगाव न हो। मुझे कोई ऐसा चाहिए, जो वॉल स्ट्रीट की मशीनरी से पूरी तरह से अलग हो और अपनी अलग राय दे सके। मैं आपको यह बताना चाहता हूँ कि इस वक़्त आपके अलावा मैं ऐसे किसी दूसरे इंसान के बारे में नहीं सोच पा रहा हूँ," बॉयड ने कहा।

मैंने जवाब दिया, "भले ही मैं इस काम के लिए बिल्कुल सही हूँ, लेकिन मुझे यह मानना होगा कि बाज़ार और किसी स्टॉक को समझने की मेरी क्षमता सीमित है। मेरे पास बाज़ार का आपके जैसा अनुभव नहीं है। न ही मेरे पास इतनी जानकारी, अनुभव और क्षमता है कि मैं किसी मुश्किल परिस्थिति से आसानी से गुज़र सकूँ। आपने सालों के अनुभव और बाज़ार की सफल गतिविधियों से अपनी कला सीखी है। मैं आपके पाठकों की ज़रूरतों को पूरा नहीं कर पाऊंगा।"

जब हम अपनी राय एक-दूसरे के साथ साझा कर रहे थे, तब बॉयड अपनी स्टडी से बॉक्सों को पूल के किनारे लाने में व्यस्त थे। मुझे पता ही नहीं चला

कि कब मैंने भी उनके साथ-साथ घर के अंदर-बाहर करना शुरू कर दिया और पूल डेक पर बॉक्स बाहर लाने में उनकी मदद करने लगा। कुछ समय बाद, डेक पर काफी सारे बॉक्स इकट्ठा हो गए थे। मैंने देखा कि उन बॉक्सों पर नंबर लिखे हुए थे और वो पेपरों से भरे हुए थे। अब तक मेरी आवाज़ धीरे-धीरे कम होती जा रही थी, क्योंकि ऐसा लग रहा था कि बॉयड मेरी बात नहीं सुन रहे थे। वो हर बॉक्स खोलते थे, बॉक्स के ऊपर रखे पेपरों पर नज़र डालते थे और फिर अगले बॉक्स पर चले जाते थे। सारे बॉक्सों पर एक नज़र डालने के बाद, वो आराम से बैठ गए।

"क्या ये बॉक्स कुछ याद दिलाते हैं?" मैंने पूछा। बॉयड ने हाँ में सिर हिलाते हुए कहा, "हाँ। यहाँ बहुत सारा अनमोल ज्ञान पड़ा हुआ है। अगर 1930 के दशक के दौरान शुरुआत में मुझे इतना सब पता होता जो आज पता है तो मैंने बहुत कुछ अच्छा किया होता।" ऐसा नहीं था कि उन्होंने अपने जीवन में अच्छा नहीं किया था। लेकिन दुनिया के सभी इंसानों की तरह, हमारी यह सोच होती है कि अगर हम कुछ सबक जल्दी और तेज़ी से सीख जाते तो चीज़ें ज़्यादा बेहतर हो सकती थी।

मुझे बहुत घबराहट हो रही थी। ऐसा नहीं लग रहा था कि वो अपना मन बदलने वाले हैं। वो मुझे अपना काम सौंपने पर अड़ गए थे। मैं ख़ुद को उसके काबिल नहीं समझ रहा था। मुझे पता था कि मेरा दिमाग तेज़ी से काम करता था। लेकिन वो एक संचालक थे, जिनका दिमाग मुझसे कहीं ज़्यादा तेज़ी से काम करता था। उन्हें मेरी हिचकिचाहट समझ आ गई और उन्होंने कहा, "मैंने

टेज़र की गतिविधि पर आपकी रिपोर्ट पढ़ी थी। मैं उस स्टॉक के साथ-साथ बाज़ार के काम करने के तरीके पर आपके स्पष्ट मूल्यांकन की सराहना करता हूँ। लोगों के लिए इस गलत विश्वास में बहक जाना आसान है कि तकनीकी, गणितीय मॉडलों और अन्य सेरिब्रल साउंडिंग विधियों का प्रयोग करके अच्छा-ख़ासा मुनाफा कमाया जा सकता है।"

"आपकी लिखावट सरल और सच्ची थी। मुझे किसी ऐसे व्यक्ति की आवश्यकता है जो अंदरूनी सूत्रों से प्रतिशोध के किसी भी खतरे के बिना बाज़ार की ऐसी ही सरल, सीधी और सच्ची व्याख्या पेश कर सके। लोगों को उत्साहित करने के लिए कोई भी तेज़ी का परिदृश्य ऑफर कर सकता है और सभी लोग ऐसा करते भी हैं। लेकिन सही तेज़ी का परिदृश्य केवल लगभग 30-40% ही आता है। दस साल के चक्र में तेज़ी की स्थिति लगभग तीन या चार बार ही दिखाई देती है। मैं कोई ऐसा व्यक्ति बनने पर ध्यान केंद्रित करता हूँ, जो ऐसी तेज़ी की स्थितियों के दौरान बड़ा पैसा कमा सके और साथ ही बाकी के समय सुरक्षित रह सके और कुछ भी न गंवाए। लगभग हर किसी ने कभी न कभी बाज़ारों में पैसे कमाए हैं। यही कारण है कि हम बार-बार बाज़ार में वापस आते हैं। लेकिन ऐसे बहुत कम होंगे जो अपने कमाए हुए पैसों को अपने पास रख पाए हैं। आम तौर पर, बाज़ार सारे कमाए हुए और उससे कहीं ज़्यादा पैसे वापस ले लेता है। यह समझाने और बताने के लिए हिम्मत की ज़रूरत होती है कि हर गतिविधि तेज़ी के रुझान की शुरुआत नहीं है। और इसी प्रकार, हर बिकवाली मंदी का रुझान नहीं दिखाती है।"

मुझे उसी वक़्त ऐसा लग गया था कि उन्होंने मुझे अपने काम के लिए मना लिया है। मुझे बाज़ार के बारे में प्रचार और मीडिया के रुख पर हमेशा से संदेह था। और मैं इतने सारे बाज़ार के चक्रों से गुज़र चुका था कि मुझे इस बात का पता था कि बाज़ार ज़्यादातर लोगों को आसानी से मूर्ख बना सकता था। और बाज़ार में इंसानों के सही होने की संभावना कम थी। बॉयड ने पुष्टि की कि उनका दृष्टिकोण मेरे से बहुत अलग नहीं था। उन्होंने कहा, "मैं हमेशा इस स्वीकृति के साथ बाज़ार में कदम रखता था कि मैं एक मुश्किल और खतरनाक चीज़ से सामना करने जा रहा हूँ। मुझे जीत की संभावना पर स्पष्ट फोकस के साथ बाज़ार में आना पसंद था।"

"मैं एक साधारण इंसान हूँ। मुझे साधारण जीवन पसंद है। मैं सबकुछ आसान बनाने की कोशिश करता हूँ क्योंकि मुझे उलझन पसंद नहीं है। और जैसे ही कोई चीज़ मुश्किल होनी शुरू होती है, मैं पूरी तरह उलझ जाता हूँ। इसलिए मैंने चीज़ों को सरल रखने का महत्व जान लिया है। मैं किसी और तरीके से काम नहीं कर सकता। मुझे नए गणितीय मॉडल, सॉफ्टवेयर, संभाव्यता मॉडल, इकोनोमेट्रिक्स, आदि की कोई समझ नहीं है। अगर एक सफल सट्टेबाज़ बनने के लिए ये सारी चीज़ें ज़रूरी होती तो मुझे ऐसे बहुत सारे गणितज्ञ क्यों नहीं दिखाई देते जो बहुत अच्छे सट्टेबाज़ हैं? और ऐसा क्यों है कि कई सारे गणितीय मॉडलों को बनाने और उनका रखरखाव करने के लिए ब्रोकरेज और रिसर्च कंपनियां अत्याधुनिक गणितज्ञों को काम पर रख रही हैं? मेरा मतलब है, अगर वो गणितीय मॉडल इतने ही अच्छे हैं तो वो महान गणितज्ञ बाज़ारों में

सफलतापूर्वक ट्रेडिंग करने के बजाय शोध और मॉडल निर्माण में ब्रोकरेज के लिए काम क्यों कर रहे हैं? मुझे लगता है कि यह एक पारंपरिक इंसानी प्रवृत्ति है कि लोग पीछे नहीं छूटना चाहते, इसलिए जब कोई ब्रोकरेज कंपनी अपने शोध विभाग में ढेर सारे वैज्ञानिकों और गणित के विशेषज्ञों को काम पर रखती है तो दूसरी ब्रोकरेज कंपनियां भी उनके नक़्शे-कदम पर चलना शुरू कर देती हैं ताकि वो बाज़ार को मात देने के मिशन में किसी से पीछे न रहें।"

"यहाँ कोई अचूक सिस्टम नहीं हैं। यदि होता, तो बाज़ार कबका ख़त्म हो चुका होता। क्योंकि अचूक सिस्टम बाज़ार का पूरा सफाया कर देता। एक बार जब कोई इस तथ्य को स्वीकार कर लेता है, तो वह बाज़ार पर अपनी पकड़ बनाने की राह पर होता है। जब तक कोई उस अचूक सिस्टम की तलाश में रहेगा, तब तक वह बाज़ार से मात खाता रहेगा। और वास्तविकता का दूसरा बिंदु जिसका लोगों को सामना करना पड़ता है वो यह है कि एक सफल सट्टेबाज़ बनने के लिए केवल प्रमुख शेयरों और प्रमुख सूचकांकों की मूल्य/मात्रा गतिविधि की आवश्यकता होती है।"

"मैंने देखा है कि भोली-भाली जनता को फंसाने के लिए बाज़ार को मात देने वाले सभी प्रकार के अत्याधुनिक संकेतों और विधियों के ऑफर मौजूद हैं। हर कोई दावा करता है कि उसने बाज़ार को मात देने का जादुई जवाब पा लिया है। पक्की बात जैसी कोई बात नहीं है। और बाज़ार भी कभी-कभी हमें टुकड़ों में मुनाफा देकर हमें फंसाने में पीछे नहीं हटता ताकि हम बार-बार वापस आते रहें। प्रत्येक ट्रेडिंग सिस्टम बाज़ार चक्र में किसी बिंदु पर एक छोटी

अवधि के लिए काम करता है। भोले-भाले लोगों को फंसाने के लिए बस इतनी सी रस्सी ही काफी है। ज़ाहिर तौर पर, कोई भी यह सुनना नहीं चाहता क्योंकि तब उन्हें यह स्वीकार करना होगा कि उन्हें पैसों का कोई शॉर्ट-कट नहीं मिल सकता। और अमीर होने का शॉर्ट-कट कौन नहीं पाना चाहता?"

"मेरा तरीका बहुत सरल है। जैसा कि मैंने कहा, मैं एक साधारण आदमी हूँ। मैं अपने कार्यों को बहुत सरल रखता हूँ। अगर कोई चीज़ बाहर नहीं आ रही है और सीधे मेरी तरफ नहीं देख रही है तो इसकी पूरी संभावना है कि बाज़ार मुझे अपने लालच के जाल में फंसाने की कोशिश कर रहा है। लोगों को शायद ही कभी इस बात का एहसास होता है कि छोटे-छोटे मुनाफे कमाने की कोशिश में वो कितने सारे पैसे खो रहे हैं। आम आदमी के पास सबसे बड़े ब्रोकरेज, शोधकर्ताओं, फंड मैनेजरों, निवेश बैंकरों आदि द्वारा किए गए शोध से आगे निकलने का कोई मौका नहीं होता है। इन संस्थाओं के पास सबसे अच्छे और प्रतिभाशाली कर्मचारी होते हैं। जो कुछ बेहतरीन शोध करते हैं।"

"मैं इन होशियार लोगों से ज़्यादा अच्छा शोध नहीं कर सकता। लेकिन मुझे यह समझ आता है कि शेयरों को ख़रीदने और बेचने के तरीके में वो लोग इन शोधों का किस तरह से इस्तेमाल करते हैं। मुझे सूचकांक और किसी स्टॉक के मूल्य और मात्रा की गतिविधि में यह साफ़-साफ़ दिखाई देता है। और मुझे बस इतनी ही जानकारी की ज़रूरत होती है। मैं बस बड़े पैसों के पीछे रहता हूँ। लेकिन उस बिंदु तक पहुंचने के लिए मुझे सीखने में सालों लगे हैं। अपने बनाये हुए बड़े मुनाफों के बाद मेरे लिए इस बात की पुष्टि हुई कि सभी अच्छे

सट्टेबाज़ क्या जानते हैं। सबकुछ मूल्य और मात्रा की गतिविधि में होता है। और बाज़ार में बाकी की चीज़ें बेकार हैं।"

मैंने बीच में टोकते हुए कहा, "बॉयड, मैं आपकी बात मानता हूँ। लेकिन आप अपने पाठकों को यह कैसे समझाते हैं कि उन्हें केवल मूल्य/मात्रा की गतिविधि जानने की ज़रूरत है? मैंने देखा है कि जब मैं चीज़ों को आसान बनाने की कोशिश करता हूँ तो लोगों को यकीन ही नहीं होता कि यह इतना आसान हो सकता है। वो एक अप्रमाणित सेवा के तकनीकी शब्दों से भरे शब्दजाल में विश्वास करना चाहते हैं, जो प्रचार और सुर्खियों पर निर्भर होती है, न कि बाज़ार के सरल, सीधे और सच्चे मूल्यांकन पर।"

इसपर उन्होंने जवाब दिया, "हाँ। हम इंसान इस बात पर यकीन करना चाहते हैं कि बाज़ार में सफलता का रहस्य कोई गहरी और मुश्किल चीज़ है। इसका तर्क काफी आसान है। अगर सफल होना इतना मुश्किल है तो यह कोई मुश्किल चीज़ होनी चाहिए। यह सरल नहीं हो सकती। इसलिए, अगर कोई भी मुश्किल लगता है, बहुत सारी चका-चौंध और रंग दिखाता है, कुछ लंबे शब्दों और कुछ जटिल गणित का इस्तेमाल करता है तो उसे बाज़ार में तुरंत विशेषज्ञ समझ लिया जाता है। लेकिन मेरे पाठक समझदार हैं, वो कोई बच्चे नहीं हैं। उन्होंने अपने दिनों में बड़े-बड़े शोधकर्ताओं और अत्याधुनिक मॉडलों पर लाखों खर्च किये हैं और उससे भी कहीं ज़्यादा गंवाए हैं, ख़ासकर मंदी की गतिविधियों के दौरान। उन्होंने मेरे पहले और सच्चे सबक को मुश्किल से सीखा है, जो यह है कि ख़ुद का नुकसान न करें। एक माहिर इंसान ही इस बात को समझ और

स्वीकार कर सकता है कि कुछ न गंवाना भी असल में जीतना ही है। बहुत कम लोग इस बात को समझ पाते हैं। और यही कारण है कि आपको बाज़ारों में शायद ही कभी ऐसे सट्टेबाज़ दिखाई देते हैं जो लगातार जीतते हैं। ऐसा नहीं है कि ऐसे सट्टेबाज़ नहीं हैं, लेकिन उनकी संख्या बहुत कम है क्योंकि ज़्यादातर लोगों को नुकसान से बचने का सिद्धांत समझ ही नहीं आता।"

उसके बाद, मैंने उनसे एक आम दृष्टिकोण के बारे में पूछा कि किसी व्यक्ति को आय में वृद्धि पर बहुत ज़्यादा ध्यान देने की ज़रूरत होती है। मुझे अच्छी तरह पता था कि वो क्या बोलेंगे क्योंकि उन्होंने मूलभूत चीज़ों में सबकुछ समझा दिया था, लेकिन फिर भी मैंने बॉयड से पूछा, "क्या आप उन शेयरों को हटा देते हैं जो आय में वृद्धि नहीं दिखाते हैं? क्योंकि, इंटरनेट बबल ने लोगों को यह सीखा दिया था कि कमाई में कमी कई डॉटकॉम शेयरों की बर्बादी थी, जो फूट गया था।"

उन्होंने मुस्कराते हुए जवाब दिया, "आपको पता है, आय की अपेक्षा वास्तविक आय से कहीं ज़्यादा महत्वपूर्ण है। आय में वृद्धि कई मामलों में एक पिछड़ा हुआ संकेतक है। कई बार इससे पहले कि कोई नई कंपनी वास्तविक आय दिखा सके बड़ी गतिविधि आकर जा चुकी होती है। शेयर बाज़ार आगे की ओर देखता है। गतिविधि इसकी अपेक्षा की वजह से होती है। न कि इसकी वजह से। नए और शौकिया लोगों के लिए केवल आय में वृद्धि पर ध्यान देना काफी सामान्य है। अंदर के लोग जनता का ध्यान इसी पर लगाना चाहते हैं।

क्योंकि, अंदरूनी लोग अपनी होल्डिंग को तब तक नहीं बेच सकते जब तक कि उन्हें ख़रीदने के लिए लोगों का एक बड़ा समूह मौजूद न हो।"

"आम तौर पर, जब तक आय में वृद्धि मजबूती से स्थापित होती है, शेयर की गतिविधि का अच्छा-ख़ासा हिस्सा पहले ही ख़त्म हो चुका होता है। अब मैं हमारी पहले वाली बात पर आता हूँ कि बड़ी संस्थाएं शोध क्यों करती हैं। उनके पास शोधकर्ताओं की एक पूरी सेना होती है, जो पहले ही उन सबका पूर्वानुमान और अंदाज़ा लगा चुकी होती है, जिसका अनुमान लगाने की ज़रूरत होती है। वो लोग आगे की अपेक्षा पर अपनी पोज़ीशन लगाते हैं। इस आधार पर नहीं कि तीन महीने पहले क्या आय थी। एक ऐसे परिवेश में जहाँ महीनों पहले से अपेक्षित स्थितियों और कार्यक्रमों के आधार पर हर चीज़ को आँका जाता है, वहाँ तीन महीने पहले की और अतीत की आय का क्या मतलब होगा। आज का समाचार प्राचीन इतिहास हो चुका है। इस समाचार को नौसिखियों को झटका देने और बाहर निकालने के लिए प्रयोग किया जा चुका है। आगे चलकर, समाचार केवल किसी शेयर की गतिविधि की पुष्टि करता है, जो हफ्तों या महीनों पहले हुई थी। मैं आय की अपेक्षा पर ध्यान देता हूँ। न कि वास्तविक आय इतिहास पर। जैसा कि मैंने कहा, यहाँ तक कि आज का समाचार भी बाज़ार में पुराना इतिहास बन चुका होगा।"

"मेरे पाठकों को यह बात समझ आती है, जिनके अंदर काफी सारा कॉमन सेंस है, कि यह सोचना मूर्खतापूर्ण होगा कि एक आम आदमी भी वो सारे शोध कर सकता है जो ये बड़ी कंपनियां करती हैं और इसके साथ ही वो यह भी

समझते हैं कि चूँकि ये पैसे वाले लोग अपनी पसंद के शेयरों में बड़े पैसे लगाते हैं, इसलिए मुझे केवल उन्हें फॉलो करने की ज़रूरत है और इस तरह मैं देश के सबसे बड़े शोध को फॉलो कर पाऊंगा। बाज़ार में काम करने का इससे सरल तरीका और कोई नहीं हो सकता। बड़े पैसों की मूल्य/मात्रा गतिविधि को देखकर जानें कि बड़े लोग क्या कर रहे हैं। मूल्य/मात्रा की गतिविधि मुझे दिखाती है कि बड़ी कंपनियां कहाँ ख़रीद रही हैं, वो कहाँ बेच रही हैं, और वो किसी स्टॉक को कहाँ समर्थित कर रही हैं।"

"लेकिन उन बड़े लोगों को पता होता है कि हम जैसे लोग उनके पैसों को फॉलो करेंगे। इसलिए कई बार वो लोग हमें चकमा देने की कोशिश करेंगे और हमें खेल से बाहर फेंकने के लिए झूठ-मूठ में बाहर निकल जाएंगे या गिरावट दिखाएंगे। ऐसा इसलिए क्योंकि उनके पास ऐसे समझदार लोग होते हैं जो उनकी होल्डिंग पर मूल्य/मात्रा की गतिविधि पर ध्यान दे रहे होते हैं। इसलिए उन्हें भी वही दिखाई देता है जो मैं देखता हूँ। ऐसे ही समय में पैसों का अच्छा प्रबंधन काम आता है। और इसके साथ ही पुष्टि करने वाले संकेतों की तलाश करना महत्वपूर्ण बन जाता है। यहीं पर बाज़ार से बाहर रहना भी उतना ही ज़रूरी बन जाता है जितना कि इसके अंदर रहना। ऐसी अवधियां होंगी जहाँ मूल्य/मात्रा के दृष्टिकोण से कुछ भी अच्छा नहीं दिखाई देता है। और अगर कुछ अच्छा दिखाई देता है तो भी बाज़ार की परिस्थितियां सफल होना नामुमकिन बना देती हैं क्योंकि बाज़ार जीतने की अच्छी संभावना नहीं देता है। ऐसे समय में, बाज़ार में सक्रिय न रहना ज़रूरी हो जाता है। आराम से बैठकर बाज़ार की

गतिविधि पर ध्यान देना बहुत ज़रूरी है। ज़्यादातर लोगों के लिए ऐसा करना बहुत मुश्किल होता है। क्योंकि हर समय कोई न कोई किसी स्टॉक का प्रचार कर रहा होता है। ज़्यादातर लोगों के लिए आराम से बैठना और उस झांसे में न फंसना बहुत मुश्किल होता है।"

"मुझे उम्मीद है, आप मेरा ऑफर लेंगे और मेरा काम स्वीकार करके मेरी मदद करेंगे। मेरे पाठक समझदार और बहुत अनुभवी हैं। और वो काफी कम हैं। मुझे ज़्यादा पाठकों की तलाश नहीं हैं। ये कुछ ऐसे ग्राहक हैं जो सालों से मेरे साथ हैं। मैं उनकी वफ़ादारी और मुझमें उनके आत्मविश्वास की सराहना करने के लिए यह करता हूँ। उन्हें मार्गदर्शन नहीं चाहिए। बल्कि वो बस बाज़ारों का स्वतंत्र दृष्टिकोण चाहते हैं। वो बस यह जानना चाहते हैं कि आप भी वही देख रहे हैं जो वो देख रहे हैं। वो पुष्टि की तलाश में हैं। मुझे आपकी काबिलियत पर पूरा भरोसा है। यदि आप चाहें तो मैं आपके साथ अगले कुछ दिन बिताकर बाज़ार के बारे में कुछ बुनियादी चीज़ें कवर कर सकता हूँ। लेकिन अगर आप मेरी बात सुनने में असहज महसूस करते हैं, तो मैं आपको ये बॉक्स दे सकता हूँ। मुझे यकीन है कि इन बॉक्सों में मैंने जिन कुछ चक्रों को रिकॉर्ड किया है वो किसी न किसी रूप में भविष्य में वापस आएंगे। और मेरी शामिल की गई टिप्पणियों से आपको मदद मिल सकती है। यदि आप मेरा ऑफर स्वीकार करने का फैसला करते हैं तो हमें जल्दी से एक साथ आना होगा।"

बॉयड बहुत ही शांत तरीके से आपको मनाने की क्षमता रखते थे। मुझे अभी भी बाज़ार के बारे में अपने विचारों को लिखने की क्षमता पर पूरा यकीन

नहीं था। मैंने भी बाकी सबकी तरह ही अच्छे और बुरे सालों का सामना किया था। लेकिन मेरे अच्छे साल कभी भी बॉयड के अच्छे सालों जितने अच्छे नहीं थे। और उससे भी बुरा यह था कि मेरे बुरे साल हमेशा बॉयड के बुरे सालों से कहीं ज़्यादा बुरे थे। और भले ही अब टेज़र पर मेरी रिपोर्ट लोगों के सामने आ चुकी थी, लेकिन मुझे पता था कि मेरी लेखन शैली बहुत ज़्यादा अच्छी नहीं थी। मैं जैसा सोचता था, वैसा ही लिख देता था। यानी, छोटे और स्पष्ट वाक्य। और कुछ लोगों के लिए किसी असंबद्ध चीज़ को समझ पाना उससे ज़्यादा मुश्किल था जो मैंने सोचा था।

मैंने अपनी लेखन शैली की इस कमी के बारे में बॉयड को बताया। अब मैं बूढ़ा हो चुका था। और अगर मैंने अब तक बहुत अच्छी लेखन शैली विकसित नहीं की, तो निश्चित रूप से अपने चालीसवें साल में मैं यह करना नहीं सीख सकता था। मैं नहीं चाहता था कि उनके पाठक लेखन की एक अलग शैली देखकर निराश हों, ख़ासकर तब जब उन्हें बॉयड के अच्छे लेखन की आदत पड़ चुकी थी।

बॉयड ने जवाब दिया, "आप उसकी चिंता मत करिये। आप कोई साहित्य नहीं लिख रहे हैं। कोई आपसे ऐसी उम्मीद भी नहीं करता। मेरे पाठक बस आपसे बाज़ार की गतिविधि की एक ज्ञानपूर्ण, सच्ची, ईमानदार, सरल और सबसे ज़रूरी, पूरी तरह से, निष्पक्ष व्याख्या चाहते हैं। वो सफल सट्टेबाज़ी के निरंतर दोहराये जाने वाले अच्छे सिद्धांतों की तलाश में हैं। उस मामले में हम बच्चों की तरह हैं। हमें बार-बार अच्छी सट्टेबाज़ी के सिद्धांतों की कभी न ख़त्म होने वाली

निरंतर ड्रम-बीट की आवश्यकता होती है। मनुष्य की याददाश्त कम होती है। यदि हमारे लिए किसी चीज़ को बार-बार दोहराया नहीं जाता, तो हम इसे भूल जाते हैं। यदि मेरे पाठकों को सचमुच किसी साहित्य की ज़रूरत होती है तो बाज़ार में इसके लिए बहुत सारी अच्छी किताबें पड़ी हुई हैं। लेकिन किसी को भी कोई पुरस्कार-विजेता लेखन नहीं चाहिए। उन्हें बस ख़राब बाज़ारों में कम गंवाने और अच्छे बाज़ारों में ज़्यादा कमाने के बार-बार दोहराये जाने वाले नियमों की ज़रूरत है।"

मेरी हिचकिचाहट देखकर उन्होंने आगे कहा, "आप इसके बारे में अच्छे से सोच सकते हैं। इन बॉक्सों को अपने साथ घर ले जाइये। इन बॉक्सों में पड़ी टिप्पणियों को देखिए। सभी चीज़ों पर विचार करने के लिए यह सप्ताहांत लीजिये। अपनी पत्नी से बात करिये और उसके बाद कोई फैसला करिये। यदि आप यह करना चाहते हैं तो मैं बाज़ार के कुछ साधारण सबकों के बारे में आपकी जानकारी को सुधारने के लिए आपके साथ कुछ घंटे बिताना पसंद करूंगा। मुझे लगता है कि यह आपको सट्टेबाज़ी के पहले सिद्धांतों पर टिके रहने में मदद करेगा, जिस पर मेरे पाठक बहुत अधिक भरोसा करते हैं।"

तब मुझे एहसास हुआ कि बॉयड की अंतर्दृष्टि और सबक मुझे एक सफल सट्टेबाज़ की सरल प्रतिभा प्रदान करेंगे। मैंने उनसे पूछा कि अगर मैं उनका काम स्वीकार नहीं करता, तो भी क्या वो अगले कुछ दिन मेरे साथ बिताकर बाज़ार की अपनी गतिविधियों के बारे में मुझे थोड़ी जानकारी दे सकते हैं। बाज़ारों के

बारे में मेरी जानकारी उनकी जानकारी के सामने कुछ भी नहीं थी। उन्होंने हामी भरी।

उनके स्वास्थ्य और उसमें सुधार की कोई गुंज़ाइश न होने के बारे में थोड़ी देर और बात करने के बाद, वो खड़े हो गए और मैं समझ गया कि अब मेरा जाने का समय आ गया है। हमने हाथ मिलाया। अभी सुबह का ही समय था और मैं अपने घर वापस चला गया। मेरी कार बॉयड के बॉक्सों से भरी हुई थी।

मैं ख्यालों में डूबा हुआ घर वापस आ गया। यह मेरे लिए काफी भारी हो गया था। एक दिन में मैं इससे ज़्यादा हैंडल नहीं कर सकता था। मैंने गैराज में अपनी गाड़ी लगायी और एक-एक करके बॉक्सों को अपने ऑफिस में रखना शुरू कर दिया। घर पर मेरा एक छोटा लेकिन अच्छा ऑफिस था। सारे बॉक्स उतारने के बाद, अचानक से मेरा ऑफिस किसी भरी हुई अलमारी की तरह दिखने लगा था।

उसके बाद, मैंने हाल के दिनों में S&P 500 सूचकांक द्वारा दिए गए लाभ के संबंध में कुछ बेहतरीन वर्षों और कुछ सबसे ख़राब वर्षों के बारे में जानने में अपना सप्ताहांत बिताया। मैंने इंटरनेट से S&P 500 के लिए डेटा डाउनलोड किया। मैंने बॉयड के बॉक्सों से संबंधित वर्षों के रिकॉर्ड निकाले। मैंने कुछ नोट्स बनाए। मैंने बड़ी दिलचस्पी से देखा कि S&P 500 द्वारा दिखाए गए सर्वश्रेष्ठ वर्षों के दौरान, बॉयड ने बाज़ार में बहुत ज़्यादा मुनाफा कमाया था। और सबसे ख़राब वर्षों के दौरान, बॉयड ने बिल्कुल भी ट्रेड नहीं किया था और कुछ भी नहीं खोया था।

रविवार की रात मैंने अपनी पत्नी से बॉयड, उनके ख़राब स्वास्थ्य और उनके ऑफर के बारे में लंबी-चौड़ी बातचीत की। मुझे किसी ऐसे इंसान की निष्पक्ष, बुद्धिमान और सहज प्रतिक्रिया की आवश्यकता थी जिस पर मैं भरोसा करता था और जो मुझे अच्छी तरह से जानता था।

मेरे सोने का समय बीतने के बाद, आधी रात में, मैंने अपना फैसला किया। मैंने ऑफिस में जाकर बॉयड को एक ईमेल किया कि मैं उनकी कमेंटरी के लिए लिखने का ऑफर स्वीकार करता हूँ। मुझे पता था, वो सुबह सबसे पहले अपना ईमेल देखते हैं। मैं इतनी रात में उन्हें कॉल नहीं कर सकता था। मुझे पता था कि वो जल्द से जल्द मेरा जवाब चाहते होंगे, इसलिए ईमेल उनसे बात करने का सबसे सही तरीका था।

मैंने बहुत पहले ही यह जान लिया था कि खाली बर्तन सबसे ज़्यादा शोर करते हैं। बाज़ार में, आम तौर पर, शेखी मारने वाले और अपनी बड़ाई करने वाले सफल निवेशक नहीं होते। सच्चे और सफल निवेशक हमेशा शांत और अनाम रहना पसंद करते हैं। और बॉयड सबसे सफल, अनाम और शांत संचालकों में से एक थे।

मुझे पता था कि मैं एक विशेषज्ञ से सफल सट्टेबाज़ी के बारे में बहुत कुछ सीखने वाला हूँ। अब उस जानकारी का अच्छा उपयोग करना मेरे ऊपर निर्भर था। मेरे पास सारे टूल्स मौजूद होंगे। मैं अपने आपको कैसे अनुशासित करता हूँ और सट्टे के नियमों का कैसे उपयोग करता हूँ, यह बाज़ार में मेरी सफलता को निर्धारित करेगा। लेकिन मुझे नतीजे पाने के लिए ख़ुद को केंद्रित रखने की

ज़रूरत थी। ध्यान केंद्रित करना और रास्ते से न भटकना मेरे लिए सबसे बड़ी चुनौती होने वाली थी।

<u>सारांश:</u>

किसी औसत खुदरा सट्टेबाज़ के लिए स्ट्रीट की बड़ी मशीनरी से ज़्यादा शोध करने की कोई संभावना नहीं होती है। स्ट्रीट में कुछ सबसे अच्छे, सबसे होशियार, सबसे शिक्षित, सबसे प्रशिक्षित, सबसे बुद्धिमान और सबसे अनुभवी लोग काम करते हैं। इसलिए, सबसे जानकार लोगों के साथ "अंदर" रहने का सबसे अच्छा तरीका है, उनकी गतिविधि का पालन करना। वो अपने किये गए बड़े-बड़े शोधों के आधार पर कोई भी गतिविधि करते हैं। और ऐसी गतिविधियां मेहनती और धैर्यवान बाज़ार संचालक को प्रमुख शेयरों पर मूल्य और मात्रा की गतिविधि के संयोजन के साथ प्रमुख सूचकांकों पर मूल्य और मात्रा की गतिविधि के माध्यम से स्पष्ट रूप से दिखाई देती है। मूल्य और मात्रा की इस गतिविधि को समझना सीखने के बाद, व्यक्ति सफल सट्टेबाज़ी के मार्ग पर आगे बढ़ सकता है।

अध्याय 2

क्या सट्टेबाज़ी सीखी जा सकती है?

अगले दिन जब मैं सुबह-सुबह अख़बार पढ़ रहा था तभी मुझे बॉयड की कॉल आयी। उन्होंने मुझे उनका ऑफर स्वीकार करने के लिए शुक्रिया कहा। वो जल्दी से काम शुरू करना चाहते थे। उनके पास समय कम था और वो कोई जोखिम नहीं लेना चाहते थे। उन्होंने मुझे फिर से नाश्ते पर मिलने के लिए बुलाया। अगले कुछ दिन तक हम ऐसे ही हर रोज़ नाश्ते पर मिलने लगे। उसी समय के दौरान मेरे समय के सबसे अच्छे सट्टेबाज़ों में से एक मुझे अपने ज्ञान का उपहार दिया करते थे। और ज़्यादातर बेहद सफल सट्टेबाज़ों की तरह ही बॉयड भी एक कलाकार थे। उन्होंने सट्टेबाज़ी की सच्ची कला में महारत हासिल कर ली थी।

उस दिन मैंने बॉयड से सबसे पहला सवाल यही किया कि क्या सट्टेबाज़ी सीखी जा सकती है। इसपर उनका जवाब था कि इसे सीखा जा सकता है और इसे बाज़ार में संचालन करने वाले किसी भी इंसान से सीखा जाना चाहिए।

सट्टेबाज़ी के विशेष और ठोस नियमों के बिना, वित्तीय बाज़ारों में इंसान संपत्ति की अपनी खोज में बर्बाद हो सकता है। मैंने उनसे पूछा कि उन्होंने सट्टेबाज़ी की कला कहाँ से सीखी क्योंकि मुझे पता है कि सट्टेबाज़ी कोई विज्ञान नहीं बल्कि एक कला है। और मैंने उन्हें यह भी समझाने के लिए कहा कि ऐसा क्यों होता है कि नौसिखिये लोग सट्टेबाज़ी की कला को गलती से विज्ञान समझ लेते हैं। बॉयड ने कहा, "विज्ञान किसी निश्चित निष्कर्ष पर पहुंचने से पहले सिद्ध तथ्यों और प्रमेयों पर निर्भर है। सट्टेबाज़ी पहले केवल अवलोकन पर निर्भर होती है और फिर केवल परिणाम की संभावना के संबंध में देखी गई घटनाओं के आधार पर निष्पादन या कार्य करने पर निर्भर होती है। और प्रत्येक बाद की कार्यवाही पिछली कार्यवाही के नतीजे पर निर्भर होती है। और सट्टेबाज़ी की कला में कुछ भी निश्चित नहीं होता। मैंने सालों के अनुभव और नुकसानों से सीखने के बाद समझा कि सट्टेबाज़ी एक कला है।"

मैंने उन्हें इसे थोड़ा और अच्छे से समझाने के लिए कहा क्योंकि मुझे उनकी बात ठीक से समझ नहीं आ रही थी। तो उन्होंने कहा, "उदाहरण के लिए, विज्ञान को लेते हैं। न्यूटन ने देखा कि सेब पेड़ से गिर रहा है। उसके बाद उन्होंने देखा और ध्यान दिया कि अगर किसी भी चीज़ को हवा में उछाला जाता है तो वो सीधे धरती पर गिरती है। इस बात की पुष्टि करने के बाद कि सबकुछ वापस धरती पर आता है, उन्होंने यह निष्कर्ष निकाला कि धरती में एक गुरुत्वाकर्षण बल है और कोई भी भौतिक वस्तु धरती पर वापस आएगी। उन्होंने वैज्ञानिक

निश्चितता से यह निष्कर्ष निकाला था कि धरती में गुरुत्वाकर्षण बल है। यही विज्ञान है। कोई इसके ख़िलाफ़ बहस नहीं कर सकता।"

"वहीं, दूसरी तरफ, सट्टेबाज़ी एक कला है। सट्टेबाज़ी में कोई निश्चितता नहीं होती। असल में, सट्टेबाज़ी पूरी तरह से अनिश्चित होती है और यही पूरी अनिश्चितता सफल सट्टेबाज़ के लिए एकमात्र निश्चितता होती है। इसी वजह से, यह कभी भी विज्ञान नहीं हो सकता। यदि यह विज्ञान होता तो, हमें इसके परिणाम में बहुत ज़्यादा निश्चितता देखने को मिलती। हमें पता है कि ऐसा नहीं है। बाज़ार में सभी पेशेवरों का कोई भी रिपोर्ट कार्ड लें और आप देखेंगे कि केवल 10-15% प्रतिभागी ही किसी भी रैंडम तरीके से चुने गए वर्ष में बाज़ार के औसत से बेहतर प्रदर्शन करेंगे। जिसका मतलब है कि किसी भी वर्ष में 85% लोग बाज़ार से मात खाते हैं। बाज़ार के सट्टेबाज़ों को मात देने की 85% संभावना यह साबित करती है कि सफल सट्टेबाज़ी कोई विज्ञान नहीं बल्कि एक कला है।"

"यदि कोई इस बात पर ज़ोर देता है कि सट्टेबाज़ी एक वैज्ञानिक प्रक्रिया है तो फिर वो बाज़ार में आने से पहले हार चुका होता है। इंसान का दिमाग ही ज़्यादातर ट्रेडिंग खातों को ख़त्म करने का दोषी है। सट्टेबाज़ी में सफल होने के लिए, सबसे पहले आपको यह स्वीकार करना पड़ता है कि यह एक कला है। यदि कोई इंसान वैज्ञानिक नियमों और परिणामों की तलाश में है तो उन्हें शिक्षा और शोध पर टिके रहना चाहिए। किसी वैज्ञानिक को कभी कोई ट्रेड नहीं करना चाहिए क्योंकि ट्रेड करने पर केवल दो नतीजे हाथ लगते हैं। या तो

आप ट्रेड में हारते हैं या फिर जीतते हैं। और चूँकि बाज़ार में किये गए 85% ट्रेड से मार्केट के औसत से कम मुनाफा मिलने के कारण, शुद्ध विज्ञान के आधार पर किये गए जीतने वाले ट्रेड की संभावनाएं बहुत कम होती हैं। किसी वैज्ञानिक को ज़्यादातर लोगों से कहीं ज़्यादा संभावनाओं की सराहना करने में समर्थ होना चाहिए, और इस तरह की संभावनाओं के साथ, वो कभी भी ट्रेड नहीं करेगा।"

"बाज़ार में वैज्ञानिक दृष्टिकोण के साथ सबसे बड़ी कमी यह है कि अगर कोई गलत होता है तो उसे कोई सुरक्षा नहीं मिलती है। एक वैज्ञानिक दृष्टिकोण के परिणाम में स्वाभाविक रूप से एक निश्चितता होती है। परिणामस्वरूप, एक वैज्ञानिक ट्रेड करेगा और इस चीज़ पर विचार नहीं करेगा कि अगर ट्रेड गलत हो जाता है और इससे घाटा होता है तो क्या होगा। दूसरे शब्दों में, चूँकि वैज्ञानिक ट्रेड के परिणाम को लेकर निश्चित होता है, इसलिए यदि ट्रेड से घाटा होना शुरू हो जाता है तो वो उस पोज़ीशन को लिक्विडेट करने के लिए कभी भी कोई ऑफसेटिंग ट्रेड नहीं करेगा।"

"वहीं, सट्टेबाज़ या कलाकार, इस तथ्य को स्वीकार करेगा कि वो गलत हो सकता है। और अगर वो गलत है तो उसे तुरंत घाटे वाली पोज़ीशन को हटाना होगा और सही ट्रेड करने के लिए किसी दूसरे ट्रेड की तलाश करनी होगी। एक सट्टेबाज़ सबसे पहले बाज़ार और किसी विशेष स्टॉक पर गौर करता है, ताकि यह पुष्टि हो सके कि कोई निश्चित रुझान दिखाई दे रहा है। जब तक उसे कोई निश्चित रुझान दिखाई नहीं देता वो अपना ट्रेड नहीं करेगा।"

मैंने बॉयड को बीच में रोककर पूछा कि किसी निश्चित रुझान से उनका क्या मतलब है। जब मुझे कोई रुझान दिखाई देता है तो मैं उसे पहचान सकता हूँ। लेकिन बॉयड का चीज़ों को समझाने का तरीका ऐसा था कि वो मुश्किल चीज़ों को भी आसान बना देते थे। वहीं, मुझे शब्दों के साथ परेशानी होती थी। और उन्होंने यह कहकर साबित किया कि बाज़ार के बारे में मामलों को समझाने में वे कितने सहज थे, “एक रुझान कुछ ऐसा होता है जो साफ़ तौर पर एक दिशा में चल रहा होता है। ऊपर का रुझान बढ़ते हुए बाज़ार को दर्शाता है। नीचे का रुझान गिरते हुए बाज़ार को दर्शाता है। लेकिन बाज़ार एक सीधी रेखा में ऊपर-नीचे नहीं जाते हैं। बल्कि, निश्चित ऊपर के रुझान में, बाज़ार थोड़ा ऊपर जाता है और फिर प्रतिक्रिया करता है और थोड़ा नीचे जाता है। लेकिन नीचे की गतिविधि या प्रतिक्रिया पहले ऊपर की गतिविधि से कम होती है। उसके बाद, यह वापस ऊपर जाता है। इस बार यह उस बिंदु से ज़्यादा ऊपर जाता है जितना यह पिछली बार ऊपर गया था। उसके बाद, प्रतिक्रिया करके वापस नीचे चला आता है। लेकिन नीचे की गतिविधि उस बिंदु तक पहुंचती है, जो पिछली नीचे की गतिविधि के दौरान सबसे नीचे के बिंदु से कहीं ज़्यादा ऊपर होती है। कुल मिलाकर, हमें उच्चतर उच्च और उच्चतर निम्न की श्रृंखला दिखाई देती है। यह एक निश्चित ऊपर का रुझान है। नीचे का रुझान इसका ठीक उल्टा होता है। एक निश्चित नीचे का रुझान तब होता है जब बाज़ार या स्टॉक द्वारा निम्नतर उच्च और निम्नतर निम्न की एक श्रृंखला देखी जाती है।”

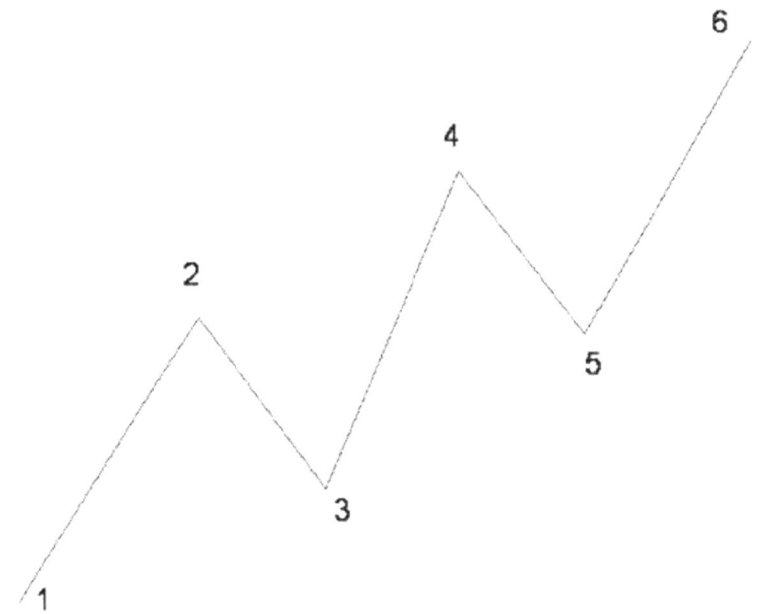

चित्र 1. निश्चित ऊपर का रुझान

1. सबसे हालिया निम्न
2. किसी ऊपर के रुझान वाले स्टॉक द्वारा तय किया गया निकट अवधि का उच्च
3. बिंदु 2 पर तय किये गए उच्च की प्रतिक्रिया में निम्न स्तर
4. बिंदु 2 के पिछले उच्च के ऊपर नया उच्चतर उच्च
5. बिंदु 4 पर सबसे हालिया उच्च के लिए प्रतिक्रियाशील निम्न
6. एक नया उच्चतर उच्च

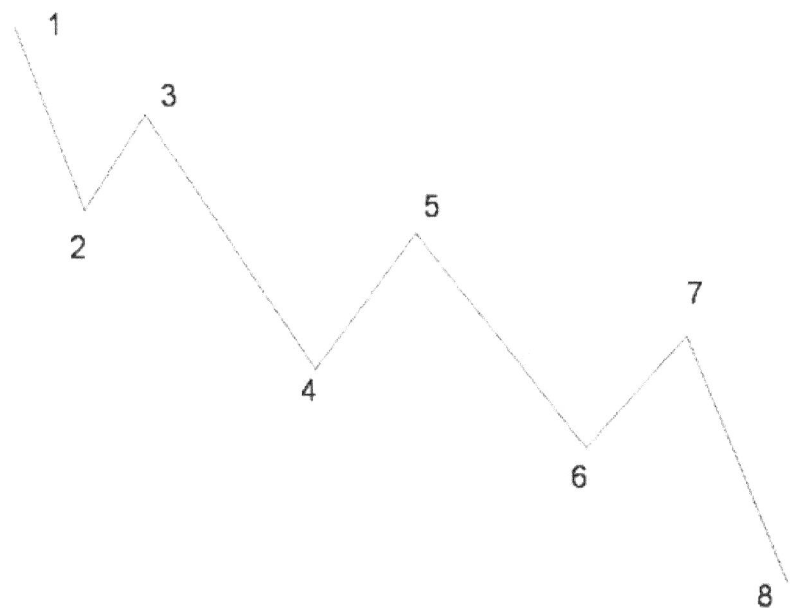

<u>**चित्र 2. निश्चित नीचे का रुझान**</u>

1. सबसे हालिया उच्च
2. किसी नीचे के रुझान द्वारा तय किया गया निकट अवधि का निम्न
3. बिंदु 1 से बिंदु 2 तक नीचे की गतिविधि की प्रतिक्रिया में उच्च
4. नीचे के रुझान की निरंतरता में तय किया गया एक नया निम्नतर निम्न
5. प्रतिक्रियाशील उच्च बिंदु 3 पर पिछले उच्च से ज़्यादा नीचे है
6. एक नया निम्नतर निम्न निर्धारित किया गया
7. प्रतिक्रियाशील उच्च एक बार फिर से बिंदु 5 पर पिछले उच्च से नीचे है

8. नीचे के रुझान की निरंतर गतिविधि

“बाज़ार में आने वाले किसी औसत इंसान को यह तक नहीं पता होता कि वो कौन है। उसे नहीं पता होता कि वो ट्रेडर है, निवेशक है, जुआरी है, या फिर सट्टेबाज़। इसकी पूरी संभावना होती है कि उसने कभी भी अपने ख़ुद के व्यक्तित्व को जानने में एक सेकंड भी नहीं बिताया होगा। उसने यह समझने के लिए कोई समय नहीं बिताया होता है कि वो बाज़ार और इसके जालों से कैसे निपटेगा। क्या वह जुआरी है? जुआरी जीत की संभावनाओं के बारे में बिना कुछ सोचे-समझे काम करता है। क्या वह निवेशक है? निवेशक एक ऐसा इंसान होता है जो अपने निवेशों पर एक निश्चित मुनाफे की तलाश में होता है। चूँकि शेयर बाज़ार में मुनाफे की कोई निश्चित दर नहीं होती, इसलिए इस बाज़ार में निवेशक की कोई जगह नहीं है। क्या वह ट्रेडर है? अगर वह ट्रेडर है तो वो उन लोगों में से होगा जो थोड़ा मुनाफा लेकर बाज़ार से निकल जाते हैं। एक बार फिर, संभावनाएं .500 से ज़्यादा पर दांव लगाने वाले किसी भी व्यक्ति के ख़िलाफ़ होने के साथ, ट्रेडर के लिए साल-दर-साल, हर एक चक्र में जीतने की कोई संभावना नहीं होती है। लेकिन यह कितनी शानदार बात है कि वॉल स्ट्रीट की मशीनरी हमेशा निवेशकों और ट्रेडरों के संबंध में बात करती है। मैंने स्ट्रीट को सट्टेबाज़ों के लिए आकर्षक बनाने के बारे में बात करते हुए कभी नहीं सुना। ऐसा इसलिए क्योंकि सबको पता है कि सट्टेबाज़ केवल तभी अपनी प्रतिबद्धताएं करता है जब संभावनाएं उसके पक्ष में होती हैं। अंदर के लोग इस

तरह की गतिविधि को प्रोत्साहित नहीं कर सकते क्योंकि इससे उन्हें सही समय पर इच्छुक ख़रीदारों को अपने शेयर बेचने में मदद नहीं मिलेगी।"

बॉयड ने आगे कहा, "एक सट्टेबाज़ तब तक प्रतिबद्धताएं नहीं करेगा जब तक कि वह ऊपर के रुझान की पुष्टि के लिए उच्चतर उच्च का कम से कम एक सेट या नीचे के रुझान की पुष्टि के लिए निम्नतर निम्न का एक सेट नहीं देख लेता। मैं इसे ज़िग या ज़ैग कहता हूँ। मुझे किसी रुझान की शुरुआत साबित करने के लिए कम से कम एक ज़िग या एक ज़ैग देखने की ज़रूरत होती है। और वो एक ज़िग या ज़ैग देखने के बाद, हम पहले चरण पर आते हैं। जो वही है जो सट्टेबाज़ ने अब देख लिया है। अब दूसरा चरण है, अपना पहला ट्रेड करने का समय निर्धारित करना। उसे न केवल अपना ट्रेड करने का समय निर्धारित करने की ज़रूरत होती है, बल्कि उसे अपने पैसे भी प्रबंधित करने पड़ते हैं ताकि अगर उसके अवलोकन के आधार पर उससे समझने में कोई गलती होती है तो वो बहुत कम पैसे गंवाए। इस शुरूआती बिंदु पर, सट्टेबाज़ कोई बहुत बड़ा मुनाफा कमाने की तलाश में नहीं होता। वो बस इतना पुष्टि करना चाहता है कि वो बाज़ार के साथ सही से चल रहा है। इसलिए वह अपनी धन प्रबंधन तकनीकों का इस्तेमाल शुरू करता है। मैं आने वाले दिनों में धन प्रबंधन के बारे में और बात करूंगा।"

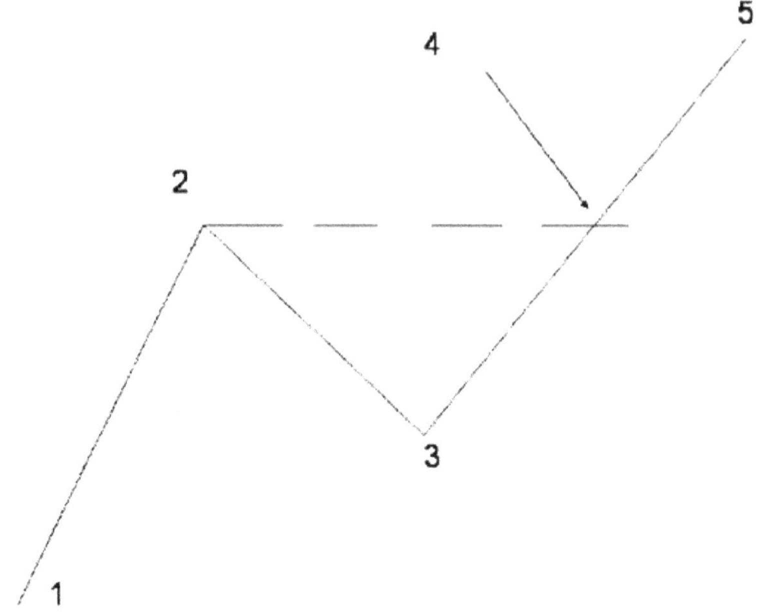

<u>**चित्र 3. ज़िग संभावित ऊपर के रुझान को दर्शाता है**</u>

1. शुरूआती ऊपर का रुझान
2. सबसे हालिया उच्च
3. सबसे हालिया उच्च की प्रतिक्रिया में निम्न
4. चूँकि बिंदु 2 पर तय किया गया उच्च बिंदु पार हो गया है और स्पष्ट है, इसलिए संभावित नया ऊपर का रुझान शुरू हो सकता है

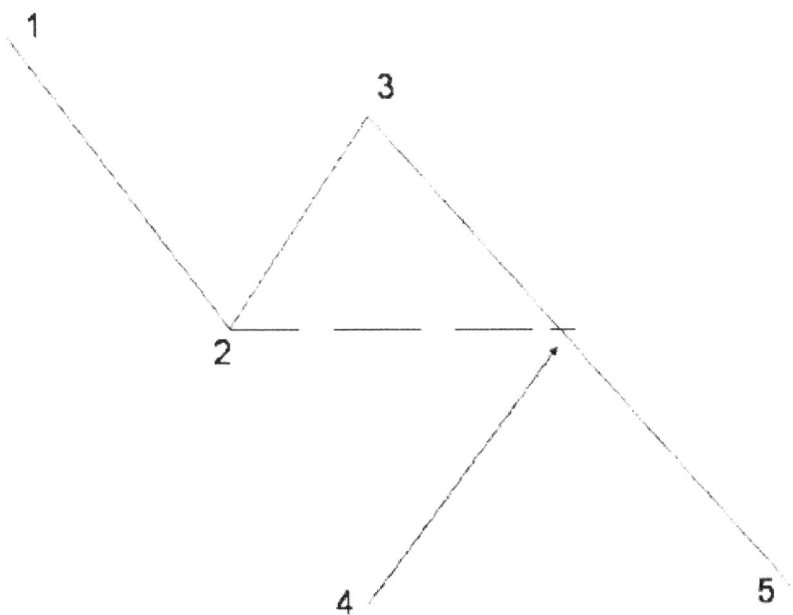

चित्र 4. ज़ैग संभावित नीचे के रुझान को दर्शाता है

1. शुरूआती नीचे का रुझान
2. सबसे हालिया निम्न
3. सबसे हालिया निम्न की प्रतिक्रिया में उच्च
4. चूँकि बिंदु 2 पर तय किया गया नया निम्न बिंदु नीचे की तरफ प्रवेश करता है, इसलिए संभावित नया नीचे का रुझान शुरू हो सकता है

“मैं चाहता हूँ कि आज की बातचीत से आप जो एक चीज़ समझें वो यह कि सट्टेबाज़ पहले बाज़ार और स्टॉक की गतिविधि का अवलोकन करेगा। इस अवलोकन के बाद, वो उसे समझेगा जो उसने देखा है। और बाज़ार और स्टॉक

की गतिविधि समझने के बाद, वो एक ट्रेड करेगा। लेकिन वो हमेशा नुकसान के विरुद्ध सुरक्षा और इस स्वीकृति के साथ अपने ट्रेड करेगा कि उससे समझने में गलती हो सकती है। वो अपना दूसरा ट्रेड तब तक नहीं करेगा जब तक कि उसे अपने पहले ट्रेड से यह साबित नहीं हो जाता कि उसने सही समझा था। उसके बाद से, हर आगे की गतिविधि पूरी तरह से पिछली गतिविधि के नतीजे पर आधारित होती है। जी हाँ, प्रत्येक सट्टेबाज़ जो समझता है, उसमें एक हद तक व्यक्तिपरकता आ जाती है। जैसा कि मैंने कहा, यह एक कला है, न कि विज्ञान। बाज़ार और किसी स्टॉक की गतिविधि समझने के बाद, वो अपना ट्रेड करता है। जैसा कि आप जानते हैं, 'सट्टेबाज़ी' शब्द लैटिन रूट 'स्पेक्युलरी' से आता है, जिसका मतलब अवलोकन या जासूसी करना है। देखी गई गतिविधियों का अवलोकन और उन्हें समझना आपके पहले चरण हैं। हम सबकुछ बारी-बारी से कवर करेंगे। लेकिन आज के लिए, मुझे अपनी बात यहीं ख़त्म करनी होगी क्योंकि अब मैं थक गया हूँ।”

और इतना कहकर वह जाने के लिए उठ खड़े हुए। ऊपर और नीचे के रुझानों और ज़िग और ज़ैग के बारे में अपनी बात समझाने के लिए, उन्होंने एक कागज़ पर कुछ रेखाएं खींची थी। मैंने उनके चित्रों वाला कागज़ उठाया और अपने कानूनी पैड में रख दिया। मैं बॉयड के दृष्टिकोण से बाज़ार के संचालन को देखना चाहता था। इसलिए मैं बहुत विस्तार से नोट्स बनाने में बहुत सावधानी बरतता था।

सारांश:

सट्टेबाज़ी एक कला है। सट्टेबाज़ी में तीन चरण शामिल हैं। अवलोकन, समझना और गतिविधि। सट्टेबाज़ पहले संकेतों के लिए बाज़ार और प्रमुख शेयरों का अवलोकन करता है। उसके बाद, वह अपनी देखी गई घटनाओं को समझता है। इसे समझने के बाद जब उसे यकीन हो जाता है कि जीतने की संभावना हारने की संभावना के कम से कम बराबर या बेहतर है, तो वह गतिविधि करता है। एक सट्टेबाज़ हमेशा बाज़ार से संकेतों की तलाश करेगा, न कि इंसानों से। एक सफल सट्टेबाज़ अपनी गतिविधियां संभावनाओं के आधार पर रखता है और उसका दूसरा चरण पहले चरण की सफलता पर आधारित होता है। और तीसरा चरण दूसरे चरण की सफलता पर आधारित होता है। और वो इसी तरह से आगे बढ़ता है।

अध्याय 3

सबसे पहले, कोई नुकसान न करें

हिप्पोक्रेटिक शपथ के आधुनिक संस्करण के अंदर एक लाइन छिपी हुई है जो कहती है, "मुझसे जब भी हो सकेगा मैं बीमारी को रोकूंगा, क्योंकि रोकथाम इलाज से बेहतर है।"

"सबसे पहले, कोई नुकसान न करें" के नियम को समझाने का इससे बेहतर तरीका नहीं हो सकता। बॉयड इसे अपना मंत्र कहते थे। उस दिन वो काफी उत्साहित लग रहे थे। अभी भी एरिज़ोना की सर्दियों की खूबसूरत सुबह थी। और उनका उत्साह मेरे ऊपर भी छा गया था क्योंकि उस दिन के सबकों के दौरान मैं हर समय मुस्करा रहा था।

उस सुबह हमारी चर्चाओं के साथ आगे बढ़ने से पहले, बॉयड ने कहा कि वो एक अस्वीकरण देना चाहते हैं। उन्होंने कहा कि, "यहाँ हम जो भी चर्चा

करेंगे वो मेरे लिए काम की रही है। लेकिन मैं यह नहीं कह सकता कि यह सबके लिए काम करेगी। यह एकमात्र ऐसा तरीका है जो मेरे लिए काम करता है। मेरा तरीका काफी हद तक स्वतंत्र लोकतंत्र जैसा है। यह एक घटिया व्यवस्था है। लेकिन यह निश्चित रूप से मेरे द्वारा देखे और आज़माए गए अन्य सभी सिस्टमों को मात देता है। मैं जिस तरह की ट्रेडिंग करता हूँ उसकी सबसे अच्छी बात यह है कि बुरे बाज़ारों में यह मुझे परेशानियों से दूर रखता है और अच्छे बाज़ारों में बढ़िया मुनाफा कमाने की सबसे अच्छी संभावना देता है। और मैंने इसे एक व्यवस्थित तरीके में बदल दिया है, जहाँ मुझे बुद्धिमान और ज्ञानी बनने की कोशिश नहीं करनी पड़ती है। मुझसे जटिल फॉर्मूला या विधियों को सुलझाने के लिए नहीं कहा जाता है। मैंने सबकुछ केवल इसलिए सरल रखा है क्योंकि मैं एक साधारण आदमी हूँ। मुझे जटिलताएं पसंद नहीं हैं। मुझे सबकुछ समझ आना चाहिए।"

"सट्टेबाज़ हमेशा से रहे हैं। जब तक वस्तुओं, सेवाओं और मुद्रा के किसी भी रूप के मुफ़्त विनिमय के लिए किसी भी प्रकार का बाज़ार उपलब्ध रहा है, सट्टेबाज़ों का भी अस्तित्व रहा है। शुरुआती सफल सट्टेबाज़ों में से किसी को भी कभी किसी कंप्यूटर द्वारा दिए गए जादुई फॉर्मूले पर भरोसा नहीं करना पड़ा और न ही कभी नया गणित सीखना पड़ा। अपने मूल स्तर पर, सफल सट्टेबाज़ी में पुराने समय से लेकर आज तक कोई बदलाव नहीं हुआ है। यह अभी भी बाज़ार के रुझान का सावधानीपूर्वक अवलोकन, देखी गई घटनाओं की स्पष्ट

व्याख्या और जीत की सर्वोत्तम संभावनाओं पर भरोसा करते हुए सावधानीपूर्वक धन प्रबंधन तकनीकों के साथ की गई गतिविधि है।"

मैंने उनसे पूछा कि उन्होंने इसे अस्वीकरण क्यों कहा। उनका जवाब था कि इंसान अजीब होते हैं। उनके अंदर इतना धैर्य नहीं होता कि वो अभ्यास करके सीखने के लिए सालों-साल इंतज़ार कर सकें। इंसानों को बाज़ार में ज़्यादा पैसे कमाने के लिए तुरंत जवाब चाहिए होता है। अधिकांश लोग सट्टेबाज़ी की सफल विधि सीखने और अनुभव करने के लिए आवश्यक समय, प्रयास, ऊर्जा और धन खर्च करने से इंकार कर देंगे। इस लिहाज़ से इंसान काफी हद तक किशोरों की तरह होता है। उन्हें बड़ा होने की इतनी जल्दी होती है कि वे हर तरह की मूर्खतापूर्ण गलतियां करते हैं। जैसा कि लोग कहते हैं, युवाओं पर यौवन बर्बाद होता है। इसी तरह, बाज़ार में नौसिखिए लोगों पर सावधानी और विवेक की बर्बादी होती है।

बॉयड ने आगे कहा, "लोग कभी भी अनुभवी और सफल सट्टेबाज़ों से सावधानी के शब्दों को नहीं सुनेंगे। लेकिन अगर कोई उत्साह के साथ उन्हें तेज़ी के बाज़ार की संभावना के बारे में बताएगा तो वो आँख बंद करके उनका पालन करेंगे और उनपर भरोसा करेंगे। अगर कोई आकर उनसे यह कहता है कि 2007 तक डो जोंस उद्योगों के 20,000 तक जाने की संभावना है तो ढेर सारे पाठकों का झुंड उनके पास पहुंच जाएगा। उद्योग वहाँ पहुँचते हैं या नहीं, यह मायने नहीं रखता। उसे बस हर बार इतना दावा करना होता है कि सच्ची गतिविधि अब बस शुरू होने वाली है। और भोली-भाली जनता उसका भरोसा करती

रहेगी क्योंकि वो आने वाली तथाकथित गतिविधि से नहीं चूकना चाहते हैं। लेकिन अगर आपने उन्हें यह सच्चाई बताई कि अपने वर्तमान स्तरों से डो को 20,000 तक पहुंचने के लिए, उद्योगों को 2 साल में दोगुना होना पड़ेगा तो ज़्यादातर लोग अपनी आँखें मूंद लेंगे।"

"स्ट्रीट में मौजूद ज़्यादातर सेवाएं लोगों को वही ऑफर करेंगी जो वो सुनना चाहते हैं। आख़िरकार, हममें से कितने सारे लोग कुछ ऐसा सुनने के लिए पैसे देंगे जो उन्हें लगता है कि आगे नहीं होने वाला है? ऐसे कितने लोग होंगे जो सावधानी और, शायद, कोई बुरी ख़बर सुनने के लिए पैसे देना पसंद करेंगे? यदि पाठक अपने दिमाग में अमीर बनने का ख्याल लेकर बाज़ार आया है तो उसने अपने मन में पहले ही यह धारणा बना ली है कि बाज़ार अमीर बनाता है। उसने पहले ही यह फैसला कर लिया है कि उसके पास कुछ बेकार पैसे पड़े हुए हैं जिन्हें वो प्रयोग करना चाहता है या जिन्हें वो जोखिम में डालना चाहता है। जब इंसान यह फैसला कर लेता है कि बाज़ार में अच्छा मुनाफा कमाया जा सकता है तो उसने पहले ही यह पूर्वाग्रह बना लिया है कि कीमतें बढ़ने वाली हैं। उसे समझाने की कोशिश करना कि ऐसा नहीं है, मूर्खतापूर्ण होगा। इसका मतलब केवल यह है कि इंसान के पहले से आश्वस्त मन को पहले यह स्वीकार करना होगा कि वह गलत था। और, दूसरा, उसे यह स्वीकार करना होगा कि उसके द्वारा सोचे गए तथाकथित धन की कोई संभावना नहीं है।"

"सबसे ज़रूरी बात, उस इंसान की बाज़ार से कमाए जाने वाले पैसों को खर्च करने की सारी योजनाएं धराशायी हो जाएंगी। यह किसी भी इंसान के

लिए बहुत ज़्यादा हो जाता है। मनोवैज्ञानिक रूप से, किसी भी इंसान के लिए इसे समझना लगभग असंभव हो जाता है। परिणामस्वरूप, वो सक्रिय रूप से ऐसी सेवाओं की तलाश करता है जो उसकी सोच से सहमत होंगी और बाज़ार से पैसे कमाने के उसके सपने को पूरा करने का वादा करेंगी।"

और फिर उन्होंने आगे कहा, "मान लीजिये, आपके बैंक में $100,000 पड़े हुए हैं। ब्याज दर के परिवेश के आधार पर उनपर 2-4% तक का ब्याज मिल सकता है। लेकिन वो 2-4% सुरक्षित हैं, जो आपको ज़रूर मिलेंगे। फिर आप देखते हैं कि स्टॉक इंडेक्स एक ही महीने में 5% ऊपर चला गया है। और आप देखते हैं कि कुछ स्टॉक महीने भर में ही 10-30% ऊपर चले गए हैं। और फिर अचानक आपको सारे पंडितों की बातें सुनाई पड़ने लगती हैं कि बाज़ार में तेज़ी आने वाली है। हर तरफ शोर मचना शुरू हो जाता है कि अर्थव्यवस्था पूरे ज़ोरों पर है। आपको मीडिया में ढेर सारा उत्साह और चर्चा दिखाई और सुनाई देने लगता है। इंटरनेट ऑन-द-स्पॉट विशेषज्ञों से भर जाता है। हर कोई बाज़ार पर अपनी राय देनी शुरू कर देता है। आपको बस यही सुनाई देता है कि बाज़ार आसमान छू रहा है। इसके साथ ही कुछ कंपनियों की बेहतरीन आय रिपोर्ट भी आ जाती है। अचानक आपको लगने लगता है कि आप कितने बेवकूफ हैं जो सलाना 2-4% मुनाफा स्वीकार कर रहे हैं। आपको लगता है कि इतने अच्छे मुनाफे को गंवाना बेवकूफी है। और, फिर, मेरे दोस्त, आपके ऊपर बर्बादी के बादल छाने लगते हैं।"

“जैसा कि आपको पता है, मैं कई चक्रों में रहा हूँ। मैंने 1929 के क्रैश के तुरंत बाद शुरुआत की थी। और, मैं क्या कहूं, मेरी टाइमिंग बेहद ख़राब थी। मैंने 1929 में सीधे शीर्ष के पास बाज़ार में प्रवेश किया और जो उसके बाद लगातार तीन सालों तक नीचे गिरता रहा। और फिर 1932 में प्रतिक्रियाशील तेज़ी का बाज़ार शुरू हुआ तो मेरे पास कोई पैसे ही नहीं बचे थे। 1936 में जाकर मैं कुछ कमाई कर पाया और कुछ पैसे बचा पाया और एक बार फिर से मैं बाज़ार के लिए तैयार था। और पता है क्या हुआ? 1936 से 1940 के मंदी के बाज़ार ने मुझे झटका दिया। 1940 के दशक का शुरूआती समय आने तक, मैं बर्बाद हो चुका था। लेकिन उस समय मैंने जो भी सबक सीखे उनकी वजह से तब से लेकर आज तक मुझे अपना जीवन आसान बनाने में बहुत मदद मिली क्योंकि फिर मैंने बाज़ारों से बहुत ज़्यादा मुनाफा कमाया और मुझे बहुत कम मात्रा में घाटा सहना पड़ा। उस समय से मैं बाज़ार में थोड़े-बहुत पैसों से ज़्यादा का नुकसान सहन किये बिना बड़ी मात्रा में मुनाफा कमाने में कामयाब हुआ हूँ। लेकिन ये सबक सीखने के लिए मुझे 1930 के दशक में दस सालों के दौरान बहुत सारा नुकसान उठाना पड़ा। मैं आपको गारंटी के साथ बता सकता हूँ कि कोई भी इंसान नुकसान झेले बिना ये सबक नहीं सीख सकता। और एक बार बड़ा नुकसान झेलने के बाद, इंसान केवल दो ही चीज़ें करता है। ज़्यादातर लोग बाज़ार से निकल जाते हैं और फिर कभी मुड़कर पीछे नहीं देखते। ऐसे बहुत कम लोग होते हैं जो उन कठोर सबकों को सीखते हैं और आगे के चक्र के दौरान उनका फायदा उठाते हैं।”

"मैंने जो सबसे अच्छा सबक सीखा है वो है, किसी और के बजाय केवल ख़ुद पर भरोसा करना। मैं क्या देखता हूँ, क्या समझता हूँ और क्या गतिविधियां करता हूँ वो सारी चीज़ें केवल मेरी अपनी समझ पर आधारित होती हैं, जिससे साबित होता है कि मुझे बाज़ार के बारे में थोड़ा-बहुत पता है। और ख़ुद बाज़ार इकलौती ऐसी चीज़ है जिसने मुझे कभी भी गलत साबित नहीं किया है। बाज़ार के बारे में मेरी समझ ज़्यादातर गलत होने के बजाय सही ही रही है। और सफल होने के लिए यह बहुत ज़रूरी है।"

मैंने बॉयड से पूछा कि उन्होंने अपना "सबसे पहले, कोई नुकसान न करें" का नियम कैसे बनाया। उन्होंने कहा कि अपने नुकसान की भरपाई करने में लगे कई सालों ने उन्हें सिखाया कि एक वर्ष में जो खोया है उसे वापस पाने में दशकों लग सकते हैं। अगर कोई इस तरह के विनाशकारी नुकसान से बच सकता है, तो समझिये कि उसने शुरू में ही लड़ाई जीत ली है। उदाहरण के लिए, उन्होंने कुछ आंकड़ों पर विचार किया और कहा, "चलिए हम उदाहरण के रूप में एक खाता लेते हैं, जिसमें बाज़ार में सट्टा लगाने के लिए $100,000 पड़े हैं। अगर वो खाता अपना एक तिहाई मूल्य खो देता है और $66,666 पर आ जाता है तो उस खाते को संतुलन की अवस्था में आने के लिए वापस $33,333 कमाना होगा। यानी, उस खाते को केवल संतुलन में आने के लिए $66,666 पर $33,333 या 50% का मुनाफा कमाने की ज़रूरत होगी।"

"आपको पता है, किसी ऐसे खाते के लिए वापस पलटकर अपनी गलतियों को दूर करना और और ऊपर से अपने निवेश पर 50% का मुनाफा कमाने के

लिए कुछ बेहतरीन गतिविधियां करना कितना ज़्यादा मुश्किल है, जिसने गलतियां की हैं और 33% का नुकसान झेला है? वास्तव में, आम तौर पर ऐसा होता है कि जिस खाते ने एक वर्ष में एक तिहाई खोया है, वह कुछ सबक सीखता है और अगले वर्ष फिर से खोता है। लेकिन दूसरे वर्ष में होने वाले नुकसान की पहले वर्ष में अनुभव किये गए 33% के नुकसान से कम होने की संभावना होती है। यह सीखने की प्रक्रिया है। जब तक वो खाता पैसा बनाना शुरू नहीं करता तब तक साल-दर-साल कम से कम नुकसान उठाना शुरू कर देता है। और कोई भी बड़ा मुनाफा कमाने से पहले आप छोटे मुनाफे कमाने के साथ शुरुआत करते हैं। जैसा कि मैंने बताया, यह सीखने की लंबी प्रक्रिया है। और अपने नुकसान की भरपाई करने में और फिर से संतुलन पर आने में सालों लग जाते हैं। वहीं दूसरी तरफ, यदि कोई खाता केवल 5% खोता है और $100,000 से $95,000 पर पहुंच जाता है तो रिकवर होने के लिए उसे $95,000 पर केवल $5,000 बनाने की ज़रूरत होती है। संतुलन की अवस्था में आने के लिए केवल 5% से थोड़े ज़्यादा मुनाफे की ज़रूरत होती है। नुकसान न उठाकर, व्यक्ति सालों के दुःख, परिश्रम, दर्द और बेचैन रातों से ख़ुद को बचा सकता है। बाज़ार में नुकसान न उठाना सीखना कई सालों की मेहनत के लायक है।"

"बाज़ार में आने वाले ज़्यादातर लोग हारने के साथ शुरुआत करेंगे। मेरा यह मतलब नहीं है कि उनका पहला ट्रेड घाटे वाला होगा। मैं एक पूरे चक्र की बात कर रहा हूँ। एक पूरे चक्र का मतलब है, एक पूरा ऊपर का रुझान और पूरा

नीचे का रुझान। ज़्यादातर लोग अपने पहले पूरे चक्र के बाद ऋण के कॉलम में आयेंगे, यह मानते हुए कि एक पूर्ण चक्र की अवधि के दौरान कोई व्यक्ति पैसे बचाये रखने में या नकदी रखने में समर्थ था। एक संपूर्ण चक्र पूरा करने से पहले कई लोग अच्छी तरह से हार जाएंगे। जो नए लोग कभी-कभी बड़ा मुनाफा कमाते हैं, वो भी चक्र पूरा होने तक बाज़ार को सबकुछ वापस कर देते हैं।"

"एक या दो चक्र के बाद, जो लोग टिके रहते हैं और उनके अंदर बाज़ार को आज़माने और उसका अध्ययन करने की क्षमता होती है और, साथ ही सबसे ज़रूरी, वो बाज़ार के कामकाज के तरीके को समझते हैं, वो शुरूआती छोटे मुनाफे कमाना सीख जाएंगे। समय और ज़्यादा अनुभव, अध्ययन और अनुशासन के साथ, अंत में, प्रतिभागी आगे चलकर सट्टेबाज़ में बदल जाते हैं। इसमें थोड़ा और समय, अनुभव, अनुशासन और धैर्य जुड़ने पर - अचानक से सट्टेबाज़ माहिर सट्टेबाज़ों की श्रेणी में पहुंच जाता है। सालों तक सीखने के बाद, एक माहिर सट्टेबाज़ बाज़ार की सादगी और जटिलताओं को समझने लगता है। वो अपनी निष्पादन की योजना को सरल रखना सीख जाता है और स्वीकार कर लेता है कि बाज़ार बहुत जटिल नहीं है।"

उस बिंदु पर मैंने बॉयड से कुछ साधारण सवाल पूछे। मैंने कहा, "आपको पता है, लोगों के साथ मेरे अनुभव काफी मिले-जुले रहे हैं। या तो वो मेरी स्पष्टवादिता को पसंद करते हैं या फिर इससे नफ़रत करते हैं। बीच में कुछ नहीं होता। मुझे पता चला है कि जब मैं बाज़ार की गतिविधियों को सरल बनाता हूँ और जीतने की संभावनाओं के संबंध में बात करता हूँ तो या तो वो इसे

समझते हैं या फिर नहीं समझते। एक बार फिर, इसमें बीच में कुछ नहीं होता। आप अपने पाठकों को निराश किये बिना बाज़ार पर अपने विचार कैसे व्यक्त करते हैं?"

बॉयड मुस्करा रहे थे। जैसा कि मैंने कहा, उस दिन वो काफी अच्छे मूड में थे। उन्होंने अपनी कॉफ़ी का एक घूंट लिया, थोड़ी देर सोचा और फिर जवाब दिया, "मुझे पता है आप क्या कह रहे हैं। मैंने 1930 के दशक से बाज़ार में कई सारे उछाल और गिरावटों के चक्र देखे हैं। और बाज़ार के साथ काम करना, लोगों के साथ काम करने जैसा ही होता है क्योंकि बाज़ार और कुछ नहीं बल्कि लोग ही हैं जो एक-दूसरे से शेयर ख़रीद और बेच रहे होते हैं। यह हर तरह के लोगों का आपस में काम करने का कुल योग है। बाज़ार का अवलोकन करना और कुछ नहीं बल्कि लोगों का अवलोकन करना है। मेरे अंदर यह कमी है कि मैं लोगों के साथ बहुत अच्छा नहीं हूँ।"

"लेकिन, सौभाग्य से मैं बाज़ार को सही तरीके से देख और समझ सकता हूँ। मैं दूसरे शब्दों में कहता हूँ। मैं गलत होने के बजाय ज़्यादातर सही होता हूँ। मैं हमेशा इस बात को जानते हुए बाज़ार में जाता हूँ कि बाज़ार की दिशा के बारे में मेरी समझ गलत हो सकती है। यह तथ्य कि मैं हर समय सही नहीं होता, मुझे बताता है कि स्मार्ट मनी या सबसे समझदार लोग हर समय मुझसे सहमत नहीं होते हैं। जो लगभग वही बात है जो आपने कही कि लोग या तो आपके लेखन को पसंद करते हैं या फिर इससे नफ़रत करते हैं। यही चीज़ बाज़ार बनाती है। आप या तो सही होते हैं या फिर गलत। जब आप सही होते हैं, तो

जो लोग गलत होते हैं, वे चीज़ों को आपके तरीके से नहीं देखेंगे। जब आप गलत होते हैं, तो जो लोग सही होते हैं वे चीज़ों को आपके तरीके से नहीं देखेंगे। इसके परिणामस्वरूप, आपके लेखन को जो मिली-जुली प्रतिक्रिया मिलती है, उससे आपको आश्चर्य नहीं होना चाहिए।"

"ख़रीदार और विक्रेता किसी स्टॉक की कीमत स्थापित करने के लिए एक साथ आते हैं। ख़रीदार ख़रीद रहे हैं क्योंकि उन्हें विश्वास है कि आगे कीमत बढ़ेगी। विक्रेता बेच रहे हैं क्योंकि वो कीमतों के कम होने की उम्मीद कर रहे हैं। ज़ाहिर तौर पर, केवल एक समूह सही होगा। ख़रीदारों और विक्रेताओं दोनों के लिए एक ही समय में किसी भी लंबी अवधि के लिए सही होना संभव नहीं है। यदि ख़रीदार सही हैं, तो कीमतें बढ़ जाएंगी। यदि विक्रेता सही हैं, तो कीमतें कम होंगी। बाज़ार बहुत सरल है। हम इंसान बाज़ार को मात देने के लिए किसी सिस्टम का पता लगाने की कोशिश करके इसे और अधिक जटिल बना देते हैं। इसके बजाय, अगर हम सिर्फ बाज़ार के साथ तालमेल बिठाने पर ध्यान केंद्रित करते, तो जीवन बहुत आसान हो जाता।"

"हम इंद्रधनुष के अंत में सोना खोजने के लिए किसी जादुई जवाब की तलाश करने की कोशिश करते हैं। और हम हफ्ते के हर दिन, साल के हर हफ्ते, और साल-दर-साल एक इंद्रधनुष खोजने की कोशिश करते हैं। हम भूल जाते हैं कि इंद्रधनुष हफ्ते में रोज नहीं आते। युक्तियाँ बताने वाले लोग, बुलिश न्यूज़लेटर्स, स्टॉक ब्रोकर्स, अफवाह फैलाने वाले, अंदरूनी सूत्र, अंदरूनी सूत्रों के एजेंट आदि की वॉल स्ट्रीट मशीनरी सब व्यक्तिगत रूप से और एक-दूसरे के

साथ मिलकर हमें यह समझाने में लगे रहते हैं कि इंद्रधनुष हर दिन आता है। किसी भी इंसान को इंद्रधनुष बनने का इंतज़ार करना पड़ता है। इसके लिए धीरज और चुपचाप बैठने और कुछ न करने की ज़रूरत पड़ती है।"

"इंतज़ार करना, चुपचाप बैठना और कुछ न करना सीखना सबसे कठिन सबक है। ज़्यादातर लोगों के लिए सही परिस्थितियों और जीतने की बेहतर संभावनाओं की पुष्टि का इंतज़ार करना संभव नहीं होता है। यदि सभी लोग कुछ न ख़रीदने का और बस चुपचाप बैठकर अच्छे दिनों का इंतज़ार करने का फैसला कर लेते हैं तो वॉल स्ट्रीट का अस्तित्व ही ख़त्म हो जायेगा। यह वॉल स्ट्रीट का अंत होगा। पूंजीवाद के शुद्ध सच्चे रूप की अत्याधुनिक मशीनरी यह स्वीकार नहीं कर सकती। यह मशीनरी मौजूदा परिस्थितियों की परवाह किये बिना ख़रीदारों का निरंतर प्रवाह बनाये रखने के लिए ढेर सारी बेकार की जानकारी, गलत जानकारी, दुष्प्रचार, प्रचार, अफवाह आदि निकालती रहेगी। हर दिन कोई न कोई सेल चलती रहेगी। आपको कभी भी ऐसा कोई ब्रोकर नहीं मिलेगा जो आपसे यह कहे कि, 'आज मत ख़रीदिये। अच्छा दिन आने का इंतज़ार करिये।' क्योंकि ये शब्द वॉल स्ट्रीट की शब्दावली में हैं ही नहीं।"

मुझे इस बात से कोई हैरानी नहीं हुई कि बॉयड चीज़ों को इतने अनोखे तरीके से समझा सकते हैं। उनके पास यह उपहार था। इसलिए मैंने इस मामले को आगे बढ़ाने का फैसला किया और उनसे पूछा, "मुझे पता है कि मुझे आपके पाठकों को शिक्षित करने की चिंता नहीं करनी चाहिए। वो आप जैसे समझदार लोग हैं जो काफी समय से इस खेल में हैं और इसे अच्छी तरह जानते हैं। क्या

ऐसी कोई चीज़ है जो आप चाहते हैं कि मैं हमेशा अपने दिमाग में रखूं ताकि मेरा फोकस ख़त्म न हो? मैं बाज़ार की चालों को उतने अच्छे से नहीं समझता जितना आप समझते हैं। मूलभूत स्तर पर और 'सबसे पहले, कोई नुकसान न करें' के नियम के अंतर्गत आप ऐसे कौन से विशिष्ट विचार जोड़ सकते हैं जो मेरे काम आएंगे? आप मुझे अच्छी तरह से जानते हैं और शायद कुछ ऐसा है जो आप मुझे और अधिक अनुशासित होने में मदद करने के लिए बता सकते हैं।"

उन्होंने एक सेकंड सोचने के बाद कहा, "मुझे लगता है, आप पहले से काफी अनुशासित हैं। मैं बस आपको केवल एक चीज़ बताना चाहता हूँ कि आपको हमेशा इस बात को अपने दिमाग में रखना होगा कि शेयर बाज़ार और कुछ नहीं बल्कि बस ख़ज़ाने की खोज का एक खेल है। यदि आप यह चीज़ दिमाग में रख सकते हैं तो आप हमेशा केंद्रित रहेंगे और गलत रास्ते पर नहीं जाएंगे। मैंने सबसे पहले अपनी बेटी को बाज़ार के बारे में समझाने के लिए ख़ज़ाने की खोज वाले उदाहरण का इस्तेमाल किया था, जब वो छोटी थी। और उसे आज तक वो व्याख्या याद है और वो उस उम्र में बाज़ार का कामकाज समझने में सक्षम हुई थी जब ज़्यादातर लोगों को यह तक नहीं पता था कि रुझान क्या होता है।"

"बाज़ार ख़ज़ाने की खोज का एक खेल है। सभी खिलाड़ियों को कुछ सुराग दिए जाते हैं। असल में, सभी खिलाड़ियों को दिए गए सुराग एक होते हैं। उन्हें सही से समझने पर, सुराग का पहला सेट प्रतिभागी को पहले मील-पोस्ट पर सुराग के दूसरे सेट के पास ले जाएगा। उसके बाद, पहले मील-पोस्ट के सुरागों

को सही तरीके से समझने पर, प्रतिभागी दूसरे मील-पोस्ट पर जा सकते हैं जहाँ उन्हें और सुराग मिलेंगे। इस तरह, जो भी प्रतिभागी निरंतर रूप से सुरागों को सही से समझता है, वो एक मील-पोस्ट से दूसरे मील-पोस्ट पर जाता रहता है, जब तक कि अंत में वो ख़ज़ाने तक नहीं पहुंच जाता। कोई इंसान सुरागों को कितनी तेज़ी से और सही तरीके से समझ सकता है, उससे निर्धारित होगा कि ख़ज़ाना किसको मिलेगा। दिए गए सुरागों में से, कुछ गलत और झूठे सुराग भी होंगे, जो खिलाड़ियों को गुमराह करने के लिए होते हैं। और एक बार फिर, जो खिलाड़ी इन गुमराह करने वाले सुरागों को पहचान जायेगा, उसके ख़ज़ाने तक पहुंचने की सबसे ज़्यादा संभावना होगी।"

"उन खिलाड़ियों में से, कुछ बेहद स्मार्ट खिलाड़ियों का एक छोटा सा समूह होगा, जिन्हें सुरागों को सही से पढ़ने में कोई परेशानी नहीं होगी। वो ख़ज़ाने तक पहुंचने के लिए रास्ते में आने वाले सभी सुरागों को सही से समझ जाएंगे और साथ ही वो गुमराह करने वाले सुरागों को हटाने में भी समर्थ होंगे। ये स्मार्ट लोग ख़ज़ाने तक पहुंचने वाले पहले लोग होंगे और उन्हें 'स्मार्ट मनी' कहा जायेगा। और उसके बाद ऐसे खिलाड़ियों का एक दूसरा छोटा समूह होगा जो ज़्यादातर सुरागों को बिल्कुल सही से समझ जाएंगे और मुश्किल या गुमराह करने वाले सुरागों को न समझ पाने की स्थिति में वो 'स्मार्ट मनी' के नक़्शे-कदम पर चलेंगे, जो सबकुछ सही से समझते हैं। चूँकि, यह दूसरा समूह स्मार्ट मनी को फॉलो करता है, इसलिए स्मार्ट मनी इन फॉलोवरों को भगाने के लिए कुछ झटके और गिरावट दिखाकर उन्हें गुमराह करने की कोशिश करेगी। यह

ख़ज़ाना बहुत बड़ा है और जो भी वहाँ तक जल्दी पहुंच जाता है उनमें से ज़्यादातर लोगों के लिए काफी कुछ मौजूद होता है। कई लोग वहाँ तक पहुंचते ही नहीं हैं। कुछ लोग देर से पहुंचते हैं। स्मार्ट मनी वहाँ सबसे पहले पहुंचते हैं। और स्मार्ट मनी के फॉलोवरों में से कई लोग भी वहाँ पहुंच जाएंगे, हालाँकि वो स्मार्ट मनी से बस थोड़ा ही पीछे रहते हैं।"

"यह बाज़ार से अलग नहीं है। स्मार्ट मनी पहले रुझान को पहचानते हैं और उसपर काम करते हैं। उसके बाद फॉलोवरों का छोटा समूह स्मार्ट मनी को सफलतापूर्वक फॉलो करेगा और आगे के रुझान को पहचानेगा। अधिकांश अन्य लोग रुझान के सबसे अच्छे हिस्से से चूक जाएंगे। कई लोग पार्टी में देर से आएंगे और केवल किसी लंबी पार्टी के अंत में होने वाले झगड़ों के लिए रहेंगे।"

"बाज़ार में किसी व्यक्ति को जिस सबसे बड़ी समस्या का सामना करना पड़ता है, वो है रुझान की पुष्टि का इंतज़ार करने की ज़रूरत। किसी गतिविधि की पहली झलक दिखाई देते ही उसपर कूद पड़ना सबसे आम और महंगी गलती है। किसी रुझान को पहचानने वाला पहला इंसान बनने की भगदड़ में, कई लोग कुचले जाते हैं। केवल धैर्यवान लोग ही इंतज़ार करके कई झूठी शुरुआतों से बच पाते हैं, और सही रुझान की शुरुआत होने पर गतिविधि करने के लिए तैयार होते हैं। रुझान पहचानने वाला पहला इंसान बनने की कोशिश में बहुत सारे लोगों ने अपने पैसे गंवाएं हैं।"

"मुझे आपकी यह बात बहुत पसंद है कि आप चुपचाप बैठ सकते हैं और बाज़ार द्वारा हमारी तरफ फेंके गए हर जाल और लोभ पर नहीं कूदते हैं। यह

एक खोयी हुई कला है और युवा लोगों को बाज़ार के खतरों के बारे में बताने के लिए बहुत कम पुराने लोग बचे हैं। सब यही दावा करते हैं कि यह नया बाज़ार है और इसलिए इसके लिए नई रणनीतियां और नए मॉडल ज़्यादा बेहतर हैं। मुझे नहीं पता मैंने अपने किशोरावस्था के दिनों से यह कितनी बार सुना है। बाज़ार का हर चक्र अपने साथ बाज़ार की ये नई रणनीतियां लाता है और दावा करता है कि यह नए बदले हुए बाज़ार को मात देने में समर्थ है। लेकिन बाज़ार कभी नहीं बदलता क्योंकि जहाँ तक पैसों की बात आती है तो लोगों की भावनाओं में कभी बदलाव नहीं होता है। बाज़ार में लगभग कुछ भी नया नहीं है। हर उपाय और सिस्टम को किसी न किसी रूप में पहले आज़माया जा चुका है।"

"अब तो मैं और भी ज़्यादा आश्वस्त हो गया हूँ कि आप मेरे पाठकों के लिए बिल्कुल सही हैं क्योंकि आप अपनी बातों को तोड़े-मरोड़े बिना साफ़-साफ़ बोल देंगे। आपको इससे कोई फर्क नहीं पड़ता कि वो आपकी बात से सहमत हैं या नहीं। वो आपसे बाज़ार की एक सच्ची और स्पष्ट व्याख्या पाना चाहते हैं। उन्हें बस बाज़ार के लिए एक सट्टेबाज़ के दृष्टिकोण की तलाश है। वो बाज़ार में अपनी ख़ुद की टेस्ट-ख़रीदारियां या टेस्ट-बिक्रियां करके यह पता लगा सकते हैं कि आपकी व्याख्या सही है या नहीं। यदि वो अपनी पहली स्थितियों से पैसे कमा पाते हैं तो बाज़ार यह साबित कर देगा कि आपकी व्याख्या सही थी।"

हमने बाज़ार की कुछ मूलभूत चीज़ों के बारे में चर्चा की और उस बिंदु पर बॉयड ने उस सुबह की चर्चा समाप्त की। उसके बाद मैं अपने नोट्स लेकर घर

वापस चला गया। यह मेरे लिए लंबे लेकिन बेहद फायदेमंद कुछ दिनों की शुरुआत थी।

सारांश:

सबसे पहले, कोई नुकसान न करें। रुझान देखने वाले पहले व्यक्ति बनने की कोशिश न करें। ज़्यादातर शुरूआती संकेत गलत होते हैं। कोई भी प्रतिबद्धता करने से पहले संकेतों की पुष्टि होने का इंतज़ार करें। बाज़ार में बढ़त पाना ख़ज़ाने की खोज के खेल जैसा है।

अध्याय 4

संदेह की स्थिति में, कुछ न करें

मैंने अपने उस्ताद सट्टेबाज़ के दिए गए सभी नियमों और सबकों को हर रोज़ अपनी डायरी में लिखना शुरू कर दिया था। बॉयड से मिलकर घर वापस आने के बाद मैं तुरंत अपने नोट्स निकालकर अपने लैपटॉप पर टाइप करना शुरू कर देता था। मुझे पता था, अगर मैं उसे अपने कंप्यूटर में न डालता तो मैं अपने नोट्स को कभी भी पूरी तरह से नहीं समझ सकता था, जिसे मैंने बॉयड के बोलते वक़्त जल्दी-जल्दी लिखा था। अगर मैं तुरंत अपने विचारों को कंप्यूटर पर न उतारता तो मुझे डर था कि मैं उस महत्वपूर्ण जानकारी को खो दूंगा जो मुझे दी जा रही थी।

मुझे पता था कि मैंने जो भी लिखा था अभी भी उसका अच्छा-ख़ासा प्रतिशत कई लोगों को समझ नहीं आने वाला था। क्योंकि, बाज़ार की मशीनरी ने सस्ते शेयरों, आसान पैसों, आसान मुनाफों, शॉर्ट-कट और श्रेष्ठता की भावना

की तलाश करने के लिए लोगों का दिमाग ख़राब कर रखा था। और मार्केटिंग मशीनरी यह दर्शाने में बहुत अच्छी थी कि नौसिखिये या यहाँ तक कि अपने आपको पेशेवर कहने वाले लोग बहुत स्मार्ट हैं। और चूँकि वो इतने स्मार्ट हैं, इसलिए वो सभी तकनीकी शब्दावली और गणितीय मॉडलों में सबक और पाठ्यक्रम पूरे करते हैं। उसके बाद, किसी व्यक्ति को इस विचार पर यकीन दिलाया जाता है कि लंबे और बुद्धिमान लगने वाले शब्द का प्रयोग करने की क्षमता किसी तरह से भोले-भाले लोगों को बाज़ार को मात देने में मदद करेंगे। हम इंसानों को इस बात पर यकीन करना अच्छा लगता है कि हम ज़्यादातर लोगों से स्मार्ट हैं।

मार्केटिंग मशीन स्मार्ट महसूस करने की हमारी ज़रूरत का फायदा उठाती है। और जब हमें यकीन हो जाता है कि हम किसी भी औसत इंसान से ज़्यादा स्मार्ट हैं, क्योंकि हमें तकनीकी शब्दों का बहुत अच्छा ज्ञान है, तो हम अपनी अमीरी के रास्ते पर निकल पड़ते हैं। ज़ाहिर तौर पर, अपनी लंबी यात्रा के दौरान, हमें और अधिक अत्याधुनिक उपकरण बेचे जाते हैं, जो बाज़ार को और ज़्यादा मात देने में हमारी मदद करेंगे। और जिस तरह सूअर कटने के लिए आगे बढ़ता जाता है, वैसे ही हम इस बेहतरीन बेचने के कौशल के जाल में फंस जाते हैं। एक औसत इंसान जो बिना किसी अनुभव या विशाल वॉल स्ट्रीट के कामकाज को जाने बिना बाज़ार में आता है, उसके लिए कोई संभावना नहीं होती है।

मुझे पता था कि मैं सबसे समझदार इंसान नहीं हूँ। लेकिन शेयर और कमोडिटीज़ दोनों में, बाज़ारों में अपने सालों के अनुभव के दौरान मैंने इतना ज़रूर जान लिया था कि मैं इस खेल को अच्छी तरह समझता था। मैंने बड़े परिदृश्य और बाज़ार के पूरे कामकाज को पहचान लिया था। मुझे पता था कि बाज़ार हमेशा सही होता है। और मैंने जाना था कि चूँकि बाज़ार हमेशा सही होता है, इसलिए बाज़ार में गतिविधि का अवलोकन करने और फिर गतिविधि की व्याख्या करने की मेरी क्षमता के अलावा, मुझे बाज़ार में सफल होने के लिए वास्तव में किसी और चीज़ की आवश्यकता नहीं थी। मैं अवचेतन रूप से एक सट्टेबाज़ बन गया था। मुझे यह भी पता नहीं चला कि यह बदलाव कब हुआ। यह कई वर्षों में कई नुकसानों के बाद धीरे-धीरे हुआ था। लेकिन जब बॉयड ने बताया कि सट्टेबाज़ क्या होता है तब जाकर मैंने समझा कि मैं भी एक सट्टेबाज़ हूँ। जैसा कि लोग कहते हैं, “एक सट्टेबाज़ ही दूसरे सट्टेबाज़ को पहचान सकता है।”

अब मैं एक ऐसी जगह पर पहुंच गया था, जहाँ बाज़ार में प्रवेश करने पर मैं बहुत ध्यान से चुनाव करता था। मैं बिना कोई ट्रेड किये महीनों इंतज़ार कर सकता था। अब मैं ब्रोकरों, उपाय बताने वालों और अफवाह फैलाने वालों से मिलने वाली कॉल्स को आसानी से अनदेखा कर सकता था जो सिस्को, होम डिपो, या टेज़र के बाद अगली बड़ी चीज़ पर मुझे उत्साहित करने की कोशिश करते थे। मैं इन सभी शानदार अवसरों को जाने देता था ताकि दूसरे दुर्भाग्यशाली लोग बड़े पैसे कमा सकें। मैं बस कुछ न खोने में ज़्यादा दिलचस्पी

रखता था। मैं किसी ऐसे स्टॉक के जाने का दुःख नहीं करता था, जिसे मैंने कभी ख़रीदा ही नहीं है। मैं कोई ऐसी चीज़ कैसे खो सकता था जो मेरे पास है ही नहीं? वहीं दूसरी तरफ, मुझे वो स्टॉक खोना बिल्कुल पसंद नहीं था, जिसे मुझे ख़रीदना था। चूँकि मैं केवल तभी ख़रीदता था जब मुझे किसी स्टॉक को न ख़रीदने का कोई कारण नहीं मिलता था, इसलिए मैं अपने ट्रेड करने के मामले में बहुत सावधानी रखता था।

यह मुझे उस हफ्ते बॉयड के दिए हुए दूसरे सबक पर लाता है। जिसे उन्होंने कहा था, "संदेह की स्थिति में, कुछ न करें।" यह काफी सरल लग रहा था। लेकिन कई सालों तक नुकसान झेलने के बाद मैं वहाँ पहुंच पाया था। और बॉयड के ट्रेड जर्नल से मैंने जाना कि उन्हें 1930 के दशक में पूरे दशक के दौरान नुकसान झेलने के बाद यह महत्वपूर्ण सबक समझ आया था, जिसमें वो अपने हर किये गए ट्रेड रिकॉर्ड करते थे।

बाज़ार में उपयोगी जानकारी की तुलना में बहुत सारी बेकार और फ़ालतू जानकारी मौजूद है। बाज़ार गलत संकेतों से भरा पड़ा है। जैसा कि हम जानते हैं, ये गलत सुराग लोगों को सही रास्ते से भटकाने के लिए इस्तेमाल किये जाते हैं। शेयर बाज़ार में पैसों की खोज की तुलना में इस पूरे ग्रह पर ऐसा कोई काम नहीं है जहाँ बेकार, झूठी और गुमराह करने वाली जानकारी का इतना ज़्यादा इस्तेमाल किया जाता हो। लेकिन, ज़ाहिर तौर पर, ज़्यादातर लोगों को यह नहीं पता होता क्योंकि जैसा कि हमने बताया हम सबको यह महसूस करना अच्छा लगता है कि हमें ज़्यादा पता है। हम सब बहुत स्मार्ट हैं, बाज़ार से भी

ज़्यादा। किसी औसत इंसान से अधिक जानने की भावना हर पल इस मशीनरी द्वारा प्रज्वलित की जाती है और हम इस पर दृढ़ता से विश्वास करने लगते हैं।

मैंने बॉयड से पूछा, "मैंने लोगों को यह दावा करते सुना है कि बाज़ार के सही समय का पता नहीं लगाया जा सकता है और शेयर बाज़ार का लाभ उठाने के लिए इंसान को कई-कई सालों तक इसमें निवेश करना पड़ता है?"

उन्होंने जवाब दिया, "मुझे ऐसी बकवास बातों को स्वीकार करने में बहुत कठिनाई होती है। यदि मैं तेज़ी और मंदी के बाज़ारों के कई सारे चक्रों में शेयरों को अपने पास रखकर चलता तो लगभग दशकों तक पूरी तरह निवेश करने के बाद भी मेरे लिए उसमें से बाहर निकल पाना किस्मत की बात होती। यह मशीनरी चाहती है कि आप लोग तेज़ी और मंदी के रुझानों में हर समय बस ख़रीदते रहें क्योंकि यह शेयरों को बेचने के लिए ही बनी है। अगर ख़रीदार ही नहीं होंगे तो मशीनरी का अस्तित्व ख़त्म हो जायेगा और उन्हें यह स्वीकार नहीं होगा। इसलिए, लोगों के दिमाग में यह बात डाली जाती है कि बाज़ार के सही समय का पता नहीं लगाया जा सकता है।"

"हालाँकि, किसी महत्वपूर्ण रुझान के बिल्कुल निचले और बिल्कुल ऊपरी स्तर का पता लगा पाना नामुमकिन है, लेकिन मैं किसी महत्वपूर्ण गतिविधि के फायदेमंद हिस्से का पता ज़रूर लगा सकता हूँ। ऐसे महत्वपूर्ण रुझानों के दौरान, जीतने की संभावना बहुत ज़्यादा बढ़ जाती है और ऐसी बेहतर संभावनाएं आने पर मेरी टेस्ट केस ख़रीदारियां उन्हें साबित करती हैं। जब यह सिद्ध हो जाता है कि संभावनाओं में सुधार हुआ है तो फिर मैं बाज़ार में गंभीरता

से और जानबूझकर बड़ी प्रतिबद्धताएं कर सकता हूँ। और मैं अपने बिक्री-स्टॉप को ऊपर के रुझान में और बढ़ते हुए शेयर के साथ-साथ इसकी कीमत के साथ आगे बढ़ाता रहता हूँ। इस तरह, किसी बिंदु पर जब निरंतर रुझान की संभावना कम होने लगती है, तो मेरे बिक्री-स्टॉप चालू होना शुरू हो जाते हैं और मैं बाज़ार से बाहर निकल आता हूँ। और आम तौर पर, रुझान वाली गतिविधि के अंत से पहले ही संभावनाएं कम होने लगती हैं। और भले ही मैं शीर्ष को न पकड़ सकूं, लेकिन जैसा कि मैंने कहा, मैं एक महत्वपूर्ण गतिविधि के बीच वाले फायदेमंद हिस्से को पाकर ही ख़ुश रहता हूँ। केवल इसलिए क्योंकि ज़्यादातर लोग यह नहीं कर पाते, इसका यह मतलब नहीं है कि यह नहीं किया जा सकता है। इसमें अनुशासन और व्यवस्थित दृष्टिकोण की ज़रूरत होती है।"

"हमारे जैसे बुजुर्गों की एक और महत्वपूर्ण बात याद रखने लायक है कि - अपनी इच्छाओं को अपने विचारों पर हावी न होने दें। केवल इसलिए क्योंकि कोई व्यक्ति चाहता है कि बाज़ार ऊपर जाए तो उसकी इस इच्छा को इस विचार में नहीं बदलना चाहिए कि बाज़ार ऊपर जा रहा है। वो न देखें जो है ही नहीं। पुष्टि करने वाले संकेतों की तलाश करें। और जब पुष्टि करने वाले संकेत मौजूद नहीं होते हैं या अगर आपको रुझान को लेकर संदेह होता है तो कुछ न करें। बाज़ार झूठे संकेत ऑफर करने में बहुत अच्छा है। जब तक मैं यह नहीं देख सकता कि सूचकांकों साथ ही साथ नए प्रमुख वृद्धि शेयरों द्वारा रुझान की पुष्टि कर दी गई है, मुझे टेस्ट-केस के लिए अपनी छोटी प्रतिबद्धताएं करने में भी मुश्किल होती है। मैं केवल प्रमुख शेयरों के संयोजन के साथ सूचकांकों से अपने

संकेत प्राप्त कर सकता हूँ। अगर मुझे पुष्टि नहीं मिलती है, तो मुझे यह मान लेना चाहिए कि बाज़ार मेरे सामने एक मुश्किल परिस्थिति पेश कर रहा है।"

<u>सारांश:</u>

इच्छा विचार की जनक नहीं हो सकती। जो नहीं है उसे देखने की कोशिश न करें। अगर आपके पास बाज़ार में लगाने के लिए खाली पैसे पड़े हैं तो इसका यह मतलब नहीं है कि बाज़ार भी आपको मुनाफे के अवसर देने के लिए तैयार है।

अध्याय 5

अटकल कैसे लगाएं

सट्टेबाज़ी में तीन चीज़ें होती हैं। अवलोकन, समझना, गतिविधि। बॉयड ने जिस तरह से प्रत्येक भाग को कवर किया वो इतना सरल था कि मुझे यह समझ नहीं आ रहा था कि ज़्यादातर लोग सट्टेबाज़ी में सफल क्यों नहीं हो पाते हैं। फिर वो ख्याल तुरंत मेरे दिमाग से चला भी गया क्योंकि मैंने बाज़ार में हमारे 90% से ज़्यादा के नुकसान के कारणों को पहचान लिया था।

अवलोकन में आपको बाज़ार में चल रही कुछ मूलभूत चीज़ों को देखना पड़ता है। यह मूलभूत चीज़ें रुझान में बदलाव या परिस्थितियों में बदलाव के संकेतों की तलाश पर टिकी होती हैं। जब कोई व्यक्ति बाज़ार में नहीं होता तो वह बैठकर "अंदर" जाने का इंतज़ार कर रहा होता है। यह कैसे पता लगाया जा सकता है कि लहर बदल गई है और अब अंदर जाने का समय है? सबसे पहले, हमें उस बिंदु से शुरुआत करनी पड़ती है, जहाँ हम बाज़ार के बाहर होते

हैं। कोई भी बाज़ार में रहते हुए बाज़ार के अंदर नहीं आता। कुछ भाग्यशाली लोगों को छोड़कर जिन्हें विरासत में बड़ी संपत्ति मिली होती है, हममें से ज़्यादातर लोग बाज़ार में अपनी इच्छा से आते हैं। लेकिन बाज़ार में आने पर हमें किसी ब्रोकरेज कंपनी के साथ ट्रेडिंग खाता सेटअप करने का पहला कदम उठाना पड़ता है।

ख़रीदने या न ख़रीदने के अपने शुरूआती फैसले पर आने से पहले, हमें कुछ मूलभूत सवालों का सामना करना पड़ता है। उनमें शामिल हैं - हमारे पास किस तरह का खाता है? क्या यह मार्जिन खाता है? यदि ऐसा है तो मार्जिन खाता किस बिंदु पर ख़रीदारी के लिए मार्जिन का प्रयोग करता है? क्या खाता शुरू से ही मार्जिन का प्रयोग करना शुरू कर देगा? या क्या हम यह तय कर सकते हैं कि कौन से निष्पादन मार्जिन फंड का प्रयोग कर सकते हैं? यह बहुत महत्वपूर्ण है क्योंकि हम शुरू से ही मार्जिन फंड का प्रयोग नहीं कर सकते। अच्छे-ख़ासे अनुभव के बिना, उधार लेना किसी खाते को ख़त्म करने का पहला कारण हो सकता है। व्यावहारिक दृष्टिकोण से, मार्जिन तब तक नहीं आना चाहिए जब तक कि कोई व्यक्ति मार्जिन पर होने वाले नुकसान को स्वीकार नहीं कर सकता और उसके साथ रह नहीं सकता जो नुकसान को तेज़ी से बढ़ाता है। मार्जिन के नियमों के बारे में अधिक जानकारी के लिए, खाता खोलने के बारे में सोचने से पहले किसी व्यक्ति को अपने ब्रोकरेज से बात करने के लिए थोड़ा समय निकालना चाहिए।

ऐसा खाता खोलना सबसे अच्छा है जहाँ खाताधारक को यह पता करने का पूरा अधिकार होता है कि कौन से ट्रेड मार्जिन फंड का प्रयोग कर सकते हैं। कुछ ब्रोकरेज खाताधारक को यह तय करने की अनुमति नहीं देते हैं कि कौन से ट्रेड मार्जिन पर हो सकते हैं। और वे प्रत्येक ट्रेड को मार्जिन फंड पर लगाने लगते हैं (यदि स्टॉक मार्जिन के योग्य है)। ब्रोकर के साथ काम करने का यह एक खतरनाक तरीका है। खाते पर हर चीज़ के बारे में सभी निर्णय हमेशा खाताधारक के पास होने चाहिए।

ट्रेडिंग खाता बनने के बाद, यह ब्रोकरेज का काम है कि वो हमें अपनी हर उस सेवा के बारे में बताये जो वो ऑफर करते हैं। यदि हम अधिक बार ट्रेड करते हैं तो हमें विशेष दरों की पेशकश की जाएगी। हमें "गहन अनुसंधान" और "बाज़ार पर विशेषज्ञ की राय" की पेशकश की जाएगी। हमें "मार्गदर्शन" दिया जाएगा। अचानक से हमारे पास ढेर सारी "सहायता" उपलब्ध होगी। हम सभी के सबसे अच्छे दोस्त बन जाते हैं और हमें हर तरह का "मुफ़्त सामान" मिलता है।

बॉयड हमेशा कहते थे कि उन्हें ब्रोकरों और बाज़ार के अंदरूनी सूत्रों की बात सुनने से एक अलगाव और दूरी विकसित करनी पड़ती थी। ऐसा करने के लिए, वह अंदरूनी सूत्रों से मिलने वाले सभी इनपुट को मना कर देते थे। ऐसा कोई भी व्यक्ति अंदरूनी होता है जो इस विचार के साथ संघर्ष करता हुआ दिखाई देता है कि, "क्या वह कभी भी मुझे नकद रखने के लिए कह सकता है।" यदि कोई हमें रुकने के लिए और हमारे पैसे खर्च न करने के लिए नहीं कह

सकता तो उसके अंदरूनी होने की पूरी संभावना होती है। यह बिल्कुल सरल था। यदि कोई हमें हमारे मुंह पर यह नहीं कह सकता कि "अभी ख़रीदने के लिए कुछ अच्छा नहीं है और आपको बेहतर परिस्थितियों का इंतज़ार करना चाहिए," तो आपको तुरंत सतर्क हो जाना चाहिए कि ऐसा व्यक्ति अंदरूनी है और इसकी बहुत अधिक संभावना है कि वह आपके हित के बारे में नहीं सोच रहा है। बॉयड ने शोरगुल से दूर रहने की एक साधारण प्रणाली विकसित की थी। वो कभी टीवी नहीं देखते थे, कभी स्टॉक रिपोर्ट नहीं पढ़ते थे, कभी रेटिंग या विश्लेषकों की बात नहीं सुनते थे, वह कभी दूसरों की बातों पर गौर नहीं करते थे और वो केवल प्रमुख स्टॉक और बाज़ार के सूचकांकों पर ध्यान देते थे। उनकी राय थी, जैसा कि मैंने पहले बताया, "बाज़ार ही एकमात्र ऐसा है जो हमेशा सही होता है।" बाकी सभी ज्यादातर समय गलत होते हैं और कभी-कभी ही सही होते हैं।

ब्रोकर के साथ खाता स्थापित करने का मतलब यह नहीं है कि तुरंत गतिविधि की जानी चाहिए। वास्तव में, व्यक्ति को कुछ अवधि के लिए बाज़ार का अवलोकन करना शुरू कर देना चाहिए। चार्ट पर सबसे अच्छा अवलोकन होता है। कुछ लोगों के लिए चार्ट का कोई प्रयोग नहीं होता और कुछ चार्ट पर ही निर्भर होते हैं। जीवन में सभी चीज़ों की तरह, इसका असली प्रयोग इन दोनों चरमों के कहीं बीच में होता है। किसी चार्ट का एकमात्र महत्व यह है कि पिछले कुछ समय से बाज़ार और स्टॉक क्या कर रहे थे। इससे हमें यह पता लगाने में मदद मिलती है कि सूचकांक और स्टॉक ऊपर जा रहे हैं या नीचे या

फिर उनमें कोई गतिविधि हो रही है या नहीं। अवलोकन सट्टेबाज़ी का पहला चरण है। वर्तमान परिस्थितियों का पता लगाने के लिए, व्यक्ति को चार्ट्स पर नज़र डालनी पड़ती है ताकि यह पता चल सके कि हफ्तों पहले, महीनों पहले, सालों पहले आदि सूचकांक और स्टॉक कहाँ थे। यदि दैनिक चार्ट और साप्ताहिक चार्ट पर कुछ दिखाई देता है तो इसकी संभावना ज़्यादा होती है कि आप जो भी अवलोकन कर रहे हैं वो सचमुच हो रहा है। यदि कोई चीज़ दैनिक चार्ट पर दिख रही है लेकिन साप्ताहिक चार्ट पर स्पष्ट नहीं है तो हमें यह पता लगाने के लिए ज़्यादा डेटा की ज़रूरत होती है कि असल में क्या चल रहा है। यदि कोई चीज़ स्पष्ट नहीं है तो हम मान लेते हैं कि ऐसा कुछ भी नहीं चल रहा है जिसकी वजह से बाज़ार में अपने पैसे डाले जाएं।

रुझान में बदलाव को समझने के लिए, बॉयड ने सरल बुनियादी बातों के साथ शुरुआत की। एक रुझान तब तक बना रहता है जब तक कि इसे निश्चित रूप से उल्टा न किया जाए। उदाहरण के लिए, यदि ऊपर का रुझान चल रहा है, तो यह तब तक बना रहता है जब तक कि पुष्टि के संकेतों के साथ यह उल्टा नहीं होता है। इसी तरह, नीचे का रुझान तब तक बना रहता है जब तक कि पुष्टि के संकेतों के साथ यह उल्टा नहीं होता है। यदि बाज़ार में कोई रुझान नहीं है तो इसे तब तक प्रभावी माना जाता है जब तक कि पुष्टि के संकेतों के साथ एक दृढ़ रुझान स्थापित नहीं हो जाता।

बाज़ार में किसी रुझान को स्थापित होने में समय लगता है। और रुझान को पलटने में भी समय लगता है। बाज़ार में हर चीज़ में समय लगता है। सीखने

में समय लगता है। मुनाफा कमाने में समय लगता है। यहाँ तक कि बड़ा घाटा होने में भी समय लगता है क्योंकि बाज़ार इंसान के अंदर उम्मीद, लालच और अत्यधिक आत्म-विश्वास बनाये रखने के लिए और डर को दूर रखने के लिए थोड़े-बहुत मुनाफे देता रहता है। बड़ा झटका केवल कुछ छोटे, महत्वपूर्ण लेकिन सहने-लायक झटके खाने के बाद लगता है।

रुझान में बदलाव देखने के लिए, कुछ बुनियादी चीज़ें होनी चाहिए। साधारण तौर पर, हम मान लेंगे कि हम एक मौजूदा नीचे के रुझान से एक नए उल्टे ऊपर के रुझान में बदलते हुए रुझान का अवलोकन करने की कोशिश कर रहे हैं। हम जानते हैं कि नीचे का रुझान निम्नतर उच्च और निम्नतर निम्न की एक श्रृंखला है। तो पहला संकेत सबसे हाल के निचले स्तर से एक गतिविधि होगी। इस बात पर विश्वास करना कि हालिया निम्न से होने वाली प्रत्येक गतिविधि नया ऊपर का रुझान है और सबसे हालिया निम्न से होने वाली प्रत्येक गतिविधि बदले हुए रुझान का पहला संकेत हो सकती है, इन दोनों चीज़ों के बीच एक बारीक अंतर है।

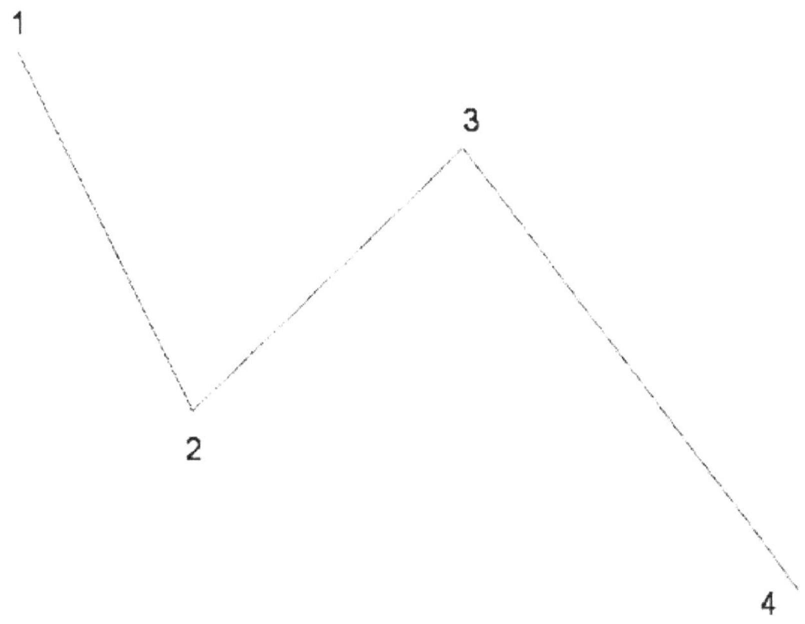

चित्र 5a. नीचे के रुझान वाला बाज़ार

1. नीचे के रुझान से पहले
2. सबसे हालिया निम्न
3. सबसे हालिया निम्न की प्रतिक्रिया में उच्च
4. एक नया निम्नतर निम्न

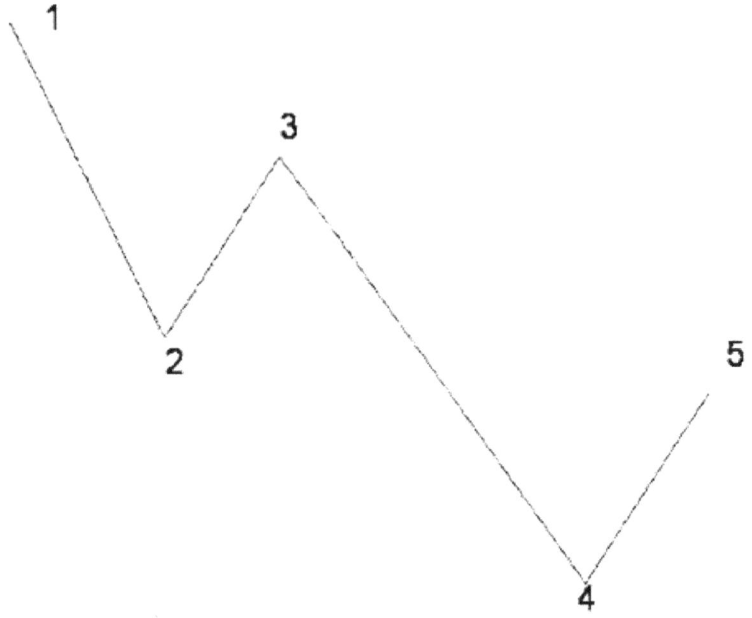

चित्र 5b. एक संभावित बदला हुआ रुझान आ भी सकता है या नहीं भी आ सकता है

1. नीचे के रुझान से पहले
2. सबसे हालिया निम्न
3. सबसे हालिया निम्न की प्रतिक्रिया में उच्च
4. एक नया निम्नतर निम्न
5. बिंदु 4 से ऊपर की गतिविधि

ज़ाहिर तौर पर, चित्र 5a नीचे के रुझान वाला बाज़ार है। चलिए मान लेते हैं कि चित्र 5a संभावित रूप से नीचे के रुझान वाले बाज़ार के अंत के करीब

है। हमने पहले इसपर चर्चा की है कि सबसे हालिया निम्न से होने वाली हर ऊपर की गतिविधि तेज़ी का रुझान नहीं है। और हमने इसपर भी चर्चा की है कि हालाँकि हर ऊपर की गतिविधि को इस गतिविधि की शुरुआत के रूप में नहीं माना जा सकता, लेकिन किसी भी इंसान को बाज़ार का अवलोकन शुरू कर देना चाहिए और दूसरे पुष्टिकरण संकेतों पर ध्यान देना चाहिए ताकि सही परिवर्तित रुझान को पहचाना जा सके। तो आइये फिर चित्र 5b पर चलते हैं। बिंदु 4 पर ऊपर की गतिविधि नए बदले हुए रुझान की शुरुआत हो सकती है, लेकिन यह अभी तक साबित नहीं हुआ है। बिंदु 4 पर पहुंचने के कुछ दिन बाद, चलिए मान लेते हैं कि सूचकांक अब चित्र 5b के भीतर बिंदु 5 पर है। यह जानने के अलावा कि अभी कुछ दिनों तक ऊपर का रुझान चला है, इस समय हम और कुछ नहीं जानते हैं।

लेकिन चूँकि हम इसका अवलोकन कर रहे हैं, इसलिए हम इस समय उन शेयरों पर ध्यान दे रहे हैं जो नए उच्च बना रहे हैं, ख़ासकर आज तक के सबसे नए उच्च। चूँकि, किसी भी निश्चित ऊपर की गतिविधि में सच्चे लीडर नए वृद्धि स्टॉक होते हैं जो आज तक के नए उच्च बनाते हैं, इसलिए हमें स्पष्ट तस्वीर के लिए नए अज्ञात वृद्धि स्टॉक पर ध्यान केंद्रित करना पड़ता है।

टेज़र की गतिविधि पर अपनी रिपोर्ट, “सर्वश्रेष्ठ स्टॉक,” में, मैंने स्ट्रीट पर अंदरूनी लोगों के काम करने के तरीके के बारे में काफी विस्तार से बताया था। लेकिन जैसा कि मैंने पहले कहा था, अफसोस की बात है कि कई पाठकों को वो संदेश समझ ही नहीं आया। बाज़ार में बड़ी गतिविधियां नई युवा अत्याधुनिक

कंपनियों में होती हैं, जिनमें बड़ी संभावित आय वृद्धि और बड़ी प्रत्याशित आय वृद्धि होती है। कंपनी की बैलेंस शीट पर वास्तव में कमाई दिखने से पहले यह गतिविधि काफी हद तक चल रही होती है। और कई बार स्टॉक अपने उच्चतर आय वृद्धि के करीब आकर शीर्ष पर पहुंच जाता है। क्योंकि बाज़ार हमेशा आगे की ओर देखता है, और सालों नहीं तो महीनों पहले ही हर चीज़ का अनुमान लगा लिया गया होता है।

इसके अलावा, निश्चित ऊपर के रुझान के दौरान किसी स्टॉक को जिस तरह से ऊपर बढ़ाया जाता है उसके संबंध में मैंने निवेश बैंकरों या अंडरराइट और अन्य अंदरूनी समूहों के कामकाज के तरीके के बारे में भी बताया था। एक बार फिर से, लोगों को मेरा वो संदेश समझ नहीं आया। शायद यह एक लेखक के रूप में मेरी कमियों की वजह से था। लेकिन सबसे ज़रूरी बात यह थी कि किसी स्टॉक के सार्वजनिक होने पर उस स्टॉक के बड़े होल्डर अंदरूनी लोग होते हैं। वे स्टॉक के जीवन की शुरुआत में या IPO की तिथि के करीब बड़ी मात्रा में स्टॉक नहीं बेच सकते। उससे पहले अंदरूनी लोगों के लिए बड़ी मात्रा में उस बिक्री को संभव बनाने के लिए स्टॉक को ऊपर जाना पड़ता है और अपनी कीमत में बढ़ोतरी करनी पड़ती है। यदि अंदरूनी लोग बड़ी संख्या में शेयरों को बेचना शुरू करते हैं, तो स्टॉक आसानी से गिर जाता है और बड़े अंदरूनी लोगों को उनकी बिक्री के लिए जो कीमत मिलती है वह कम होती है और स्टॉक को धारकों की एक विस्तृत श्रृंखला में पूरी तरह से वितरित होने का कोई मौका नहीं मिलता है। उस स्टॉक को धारकों के बड़े विविध समूह में वितरित करने

में मदद करने के लिए अंदरूनी लोगों को मेहनत करनी पड़ती है और उसे ऊपर-नीचे ले जाना पड़ता है ताकि धारकों का कोई एक समूह कंपनी पर पूरा नियंत्रण न पा सके। यह एक लंबी और मेहनत वाली प्रक्रिया है और इसे पूरा करने में आम तौर पर सालों लग जाते हैं। मैं जिस बड़े बिंदु को कवर करने की कोशिश कर रहा था वो यह था कि इस तरह के सफल स्टॉक ऑपरेशन शायद ही कभी होते हैं। बाज़ार में आने वाले सैकड़ों IPO में से केवल कुछ मुट्ठी भर ही ठोस गतिविधियां कर पाते हैं।

लेकिन एक सामान्य नियम के अनुसार, किसी प्रचलित स्टॉक की बड़ी गतिविधि अपेक्षाकृत छोटी अवधि के दौरान आती है। इस सही गतिविधि के शुरू होने के बाद, अंदरूनी लोग इस बात का ध्यान रखते हैं कि बाज़ार का प्रमुख रुझान बदलने से पहले इसका पूरा फायदा उठाया जाए। अधिकांश मामलों में, किसी स्टॉक की वास्तविक गतिविधि सामान्य बाज़ार में एक चक्र के भीतर शुरू होती है, रहती है और समाप्त होती है।

इसलिए, नई युवा वृद्धि कंपनियों को आज तक के सबसे नए उच्च बनाते हुए देखना शुरू करना यह पुष्टि करने का एकमात्र तरीका है कि एक संभावित ऊपर की गतिविधि सच्चा बदला हुआ रुझान शुरू कर रही है। चूँकि, हम यह सच्चाई जानते हैं कि एक निश्चित ऊपर के चक्र के दौरान अंदरूनी लोग केवल ऊपर के रुझान के अपने सबसे अच्छे हिस्से के लिए किसी स्टॉक पर काम कर सकते हैं, इसलिए हम सुरक्षित रूप से कह सकते हैं कि इसकी संभावनाएं बहुत कम हैं

कि सामान्य बाज़ार में एक नया ऊपर का चक्र नए युवा वृद्धि शेयरों के साथ एक बड़ी गतिविधि किये बिना टिका रहेगा।

चर्चा के इस बिंदु पर, बॉयड ने मुझे बताया कि वह पहले रुझान के संभावित परिवर्तन के बारे में सामान्य बाज़ार की मूल बातें कवर करना चाहते हैं और उसके बाद आने वाले दिनों में वे अलग-अलग शेयरों द्वारा पेश किए गए पुष्टिकरण संकेतों को कवर करेंगे। उन्होंने आगे बताया कि अलग-अलग शेयर सामान्य बाज़ार में किसी सही प्राथमिक रुझान के शुरुआत की पुष्टि करेंगे, बिल्कुल वैसे ही जैसे वो सामान्य बाज़ार में सच्चे ऊपर के रुझान के अंत की पुष्टि करेंगे। उन्होंने कहा कि अलग-अलग प्रमुख शेयर बाज़ार के प्राथमिक रुझान की पुष्टि करेंगे। मुझसे कहा गया था कि आने वाले दिनों में सामान्यता स्पष्ट हो जाएगी।

इससे पहले कि हम चित्र 5c पर जाएं, बॉयड ने मुझे सलाह दी कि चित्र 5b महत्वपूर्ण था। उन्होंने कहा कि बिंदु 4 और बिंदु 5 के बीच के खंड के दौरान जो कुछ भी दिखाई देता है वो महत्वपूर्ण था। अगर इस खंड के दौरान अलग-अलग शेयरों से पुष्टि हो जाती है, तो इसकी संभावना बढ़ जाती है कि हमने निकट भविष्य के लिए बाज़ार में गिरावट देख ली है। लेकिन उन्होंने कहा कि मुझे अलग-अलग शेयरों पर आने के लिए एक और दिन इंतज़ार करना होगा क्योंकि सामान्य बाज़ार सूचकांकों पर अभी भी कुछ काम करने की ज़रूरत थी।

चित्र 5c में, बॉयड ने थोड़ी अधिक जानकारी के साथ चित्र 5b को पूरा किया। बिंदु 4 से सूचकांक बिंदु 6 तक बढ़ गया। फिर, बिंदु 6 पर एक निकट-अवधि के उच्च तक आने के बाद, बाज़ार ने बिंदु 7 पर आकर प्रतिक्रिया की। लेकिन बिंदु 7 बिंदु 4 पर पिछले निम्न की तुलना में एक उच्चतर निम्न था। इस प्रकार, पहला उच्चतर निम्न निर्धारित किया गया। यह एक महत्वपूर्ण संकेत था कि वास्तव में बाज़ार ने अपने रुझान को नीचे से ऊपर के रुझान में बदला है। उसके बाद, बॉयड ने चित्र 5c में चित्र 5b के लिए एक अतिरिक्त खंड जोड़ा और बिंदु 7 से बिंदु 8 में खंड जोड़ा। उन्होंने कहा कि जैसे ही बिंदु 8 बिंदु 6 से थोड़ा ऊपर गया जैसा कि चित्र 5c में दिखाया गया है, एक स्पष्ट संकेत था कि वास्तव में रुझान में बदलाव हुआ है। उन्होंने कहा कि बिंदु 4 से आगे, हमने उच्चतर उच्च और उच्चतर निम्न का एक पूरा सेट देखा था। बिंदु 7, बिंदु 4 की तुलना में एक उच्चतर निम्न था। और जब बिंदु 8 बिंदु 6 से ऊपर की ओर प्रवेश किया तो इस तरह हमने एक उच्चतर उच्च भी देखा था। इसलिए, उच्चतर उच्च और उच्चतर निम्न का एक पूरा सेट बन गया था, जो बदले हुए रुझान का संकेत देता है।

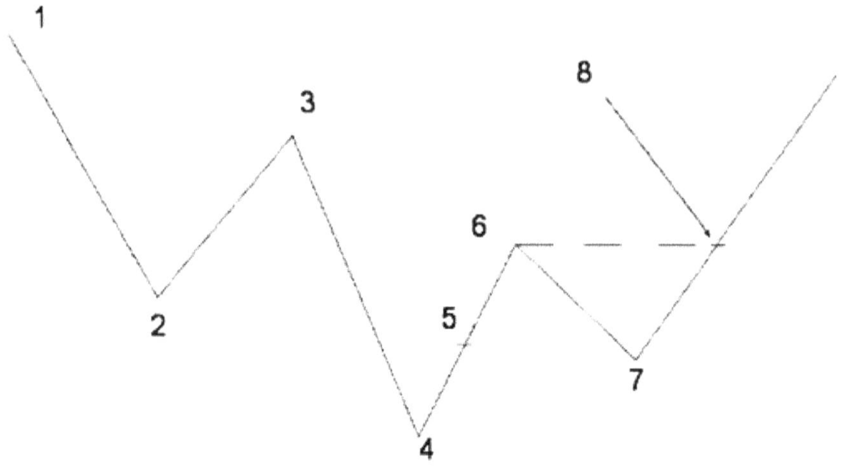

चित्र 5c. रुझान में बदलाव

1. नीचे के रुझान से पहले
2. सबसे हालिया निम्न
3. सबसे हालिया निम्न की प्रतिक्रिया में उच्च
4. एक नया निम्नतर निम्न
5. सबसे हालिया निम्न से ऊपर की गतिविधि
6. सबसे हालिया ऊपर की गतिविधि के दौरान निर्धारित उच्च
7. सबसे हालिया ऊपर की गतिविधि की प्रक्रिया में नीचे की गतिविधि, लेकिन यह निम्न पिछले बिंदु 4 वाले निम्न से ज़्यादा उच्च है।
8. जैसे ही कीमत पिछले उच्च बिंदु 6 से ऊपर जाती है, एक नए बदले हुए रुझान का संकेत मिलता है

और इस बिंदु पर, बॉयड ने चित्र 5d बनाकर कहा कि यह अंतिम चित्र पुष्टि करता है कि एक पूर्ण विकसित ऊपर का रुझान प्रगति पर था। उसके बाद, उन्होंने कहा कि यह रुझान के संभावित परिवर्तन का एक बहुत ही सरलीकृत संस्करण था। लेकिन अगर किसी को पता होता कि क्या देखना है तो बिंदु 4 और बिंदु 5 के बीच के खंड के दौरान बेहतर परिस्थितियों को देख पाना पूरी तरह से संभव और व्यावहारिक था। यही वो जगह है जहाँ अलग-अलग शेयर काम आएंगे।

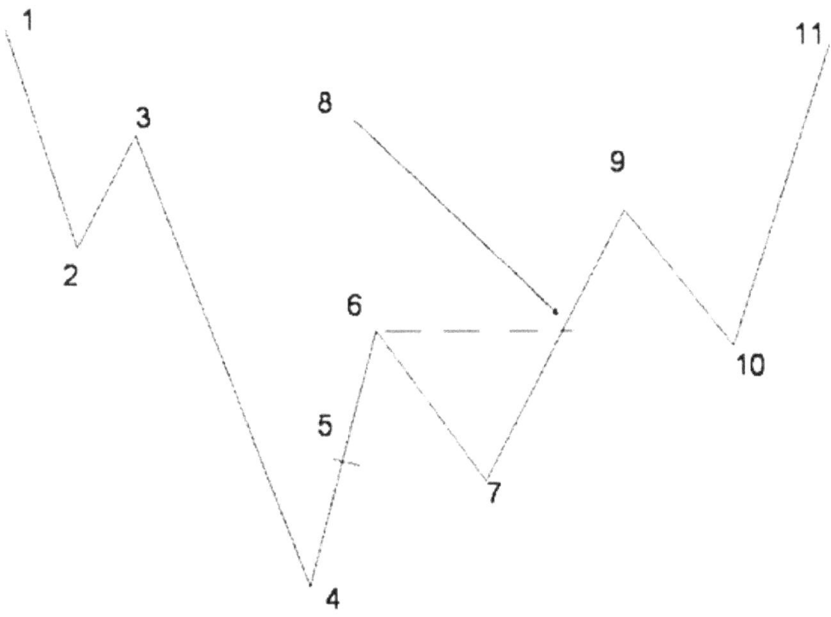

चित्र 5d. रुझान में बदलाव की पुष्टि

1. नीचे के रुझान से पहले

2. सबसे हालिया निम्न

3. सबसे हालिया निम्न की प्रतिक्रिया में उच्च
4. एक नया निम्नतर निम्न
5. सबसे हालिया निम्न से ऊपर की गतिविधि
6. सबसे हालिया ऊपर की गतिविधि के दौरान तय किया गया उच्च
7. सबसे हालिया ऊपर की गतिविधि की प्रक्रिया में नीचे की गतिविधि, लेकिन यह निम्न पिछले बिंदु 4 वाले निम्न से ज़्यादा उच्च है।
8. जैसे ही कीमत पिछले उच्च बिंदु 6 से ऊपर जाती है, एक नए बदले हुए रुझान का संकेत मिलता है
9. बिंदु 6 पर पिछले उच्च से ऊपर एक नया उच्चतर उच्च निर्धारित किया गया
10. बिंदु 7 पर पिछले निम्न की तुलना में एक उच्चतर निम्न निर्धारित किया गया
11. एक नया उच्चतर उच्च ऊपर के रुझान को जारी रखता है

सारांश:

हर ऊपर की गतिविधि किसी लंबी अवधि के ऊपर के रुझान की शुरुआत नहीं होती। लेकिन हर ऊपर के रुझान पर, यह संभावना ज़रूर हो सकती है कि नया ऊपर का रुझान शुरू हो गया है। इसकी पुष्टि के लिए आज तक का सबसे नया उच्च बनाने वाले नए वृद्धि शेयरों से संकेतों की तलाश करनी चाहिए।

अध्याय 6

हर चीज़ की पुष्टि करें

मैंने बार-बार यह जाना है कि बाज़ार इंसानों को मूर्ख बनाने में बहुत अच्छा है। बॉयड कहा करते थे कि बाज़ार ज़्यादातर वक़्त सबको बेवकूफ बनाता है। बाज़ार की गतिविधियों का अनुमान लगाने की कोशिश करने का व्यवसाय दोषपूर्ण था। यह उतना ही दोषपूर्ण था जितना कि किसी इंसान के लिए अपने ख़ुद के भविष्य का अनुमान लगाने की कोशिश करना था। बाज़ार का पूर्वानुमान लगाने वाले लगभग एक तिहाई लोग लगभग एक तिहाई समय सही होते हैं। और अगर संयोग से, वो दिशा के बारे में सही होते हैं तो फिर वो समय के बारे में गलत होते हैं। पूर्वानुमान लगाना बाज़ार में काम करने का ख़राब तरीका है। और ज़्यादातर लोग यही करते हैं। वो पूर्वानुमान लगाने की कोशिश करते हैं और फिर बड़ी कीमत चुकाते हैं।

एक सफल सट्टेबाज़ बाज़ार को समझता है और उसका अनुमान नहीं लगाता। हमने पूरी तरह से सामान्य बाज़ार सूचकांक गतिविधि के आधार पर बदले हुए रुझान की व्याख्या की मूल बातें कवर की हैं। लेकिन, हमें बाज़ार में हर चीज़ की पुष्टि करनी पड़ती है क्योंकि यहाँ बहुत सारे गुमराह करने वाले संकेत होते हैं। यदि कोई व्यक्ति हमारे मूल चित्र 5b पर जाता है और बिंदु 5 पर नज़र डालता है तो हमें याद आएगा कि हम एक ऐसे बिंदु पर हैं जहाँ बाज़ार का रुझान बदलने की संभावना है। चित्र 5b में बिंदु 5 पर, बाज़ार कुछ दिनों के लिए सबसे हालिया निम्न से ऊपर की ओर आगे बढ़ा है। दैनिक चार्ट साथ ही साथ साप्ताहिक चार्ट पर पिछला निर्धारित निम्न अंडर-कट नहीं रहा है। इस मोड़ पर हम अलग-अलग शेयरों से पुष्टि करने वाले संकेतों की तलाश करना शुरू करते हैं।

लेकिन इससे पहले कि हम प्रत्येक अलग-अलग शेयर पर नज़र डालना शुरू करें, हमें कुछ मूलभूत चीज़ें कवर करनी होंगी। बाज़ार के सभी प्रतिभागियों की तरह, हमें भी केवल उन शेयरों में दिलचस्पी है जिनके मूल्य ऊपर जाने वाले हैं। मैंने टेज़र की गतिविधि पर अपनी रिपोर्ट “सर्वश्रेष्ठ स्टॉक” में आज तक का सबसे नया उच्च बनाने वाले स्टॉक ख़रीदने के समर्थन में काफी विस्तार से बात की है। मुझे अब इस बात का एहसास हो रहा है कि शायद मेरी व्याख्या बहुत लंबी थी। इसलिए मैंने बॉयड से मुझे यह समझाने के लिए कहा कि किसी निश्चित ऊपर के रुझान के दौरान नए उच्च बनाने वाले स्टॉक कैसे नए उच्चतर उच्च बनाना जारी रखते हैं। उन्होंने इसकी काफी सरल व्याख्या की थी।

उन्होंने कहा कि बाज़ार के किसी भी नए निश्चित ऊपर के रुझान में अज्ञात वृद्धि शेयरों का एक नया समूह होगा जो बाज़ार का नेतृत्व करता है। हर चक्र में नए लीडर होते हैं। यह काफी हद तक किसी स्पोर्ट्स टीम जैसा है। जब पुराने खिलाड़ी धीमे होना शुरू हो जाते हैं तो किसी खेल को नई ऊंचाइयों तक ले जाने के लिए नए युवा खिलाड़ियों की ज़रूरत पड़ती है। शुरुआती औद्योगिक क्रांति के दिनों में, स्टील और रेल ने बाज़ार को ऊपर बढ़ाया। उसके बाद ऑटो और भारी मशीनें आईं। फिर आया हवाई जहाज़ और उससे जुड़े उद्योग। फिर आया रेडियो और टेलीविज़न और संबंधित प्रौद्योगिकियां। फिर कंप्यूटर आया। फिर आया सॉफ्टवेयर और इंटरनेट और उससे जुड़ी तकनीकें। उसी बीच कहीं मेडिकल तकनीकें और फार्मास्यूटिकल्स आये। अगले गंभीर तेज़ी के रुझान में लीडरों का एक नया सेट होगा। बाज़ार को आगे बढ़ाने के लिए हमेशा नए लीडरों के समूह की ज़रूरत पड़ती है।

मैंने उन्हें बीच में रोकते हुए कहा, “लेकिन आप कहते हैं कि व्यक्ति को यथार्थवादी होना चाहिए और बाज़ारों में किसी भी 10 साल के चक्र में निश्चित ऊपर के रुझान के 3 या 4 से अधिक ट्रेड योग्य खंडों की उम्मीद नहीं करनी चाहिए। क्या इसका यह मतलब नहीं है कि आपको बहुत समय तक निष्क्रिय रहना होगा? ऐसे समय में जिन नए वृद्धि शेयरों को आप देख रहे हैं और उनके गतिविधि करने का इंतज़ार कर रहे हैं उनका क्या होता है?”

बॉयड ने अपनी कॉफ़ी का एक घूंट लेकर कुछ सेकंड तक सोचा और फिर समझाते हुए कहा, “मैं उन लोगों में से हूँ जो थोड़े संशय के साथ बाज़ार में प्रवेश

करते हैं। मैं यह मानकर चलता हूँ कि हर ऊपर की गतिविधि नकली है। जब तक अलग-अलग स्टॉक मेरे इस अनुमान को गलत साबित नहीं करते, मैं गतिविधि की क्षमता पर विश्वास नहीं करता हूँ। जहाँ तक आपका सवाल है, हाँ, किसी भी 10 साल के चक्र में लगभग 3-4 ऊपर के रुझानों में ही बड़े पैसे कमाना संभव है। इस प्रतीक्षा अवधि के दौरान, ये नए युवा वृद्धि स्टॉक अपना खेल सेटअप कर रहे होते हैं। इस सेटअप में लंबा समय लगता है। ज़्यादातर लोगों के लिए गंभीर और बड़ी प्रतिबद्धताएं करने के लिए ऐसे चक्रों का इंतज़ार करना मुश्किल होता है। लेकिन अगर कोई व्यक्ति हाल के 10 साल के चक्र के दौरान अपने ख़ुद के पिछले निष्पादनों और प्रदर्शन को देखे तो उन्हें समझ आएगा कि 80% से ज़्यादा लोगों ने बाज़ार में पैसे गंवाए हैं। किसी का भी कोई एक साल अच्छा और भाग्यशाली हो सकता है। यह कोई परीक्षा नहीं है। किसी सफल सट्टेबाज़ की सच्ची परीक्षा यह है कि उसने 10 साल की अवधि के दौरान कैसा किया। अगर कोई हिम्मत करके अपने 10 साल का प्रदर्शन निकाले और अध्ययन करे तो वो यह आसानी से समझ जायेगा कि उन्होंने जितना कमाया था उससे भी कहीं ज़्यादा गंवाया है।"

"मंदी के समय के दौरान मेरे पास हमेशा मेरे चार्ट्स होते हैं और मैं हमेशा अगले बड़े रनर की तलाश में रहता हूँ। किसी भी समय में मैं दस अलग-अलग शेयरों पर नज़र रखता हूँ, लेकिन मेरा पूरा फोकस केवल 5 से 10 शेयरों पर ही होता है। मुझे पता होता है कि मुझे किसकी तलाश है और जैसे ही मुझे कोई विजेता दिखाई देता है मैं उसे पहचान जाता हूँ। मैं किस हद तक सफल होता

हूँ यह केवल इस बात से निर्धारित होता है कि गतिविधि के सबसे तेज़ और सबसे लंबे भाग में मैं अपनी प्रतिबद्धताएं करने में और विजेता को ट्रेड करने में कितना सक्षम हूँ। मैंने ऐसे साल भी देखे हैं जहाँ मेरे पास सारे सही स्टॉक थे, लेकिन बहुत ज़्यादा झटकों और गिरावटों की वजह से मैं प्रभावी तरीके से ट्रेड नहीं कर पाया था। वहीं दूसरे सालों में, मैंने बहुत प्रभावी तरीके से बड़े विजेताओं को ट्रेड किया है। कुल मिलाकर, किसी भी 10 साल के चक्र के दौरान मैं बस कुछ गंभीर बड़ी गतिविधियां पाने की कोशिश करता हूँ। मैं अपनी बेटी से कहता हूँ कि अगर मैं एक दशक में चार या पांच बार अपने पैसे दोगुने कर लेता हूँ और बहुत ज़्यादा पैसे बाज़ार को वापस नहीं देता तो मेरा काम हो जाता है। उदाहरण के लिए, यदि मैंने $100,000 से शुरू किया और तीन अलग-अलग ऊपर के रुझानों के दौरान 10-वर्ष के चक्र में अपने पैसे को केवल 3 बार दोगुना किया और फिर 10-वर्ष के उस बाकी के चक्र के दौरान कभी कुछ भी नहीं खोया, तो मेरे $100,000 का मूल्य $800,000 होगा। 10 साल के प्रदर्शन के लिए यह बुरा नहीं है। आइए मान लें कि किसी ने इसे दो दस साल के चक्रों में किया है। तो $100,000 की कीमत $6,400,000 होगी।"

"मेरा सिद्धांत बहुत सरल है। पहली चीज़ यह है कि शेयर बाज़ार बहुत पेचीदा होता है और लंबी अवधि में 80% से ज़्यादा लोग अपने पैसे गंवाते हैं। अगर मैं किसी ऐसे जानवर से भिड़ने वाला हूँ जो 80% लोगों को हरा देता है तो मैं केवल बड़े पैसों में रूचि रखता हूँ। दूसरे शब्दों में, यदि मैं बाज़ार में खोने का जोखिम उठाने वाला हूँ तो मेरे लिए यही अच्छा रहेगा कि मैं बड़े पैसों की

तलाश में रहूं। नहीं तो, मैं अपने पैसों को मामूली जीत या इससे भी बदतर, नुकसान उठाने के लिए जोखिम में क्यों डालूं?"

"दूसरी चीज़ यह है कि आप बड़े पैसे केवल युवा अज्ञात वृद्धि स्टॉक पर कमा सकते हैं। जनरल मोटर्स, आईबीएम, वॉल-मार्ट, सिस्को, माइक्रोसॉफ्ट, आदि जैसी बड़ी कंपनियां बड़े फ्लोट्स के साथ परिपक्व स्टॉक बन गई हैं और ज़्यादातर पेंशन फंड व ऐसे लोगों के लिए होती हैं जिन्हें लगता है कि वो स्थिर कंपनियों के माध्यम से बाज़ार के उतार-चढ़ाव का सामना कर सकते हैं। उन्हें क्या पता कि मंदी का बाज़ार एक बार में उनके वर्षों में कमाए गए मुनाफों को पूरी तरह ख़त्म कर सकता है। लेकिन सभी लोग अलग होते हैं और अलग-अलग दृष्टिकोण और लक्ष्यों एक साथ बाज़ार में आते हैं।"

"तीसरी चीज़ यह है कि जिस स्टॉक को मैं संभावित विजेता के रूप में देख रहा हूँ उसे अपनी मूल्य/मात्रा की गतिविधि से मुझे दिखाना चाहिए कि उसका मूल्य ऊपर जाने की संभावना है। यदि मैं किसी बॉल क्लब का मालिक हूँ तो मैं किसी खिलाड़ी को ज़्यादा पैसे क्यों दूंगा जब तक कि मैं उसे छोटे लीग्स के दौरान लगातार अच्छा प्रदर्शन करते हुए और अपने औसत सुधारते हुए नहीं देख लेता। यदि मुझे बेहतर होने वाली या बढ़ने वाली क्षमता नहीं दिखाई देती है तो मुझे उस स्टॉक में कोई दिलचस्पी नहीं आती है। जिसे मैं ऊपर के रुझान से पहले के रूप में बताता हूँ। ऊपर के रुझान से पहले की स्थिति के बिना, स्टॉक ने मेरे लिए अभी तक कुछ साबित नहीं किया होता है।"

“जहाँ हज़ारों शेयर ऊपर-नीचे जाते रहते हैं, ऐसे में मैं अगले बड़े विजेताओं पर अपना ध्यान कैसे केंद्रित करता हूँ? मैं केवल उन्हीं शेयरों से शुरुआत करता हूँ जो 10-15 साल या उससे कम उम्र के हैं। दूसरे शब्दों में, मुझे उन शेयरों में कोई दिलचस्पी नहीं है जो 15 वर्षों से ज़्यादा समय से अस्तित्व में हैं। जैसा कि मैंने कहा, नई युवा वृद्धि कंपनियां ही मोटी कमाई करती हैं। यदि कोई स्टॉक 15 वर्ष से अधिक पुराना है, तो उसे पिछले तेज़ी के रुझान में आगे बढ़ने का मौका मिला होगा। और अगर किसी स्टॉक ने पिछले तेज़ी के रुझानों में गतिविधि की है तो अब शायद उसकी सबसे तेज़ और सबसे लंबी गतिविधि को पकड़ने के लिए बहुत देर हो चुकी है।”

“उसके बाद, मैं चाहता हूँ कि मैं जिस स्टॉक को देख रहा हूँ वो अपने आज तक के सबसे उच्च स्तर के करीब हो। कुछ लोग ऐसे शेयरों की तलाश में रहते हैं जो 52-सप्ताह के नए उच्च स्तर पर पहुंचे हैं। लेकिन मैं नहीं। मुझे किसी स्टॉक को अपने आज तक के सबसे उच्च स्तर के करीब आते देखना होता है। मैं सबसे पहले बस कम से कम स्टॉक देखने में रूचि रखता हूँ। यानी, मैं संभावित विजेताओं की संख्या को कम करते हुए मानवीय रूप से प्रबंधन योग्य स्तर पर लाता हूँ। मेरे लिए ऐसा करने के लिए, मुझे कुछ प्रतिबंध और पैमाने लगाने की ज़रूरत पड़ती है। इसलिए, मैं ये सारे पैमाने केवल इस लक्ष्य से प्रयोग करता हूँ ताकि मेरे देखे जाने वाले शेयरों की संख्या कम हो जाए। आख़िरकार, हमने किसी भी दशक के दौरान कुछ ही स्पष्ट बड़े विजेताओं की तलाश करने के उद्देश्य से शुरुआत की थी।”

“मुझे लगता है कि मैंने कहीं उल्लेख किया है कि शेयर बाज़ार में हर चीज़ में समय लगता है। बड़ा पैसा बनाने या खोने में समय लगता है। किसी शेयर को अपनी गतिविधि से पहले अपना खेल स्थापित करने में समय लगता है। अपने सेट-अप के दौरान, कई बार कोई स्टॉक कई झूठे संकेत देगा। यह संकेत दे सकता है कि एक सच्ची गतिविधि शुरू हो गई है, और फिर यह पलटकर अपने आधार या सेटअप के चरण पर वापस लौट आता है। यह सट्टेबाज़ से धैर्य की मांग करेगा। चूँकि, सट्टेबाज़ 6-12 महीने की अवधि के एक स्पष्ट खंड की प्रतीक्षा कर रहा है, जहाँ स्टॉक अपनी सबसे तेज़ गति से आगे बढ़ने वाला है और सबसे दूर तक जाने वाला है, वह केवल स्पष्ट रूप से दिखाई देने वाले रुझान में रुचि रखता है जहाँ स्टॉक उच्चतर उच्च और उच्चतर निम्न के स्पष्ट सेट बनाता है। ऐसी गतिविधि आम तौर पर किसी भी स्टॉक के जीवनकाल में केवल एक बार आती है। ऐसी अवधि के दौरान, किसी स्टॉक को उस समयावधि के लिए अपने शुरुआती मूल्य से कई गुना बढ़ते हुए देखना असामान्य नहीं है।”

“आपने 12 महीने में टेज़र की 7000% की गतिविधि के बारे में एक अच्छी सी छोटी किताब लिखी थी, जिसमें शेयर बाज़ार के कुछ सबसे अच्छे सबकों के बारे में बताया गया है। लेकिन मुझे लगता है कि आपको यह जानकर निराशा होगी कि आपकी किताब के सबक केवल सच्चे सट्टेबाज़ों को ही समझ आएंगे। आम लोग आपके सबकों को नहीं समझ पाएंगे। यह केवल इस बिंदु को साबित करता है कि बाज़ार में सचमुच सफल होने वाले सट्टेबाज़ शांत और लगभग न के बराबर होते हैं। चूँकि बाज़ार में सच्चे सट्टेबाज़ों की संख्या इतनी कम है,

इसलिए मुझे डर है कि आपकी किताब की उतनी प्रतियां नहीं बिकेंगी जितनी कि साधारण किताबों की बिकती हैं, जो शेयर बाज़ार को पहिये के आविष्कार के बाद की सबसे बड़ी चीज़ बताते हैं।"

"इस सबक को सरल बनाने के लिए, मैं ऐसे शेयरों को देखना पसंद करता हूँ, जिन्होंने अपना खेल सेटअप करने में कई-कई महीने या यहाँ तक कि साल लगाए होते हैं। अप्रत्यक्ष आधार पैटर्न और शांत अज्ञात सेटअप जितना लंबा होता है, सच्ची गतिविधि शुरू होने पर गतिविधि उतनी ही तेज़ होती है और दूर तक जाती है। मैं आपको इतना बता सकता हूँ कि आम लोगों में खेल को सेटअप होने देने का इंतज़ार करने के लिए धैर्य नहीं होता है। ऐसे में लोग बड़ी गलतियां करते हैं। उन्हें लगता है कि एक मूल्य सीमा से दूसरे में हर ब्रेकआउट एक बड़ी महान गतिविधि की शुरुआत है। इसे समझाने के लिए मुझे एक कदम पीछे हटना होगा और बताना होगा कि ब्रेकआउट क्या होते हैं।"

"आपको ऐसी दर्ज़नों सेवाएं मिल जाएंगी जो यह जानने का दावा करती हैं कि ब्रेकआउट स्टॉक क्या होते हैं और वो कैसे व्यवहार करते हैं। दुर्भाग्य से, उनमें से कोई भी अपने पाठकों से न्याय नहीं करती हैं। वॉल स्ट्रीट मशीनरी ऐसे दिखाती है कि जब स्टॉक ब्रेकआउट होते हैं तो कई लोग अच्छा मुनाफा कमाएंगे। यह आशय या तो पूरी तरह से मूर्खतापूर्ण है या फिर जानबूझकर गुमराह करने वाला है। चाहे जो भी हो, लेकिन यह एक गलत धारणा है। सबसे पहले, किसी को भी पहले यह साफ़ करना चाहिए कि ब्रेकआउट का क्या मतलब होता है। किसी ब्रेकआउट का बस यही मतलब होता है कि कोई स्टॉक या इंडेक्स

एक ट्रेडिंग रेंज से निकलकर दूसरे ट्रेडिंग रेंज में चला गया है। बस इतना ही। ब्रेकआउट का और कोई मतलब नहीं होता है। बहुत सारे लोग ऐसा मानते हैं कि ब्रेकआउट किसी ऊपर के रुझान की शुरुआत हो दर्शाते हैं। ऐसी चीज़ सोचना, दावा करना या दर्शाना केवल मूर्खता है। प्रत्येक ऊपर के रुझान के दौरान किसी न किसी समय ब्रेकआउट होता है। लेकिन इसका यह मतलब नहीं है कि यह ऊपर के रुझान की शुरुआत है। किसी बड़े मेजर लीग बॉल खिलाड़ी की शुरुआत छोटे लीग में ही होती है। लेकिन इसका यह मतलब नहीं है कि हर छोटी लीग वाला खिलाड़ी आगे चलकर बड़ा खिलाड़ी बन जायेगा।"

"ऊपर का रुझान उच्चतर उच्च और उच्चतर निम्न की एक श्रृंखला है। ऊपर के रुझान वाला कोई स्टॉक, अपने ऊपर के रुझान के दौरान थोड़ी दृढ़ीकरण की अवधियां दिखाता है जहाँ स्टॉक स्थिर रहता है। थोड़े समय तक स्थिर रहने के बाद, स्टॉक वापस से ऊपर के रुझान पर जाना शुरू कर देता है। ऐसे में यह कहा जा सकता है कि स्थिर चरण से ब्रेकआउट ने एक नया रुझान शुरू किया है। यह केवल कुछ ऐसे ऊपर के रुझान हैं जो इस रुझान की पुष्टि करते हैं और उन्हें आगे बढ़ाते हैं, जो मेरी किताब में सच्चे ब्रेकआउट हैं।"

"किसी भी साल में, नए उच्च बनाने वाले शेयरों द्वारा 500 या उससे ज़्यादा ब्रेकआउट देखना असामान्य नहीं है। एक अच्छे साल में, नई ऊंचाई छूने वाले शेयरों की संख्या हज़ार के पार होने के साथ यह संख्या दोगुनी भी हो सकती है। और किसी ऐसे ब्रेकआउट के समय ही, हर स्टॉक एक क्षण के लिए अच्छा दिखाई देता है, जब वो स्टॉक ब्रेकआउट हो रहा होता है। लेकिन ये 52 हफ्ते के

उच्च होते हैं। मुझे केवल उन स्टॉक में रूचि है जो आज तक के सबसे उच्च स्तरों पर जा रहे हैं। और मैं केवल उन्हीं स्टॉक में रूचि रखता हूँ जो पहले से ऊपर के रुझान में हैं। इसका मतलब है कि मैं केवल नई युवा वृद्धि कंपनियों में रूचि रखता हूँ, जो पहले से बढ़ते हुए मूल्य और आज तक के सबसे नए उच्च मूल्य के क्षेत्र दिखा रहे हैं।"

"कुल मिलाकर, मुझे ऐसे स्टॉक की तलाश रहती है जिन्होंने लंबे अप्रत्यक्ष आधार पैटर्न में कुछ साल और महीने बिताये हैं। यह सेटअप होता है। सेटअप जितना लम्बा होगा, असली खेल शुरू होने पर अच्छी गतिविधि आने की संभावना उतनी ही बेहतर होगी। उसके बाद स्टॉक को आज तक के सबसे नए उच्च मूल्य स्तर में प्रवेश करना चाहिए और कुछ हफ्तों और महीनों तक बढ़ते हुए मूल्यों का रुझान दिखाना चाहिए। आम तौर पर, मैं केवल ऐसे स्टॉक देखता हूँ जो हालिया 52 हफ्ते की अवधि के लिए अपने निम्न से उच्च स्तर में पहले ही दोगुने हो चुके हैं। दूसरे शब्दों में, अगर मैं किसी स्टॉक का 52 हफ्ते का निम्न और 52 हफ्ते का उच्च मूल्य देखता हूँ तो 52 हफ्ते का उच्च मूल्य कम से कम अपने 52 हफ्ते के निम्न मूल्य से दोगुना होना चाहिए। इसके अलावा, ऊपर के रुझान या खेल के चरण के दौरान मुझे कम से कम एक स्थिर चरण दिखाई देना चाहिए। जैसा कि मैंने कहा, खेल हमेशा लंबे सेटअप के बाद ही शुरू होता है।"

"उसके बाद, मैं एक अतिरिक्त आवश्यकता जोड़ता हूँ। स्टॉक को चार सप्ताह या उससे कम के भीतर अपने पिछले ब्रेकआउट के उच्च से कम से कम 20% या उससे अधिक मूल्य पर जाना चाहिए। चार सप्ताह के भीतर यह 20% की

गतिविधि स्टॉक के दृढ़ीकरण मूल्य क्षेत्र में वापस जाए बिना होनी चाहिए। उसके बाद, मैं इस स्टॉक को अपना 20/4 मूवर कहता हूँ - जो कि आधार या दृढ़ीकरण मूल्य क्षेत्र में वापस जाए बिना 4 सप्ताह के भीतर 20% या उससे अधिक हो जाता है।"

इस बिंदु पर, बॉयड ने अपना नोट पैड निकाला और चित्र 6 में नीचे दिखाए अनुसार एक आकृति बनाई। और वहाँ पर, उन्होंने लंबे आधार या सेट अप चरण का संकेत दिया। उसके बाद, उन्होंने खेल के चरण की शुरुआत के रुझान से पहले के चरण का संकेत दिया। उन्होंने पहली स्थिर अवधि या दृढ़ीकरण के चरण को भी चिन्हित किया। दृढ़ीकरण क्षेत्र के शीर्ष पर, उन्होंने इस प्रकार के स्टॉक को अपना 20/4 मूवर कहने के लिए 20/4 की तरह की गतिविधि का संकेत दिया। हमेशा की तरह, मैंने उनका चित्रण उठाया और अपने फोल्डर में डाल लिया, जिसमें मेरे नोट्स थे। एक बार फिर, बॉयड का चित्र उनकी शब्दावली की व्याख्या में सरल, आसान और प्रतिभाशाली था। जैसा कि चित्र 6 में दिखाया गया है, मैंने आकृति पर एक नज़र डाली और फिर उस सुबह बॉयड ने जो कुछ भी समझाया था, वो समझने में आसान हो गया।

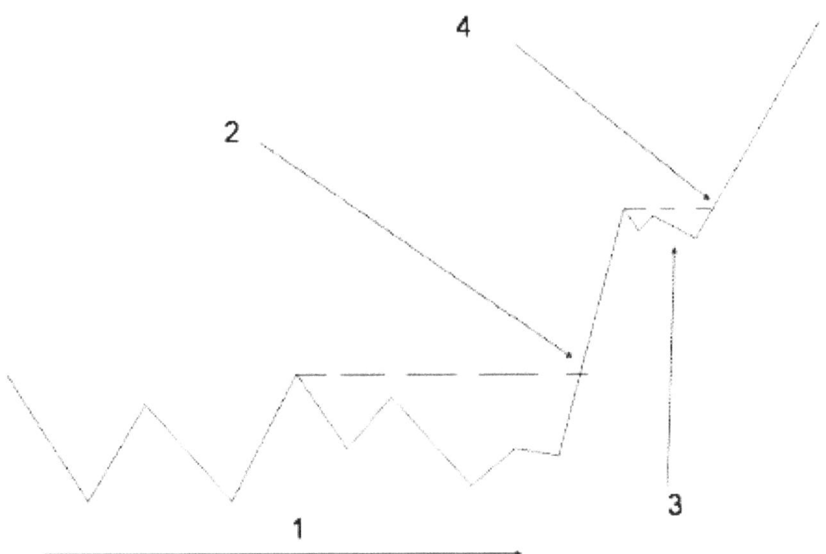

<u>चित्र 6. सामान्य 20/4 प्रकार की स्टॉक गतिविधि</u>

1. महीनों और सालों तक चलने वाला लंबा स्थापना चरण
2. मूल्य के आज तक के सबसे नए उच्च स्तर देखे गए
3. दृढ़ीकरण या स्थिर चरण
4. बिंदु 4 से चार हफ्ते के अंदर 20% या उससे ज़्यादा की गतिविधि के लिए नए उच्च स्तरों पर ब्रेकआउट

उस दिन बॉयड का दिमाग बहुत तेज़ी से काम कर रहा था। जैसा कि मैंने कहा, उस सुबह वो काफी ख़ुश लग रहे थे और अगर मुझे यह पता न होता तो मैं आसानी से यह भूल सकता था कि उनका समय अब धीरे-धीरे ख़त्म हो रहा था। लेकिन वो अभी भी पहले जैसे ही तेज़ दिमाग थे। मैंने उस दिन का पूरा

फायदा उठाने का फैसला किया क्योंकि मुझे एहसास था कि अब उनके जीवन में उस तरह के अच्छे दिन बहुत कम रह गए थे और मुझे उनके साथ ऐसा कोई दूसरा दिन नहीं मिलेगा। इसलिए, सबक के दौरान सुबह से दोपहर हो गई लेकिन फिर भी मैंने उन्हें बीच में नहीं टोका। हमने हल्का लंच किया और फिर बाज़ार में पुष्टि करने वाले संकेतों के संबंध में मामलों पर चर्चा शुरू कर दी।

बॉयड आराम से बोलते गए क्योंकि उनके लिए शब्द आसानी से बाहर आते थे। वह पूरी तरह सहज थे और मैं उन्हें अपने शांत, स्थिर, तटस्थ और समझदार स्वभाव के साथ आसानी से अपने ट्रेड करते हुए देख सकता था।

उन्होंने कहा, "हालाँकि, 20/4 जैसी गतिविधि करने वाला पहला स्टॉक अच्छा संकेत होता है, लेकिन फिर भी मैं आम तौर पर तब तक इंतज़ार करता हूँ जब तक मुझे दो अलग-अलग उद्योगों के ऐसे कम से कम दो स्टॉक नहीं दिख जाते, जो दर्शाता है कि अब बाज़ार में उतरने का समय आ गया है। मैंने यहाँ मात्रा के महत्व के बारे में बात नहीं की है। मैं मात्रा के महत्व को बाद के लिए रखूंगा। अब जबकि मुझे कम से कम दो ऐसे 20/4 गतिविधि वाले स्टॉक मिल गए हैं जो मेरे आवश्यक मापदंड को पूरा करते हैं, इसलिए अब मैं अपनी शुरूआती छोटी ख़रीदारियों के साथ बाज़ार को परखने का फैसला करूंगा। एक छोटी शुरूआती ख़रीदारी बाज़ार में किसी टेस्ट ख़रीदारी को दर्शाती है, जिससे इस बात की पुष्टि होती है कि मैंने जो भी देखा, जांचा और समझा है वो सब सही है। अगर मैं सचमुच सही होता हूँ तो मेरी टेस्ट ख़रीदारियों को मेरे ख़रीदारी मूल्यों से नीचे जाए बिना शुरुआत से ही मेरे लिए मुनाफा कमाना

चाहिए। यह पुष्टि करने के लिए कि मैं सही हूँ, मुझे एक और गतिविधि लागू करनी पड़ती है। यह स्टॉप-लॉस का नियम है। इसके बारे में काफी बातें हुई हैं, अच्छे से लिखा गया है और ट्रेडर व सट्टेबाज़ इसका व्यापक रूप से प्रयोग भी करते हैं। कुछ इसे सफलतापूर्वक करते हैं और अन्य बुरी तरह से करते हैं। लेकिन कम से कम ट्रेडर और सट्टेबाज़ किसी न किसी तरह के स्टॉप-लॉस का पालन करते हैं। यह उन जुआरियों और निवेशकों से बेहतर है, जिनके पास कोई स्टॉप-लॉस नीति नहीं होती है।"

"मुझे लगता है, आपने अपनी टेज़र रिपोर्ट में स्टॉप-लॉस के सिद्धांतों को अच्छी तरह समझाया है। मुझे नहीं लगता कि अब उसके बारे में ज़्यादा कुछ बताने की ज़रूरत है। स्टॉप-लॉस के मूलभूत विचार में दो चीज़ें हैं। इसका पहला लक्ष्य है, हमारी पूंजी की रक्षा करना। इसके बारे में आपने अपनी किताब में बताया है और साथ ही बाज़ार में मौजूद कई किताबों में भी इसके बारे में अच्छे से बताया गया है। दूसरा ज़्यादा महत्वपूर्ण लक्ष्य है, मुझे गलत साबित करना। जब मेरे कई बिक्री-स्टॉप चालू होते हैं तो बाज़ार मुझे यह बताने की कोशिश कर रहा होता है कि बाज़ार और स्टॉक की दिशा के बारे में मेरी समझ गलत है।"

"मैं अपने 20/4 जैसे स्टॉक पर वापस आता हूँ, जैसे ही कोई स्टॉक 20/4 जैसी कोई गतिविधि करता है, मैं अपने ख़रीदारी मूल्यों पर बिक्री-स्टॉप लागू कर देता हूँ। इस प्रकार, अगर कोई स्टॉक अपने ब्रेकआउट से चार हफ्ते के अंदर 20% या उससे ज़्यादा की गतिविधि करता है और फिर वापस मेरे ख़रीदारी

मूल्य पर आ जाता है तो यह बिक जायेगा। मैं ऐसा इसलिए करता हूँ क्योंकि बाज़ार में ऊपर का रुझान होने पर 20/4 प्रकार के स्टॉक के अपने ख़रीद मूल्य पर वापस आने की संभावना कम होती है। जैसा कि मैंने कहा, स्टॉप मुझे यह साबित करने में मदद करने के लिए है कि मैं बाज़ार की दिशा के बारे में सही हूँ या गलत। दूसरी ओर, जो स्टॉक अपने ब्रेकआउट के 4 हफ्ते के अंदर 20% या उससे ज़्यादा की ऊपरी गतिविधि करके नए उच्च मूल्य बनाते हैं, आम तौर पर, उन्होंने बस अभी-अभी अपनी असली बड़ी गतिविधि शुरू की होती है। ये स्टॉक बाज़ार के रुझान के सच्चे संकेतक या पुष्टि करने वाले शेयरों के रूप में कार्य करते हैं। इसके अलावा, मनोवैज्ञानिक रूप से, मैं हर समय ख़ुद को यह स्वीकार करने के लिए तैयार करता हूँ कि कोई भी 20/4 प्रकार का स्टॉक मुझे कभी नुकसान नहीं दिखाएगा। इस तरह से मेरे अंदर ऐसे शेयरों को लेकर एक अंतर्निहित आत्मीयता है।"

जब बॉयड ने इस विषय पर और बताना जारी रखा, तब मैंने उस दिन के लिए अपने नोट्स को दो हिस्सों में विभाजित करने का फैसला किया। मुझे एहसास हुआ कि उस दिन मेरे पास बहुत सारी जानकारी आने वाली थी। मैं नहीं चाहता था कि मेरा दिमाग भटकने लगे और बॉयड के सबक के कुछ विवरण मुझसे छूट जाएं। उस समय, मैंने उनसे थोड़े मिनट का ब्रेक लेने के लिए कहा, ताकि मैं अपने विचारों को इकट्ठा कर सकूं और अपने नोट्स व्यवस्थित कर सकूं।

सारांश:

वो हमेशा नई युवा अज्ञात वृद्धि कंपनियां होती हैं जो बाज़ार के रुझान की पुष्टि करती हैं। आम तौर पर, अलग-अलग शेयरों के लिए सही सेटअप में लंबा समय लगता है। हाल के 10-15 वर्षों में बाज़ार में आए शेयरों की तलाश करें। फिर उन शेयरों की तलाश करें जो कई महीनों या वर्षों की लंबी अवधि से एक सीमित रेंज के अंदर चल रहे हैं, जिसे सेट-अप चरण कहा जाता है। उसके बाद, जिस स्टॉक पर नज़र रखी जा रही थी जब वो अपने आज तक के सबसे उच्च मूल्य क्षेत्र में पहुंच जाता है तो व्यक्ति को यह देखकर पुष्टि करनी चाहिए कि इसका 52 हफ्ते का उच्च 52 हफ्ते के निम्न से कम से कम दोगुना है। यह सट्टेबाज़ को केवल सच्चे बड़े संभावित विजेताओं को छोड़कर सभी को अस्वीकार करने की अनुमति देता है। जब स्टॉक आज तक के सबसे उच्च मूल्य क्षेत्र में पहुंच जाता है तो दृढ़ीकरण क्षेत्र से बाहर निकलने के बाद चार हफ्ते के अंदर इसके 20% ऊपर की गतिविधि की तलाश करें। इसे ही 20/4 प्रकार का स्टॉक कहा जाता है। यहाँ से व्यक्ति को बाज़ार के साथ-साथ अलग-अलग शेयरों पर ध्यान देना शुरू करना चाहिए। फिर बाज़ार में वापस आने पर विचार करने का समय आ जाता है।

अध्याय 7

मात्रा लगभग सबकुछ है

बॉयड ने बताया कि ट्रेड किये गए शेयरों की मात्रा द्वारा दिए गए संकेत लगभग सबकुछ होते हैं। मैं किसी स्टॉक और सामान्य बाज़ार सूचकांकों की मूल्य और मात्रा गतिविधि के महत्व को अच्छी तरह से समझता था। लेकिन मात्रा के बारे में यह बात कहते समय बॉयड ने जिस तरह से मुझे देखा, मैं समझ गया कि इसमें उससे कहीं ज़्यादा चीज़ें हैं जितना कभी कोई जान पायेगा। इसलिए, मैंने उनसे ट्रेड की मात्रा की बुनियादी बातों के बारे में विस्तार से बताने को कहा।

बॉयड ने कहा, “जब ज़्यादातर लोग मुझे ट्रेड की मात्रा के महत्व के बारे में बात करते हुए सुनते हैं तो आम तौर पर उन्हें समझ नहीं आता कि मैं क्या बोल रहा हूँ। वे आम तौर पर ट्रेड की मात्रा के महत्व को छोड़ देते हैं या उन्हें पता ही नहीं होता कि चार्ट पर ट्रेड की मात्रा कैसे देखी जाती है। मेरे लिए मात्रा बहुत महत्वपूर्ण है। जब मैं किसी स्टॉक का चार्ट देखता हूँ तो मैं तुरंत यह समझ

सकता हूँ कि स्टॉक की संभावित गतिविधि किधर जा रही है। मेरे लिए मात्रा पर ध्यान देना बहुत महत्वपूर्ण है। भले ही, पहली नज़र में ट्रेड की मात्रा कितनी भी सरल क्यों न लगे, आपके लिए सतर्क और सावधान रहना ज़रूरी होता है ताकि आप झूठे संकेतों के जाल में न फंसें।"

"कुछ ऐसा देखना जो है ही नहीं, सबसे आम और सबसे महंगी गलती है, जो सबसे अनुभवी सट्टेबाज़ों से भी हो जाती है। जो नहीं है उसे देखकर किसी पोज़ीशन को सही ठहराना आसान है। सही होने की आवश्यकता व्यक्ति को वही देखने पर मजबूर करती है जो वह देखना चाहता है। और फिर इच्छा आपके विचारों पर हावी हो जाती है। और किसी गतिविधि के होने की इच्छा व्यक्ति को वो सब दिखाने लगती है जो वहाँ है ही नहीं। मैं अपनी कमेंटरी में हमेशा यह लिखता हूँ कि बाज़ार एक मृगतृष्णा है। अगर किसी को बहुत प्यास लगी हो तो उसे रेत भी पानी दिखाई देने लगता है। इस तरह जो नहीं है वो देखने पर, वो बेचारा रेगिस्तान में भटक जाता है और पानी पीने के बजाय रेत खा जाता है।"

"किसी स्टॉक के चार्ट पर ट्रेड की मात्रा देखते समय, मैं हमेशा साप्ताहिक चार्ट से शुरू करता हूँ। साप्ताहिक चार्ट पर कुछ दिखाई देने पर, मैं दैनिक और मासिक चार्ट पर संकेत की पुष्टि करता हूँ। यदि दैनिक, साप्ताहिक और मासिक चार्ट पर समान संकेत दिखाई दे रहे हैं, तो इसका मतलब है कि जो मैं देख रहा हूँ शायद वो हो रहा है। जो नहीं है, उसे देखने की संभावना काफी कम हो जाती है।"

"हालाँकि, मात्रा हमेशा संबंधित होती है। यदि कोई स्टॉक एक हफ्ते में औसतन 1 मिलियन शेयर ट्रेड करता है, तो अचानक इसका मूल्य छलांग लगाकर नए उच्च मूल्य पर पहुंच जाता है, साथ ही इस वृद्धि वाले सप्ताह के दौरान मात्रा में भी 5 मिलियन शेयरों या उससे ज़्यादा की स्पष्ट छलांग दिखाई देती है, इसलिए, मुझे यह समझ आ जाता है कि ऐसा कुछ हुआ है जिसके कारण इस स्टॉक में लोगों की दिलचस्पी बढ़ी है। मात्रा में यह वृद्धि स्पष्ट और बिना किसी सवाल के होनी चाहिए। और साथ ही, पहले से ऊपर जाते हुए स्टॉक की मात्रा में वृद्धि के साथ-साथ उसके मूल्य में भी स्पष्ट वृद्धि दिखाई देनी चाहिए। इस तरह का संकेत आपको बताता है कि आपको ध्यान से उस स्टॉक को देखने की ज़रूरत है। हालाँकि, ऐसी मूल्य और मात्रा की गतिविधि दिखाई देने का ज़्यादा कुछ मतलब नहीं होता है। अन्य सभी कारक जिनके बारे में हमने पहले बात की थी, जो एक नए संभावित जीतने वाले स्टॉक पर लागू होते हैं, उन्हें लागू होना होगा। स्टॉक आज तक के सबसे उच्च या उसके निकट होना चाहिए। यह एक युवा स्टॉक होना चाहिए जो 10-15 साल से ज़्यादा पहले बाज़ार में नहीं आया था। स्टॉक का 52 सप्ताह का उच्च मूल्य उसके 52 सप्ताह के निम्न मूल्य का कम से कम दोगुना होना चाहिए। स्टॉक को अपने साप्ताहिक चार्ट पर बढ़ती कीमतों पर स्पष्ट रूप से बढ़ती मात्रा दिखानी चाहिए। यह तस्वीर पूरी होनी चाहिए। एक अधूरी तस्वीर मुझे बाज़ार को परखने के लिए पर्याप्त विश्वास नहीं देती है।"

"साप्ताहिक चार्ट पर ऊपर जाने वाले किसी स्टॉक का लगभग निश्चित संकेत दिखाई देता है। व्यक्ति बढ़ी हुई मात्रा पर स्पष्ट रूप से कीमतों में बढ़ोतरी देखेगा और प्रतिक्रियाएं या दृढ़ीकरण औसत या औसत से कम मात्रा पर होंगे। यह एक अच्छा संकेत है।"

"हालाँकि, मूल्य और मात्रा की गतिविधि को समझने के लिए एक पारखी नज़र की ज़रूरत होती है। किसी चार्ट पर ऐसे संकेतों को पढ़ने की कला काफी हद तक एक्स-रे पढ़ने जैसी है। इसमें थोड़ा समय, अभ्यास और बहुत सारे अनुभव की ज़रूरत पड़ती है। आख़िर में, व्यक्ति चार्ट को समझना शुरू कर देता है और कुछ ही सेकंड के अंदर उसे अपने सामने कई सारी विशेषताएं दिखाई देनी शुरू हो जाती हैं। जो काफी हद तक किसी रेडियोलॉजिस्ट जैसा है जो एक्स-रे पर तुरंत नज़र डालकर कुछ स्पष्ट रूप से दिखाई देने वाले संकेतों को तुरंत समझ जाता है। जैसे ही शुरूआती संकेत दिखाई देने लगते हैं, उस बिंदु पर और ज़्यादा ध्यान से अध्ययन करने की ज़रूरत पड़ती है।"

"कभी-कभी मैं अपने पाठकों को अपनी कमेंटरी में लिखता हूँ कि शेयर बाज़ार में चल रही चीज़ों की व्याख्या करना कठिन है। मैं आम तौर पर आने वाली किसी गतिविधि की पहचान कर सकता हूँ और उसे देख सकता हूँ, लेकिन मेरे लिए यह समझाना मुश्किल है कि मैं आने वाली गतिविधि की पहचान क्यों कर सकता हूँ। यह फ्री-स्पीच में शालीनता की सदियों पुरानी परिभाषा की तरह है। आपत्तिजनक भाषा क्या है? इसे समझाना मुश्किल है, लेकिन जब कोई इसे देखता है तो इसे पहचान सकता है।"

एक बार फिर से, मैंने वो शीट उठाई जिसपर वो रफ़ स्केच बना रहे थे। मैंने उस स्केच को चित्र 7 के रूप में दोबारा पेश किया है। मैं कम अरोचक मात्रा पर महीनों और सालों लंबा दृढ़ीकरण स्पष्ट रूप से देख सकता हूँ। इसके अतिरिक्त, जैसे-जैसे स्टॉक आज तक का सबसे ऊँचा नया मूल्य स्तर छूता है, मैं देखता हूँ बॉयड ने कैसे बढ़ी हुई मात्रा को दर्शाया है। आख़िरकार एक बिंदु पर, जैसे ही स्टॉक आज तक के सबसे ऊँचे मूल्य स्तर के पास पहुंचता है, साप्ताहिक मात्रा में विस्फोट दिखाई देता है। मैंने देखा कि उन्होंने अपने हाथ से एक नोट लिखा था, जिसमें लिखा था, "मूल रूप से यह उस तरह का स्टॉक है जिसे मैं देखना पसंद करता हूँ। यह मुझे बैठकर इसपर ध्यान देने के लिए मजबूर करेगा। मैंने जो दिखाया है वो एक साप्ताहिक चार्ट है जो कुछ वर्षों में फैला हुआ है।"

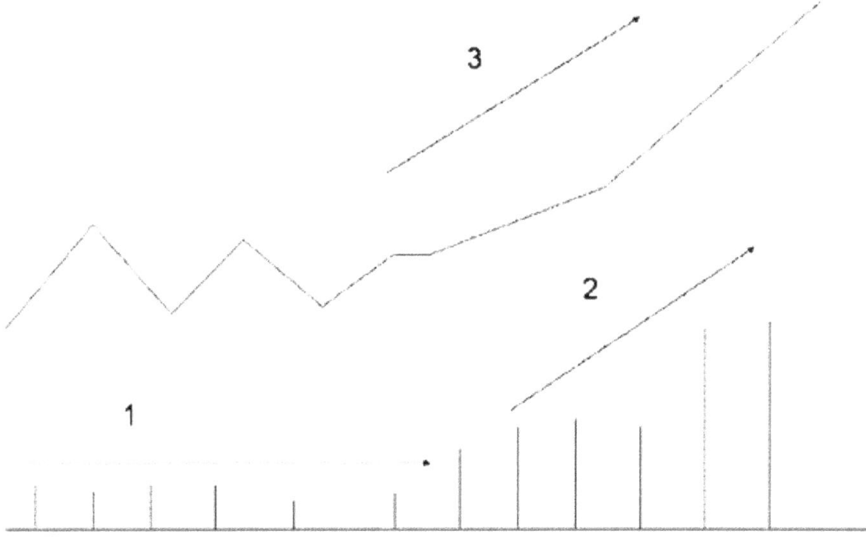

चित्र 7. आदर्श मूल्य/मात्रा गतिविधि

1. शांत मात्रा के साथ लंबा स्थापना चरण
2. बढ़ती हुई मात्रा
3. बढ़ता हुआ मूल्य बढ़ती हुई मात्रा के साथ आता है

मैंने उस चित्र के साथ लिखे हुए एक छोटे से नोट पर गौर किया जिसपर लिखा था कि, "इस तरह का सेटअप देखने के लिए मुझे महीनों इंतज़ार करना पड़ सकता है, लेकिन आम तौर पर इस इंतज़ार का फल मीठा होता है।"

उस समय, बॉयड ने अपनी घड़ी पर नज़र डाली और देखा कि शाम होने वाली है। यह काफी लंबा दिन था। इसलिए उन्होंने उस दिन का हमारा सबक वहीं समाप्त करने का फैसला किया। मैंने अपने नोट्स लिए और उस दिन के सबकों को लिखने का एक सरल लेकिन संपूर्ण तरीका खोजने के बारे में कुछ आशंका के साथ घर चला गया। मैंने संभावित विजेताओं को दिखाने वाली सामान्य मूल्य और मात्रा की गतिविधि दिखाने के लिए अपने लेखन में कुछ चार्ट शामिल करने का फैसला किया। चीज़ों को सरल बनाने के लिए मैंने सारे सबक पूरे करने के बाद इस तरह की व्याख्या वाले चार्ट डालने का फैसला किया।

सारांश:

मूल्य और मात्रा की गतिविधि एक-दूसरे की पूरक होनी चाहिए। मात्रा को मूल्यों के साथ इस तरह से जोड़ा जाना चाहिए कि आने वाली और चल रही

गतिविधि के बारे में कोई संदेह न हो। स्टॉक के चार्ट की व्याख्या करने के लिए समय, अनुभव, बार-बार अभ्यास और एक पारखी नज़र की आवश्यकता होती है। किसी स्टॉक के चार्ट पर देखी जा सकने वाली चीज़ों को देखने का कौशल विकसित करने से पहले तीन या चार साल का निरंतर अभ्यास करना पड़ता है।

अध्याय 8

केवल असली ब्रेकआउट ख़रीदें

अगली सुबह नाश्ते के समय, बॉयड काफी शांत और हताश लग रहे थे। ऐसा लग रहा था मानो वो लोगों को जीतने के तरीके बताने की कोशिश करते हुए थक गए हैं और हताश हो गए हैं, फिर भी कोई उनकी बात नहीं सुन रहा है। मेरे लिए यह स्पष्ट था कि अधिकांश लोग बॉयड द्वारा बताए गए सफलता के सिद्धांतों का पालन नहीं कर सकते क्योंकि इसके लिए शेयर बाज़ार में मेहनती, धैर्यवान, सावधान और लगातार नेविगेशन की आवश्यकता पड़ती है। बड़े पैमाने पर लोग तत्काल गतिविधि और परिणाम चाहते हैं। हम तत्काल सुख की तलाश करने वाले लोगों का देश हैं और अगर हमें तत्काल परिणाम नहीं दिखाई देते तो हमारे तरीके में गड़बड़ी हो सकती है। अनगिनत मुफ़्त ऑफरों और 'बाज़ार को मात' देने वाले नए गैजेट, फॉर्मूला, सॉफ्टवेयर, वादों, गुरु के साथ, जो भोले-भाले लोगों को फंसाने और तेज़ी से अमीर बनने के उपाय बताने

के लिए उत्सुक रहते हैं, लोगों के लिए बाज़ार में सफलता पाने के लिए निरंतर रूप से जीतने वाली जांची-परखी योजना और गतिवधि का कोई प्रयोग नहीं है। ऐसे कई परखे हुए परिणाम और मॉडल पोर्टफोलियो मौजूद हैं, जो साल-दर-साल उच्च तिगुने लाभों का दावा करते हैं। आम आदमी के पास बाज़ार में मुनाफा कमाने का कोई मौका नहीं होता क्योंकि हर बार पलक झपकते ही ढेर सारे गिद्ध उसके खाते को नोचने के लिए तैयार बैठे रहते हैं।

किसी भी तरह की ट्रेडिंग के लिए बाज़ार बस थोड़ा-बहुत मुनाफा देता रहता है, ताकि भोले-भाले लोग बाज़ार में वापस आना न छोड़ें और इस बीच, बाज़ार भोले-भाले लोगों से बड़े पैसे ऐंठता रहता है। अपने थोड़े-बहुत मुनाफे से लोगों को लगता है कि अगर वो अगला बड़ा विजेता खोज सकें वो बाज़ार में बड़ा मुनाफा कमा सकते हैं। लेकिन उन बेचारों के दिमाग में कभी यह बात नहीं आती कि 10 साल के चक्र के दौरान बड़े विजेता केवल 3 या 4 बार ही दिखाई देते हैं। ऐसे विजेताओं के आने पर सफलतापूर्वक ट्रेड कर पाने के लिए, उनकी योजना सुरक्षित होनी चाहिए और ख़राब समय में कुछ भी गंवाना नहीं चाहिए। ट्रेडिंग अभ्यासों की एक ही छतरी के अंतर्गत एक-दूसरे से बिल्कुल अलग दो लक्ष्यों को पाने के लिए, व्यक्ति को कोई योजना बनानी चाहिए जो अच्छे और बुरे दोनों समयों में काम कर सके।

यह योजना ऑटो-पायलट पर सेट की जानी चाहिए ताकि “मानवीय तत्व” को दूर किया जा सके और केवल “विजेता तत्व” को फलने-फूलने की अनुमति हो। बॉयड के अपने सिद्धांतों का पालन करने के बजाय इतना नाजुक संतुलन

बनाने का कोई दूसरा तरीका नहीं है। उनके संपूर्ण सिद्धांतों के समूह में कुछ भी नया नहीं था। फिर भी, ऐसा कोई भी इंसान नहीं होगा जो जीतने के सिद्धांतों को उतने अच्छे से लागू कर सके और बता सके जितने अच्छे से बॉयड करते थे। ऐसे बहुत सारे महान लोग रहे हैं, जिन्होंने ऐसे सिद्धांतों का पालन करके और उन्हें लागू करके बाज़ारों से लाखों डॉलर कमाए हैं, जिनमें से कुछ को हम जानते हैं और कुछ को बिल्कुल नहीं जानते। अनजाने महान लोग शायद जाने-पहचाने महान लोगों से ज़्यादा बेहतर थे। इन जाने-माने महान संचालकों में जेम्स कीन, लिवरमोर, बारूक, जॉन गेट्स, रसेल सेज और दर्वास जैसे दिग्गज शामिल थे, लेकिन ये इतने तक सीमित नहीं थे। बॉयड कई अज्ञात लोगों में से एक थे।

उनका संपूर्ण सिद्धांत सुनने में में काफी आसान लगता है कि बुरे बाज़ारों में बाहर रहें और अच्छे बाज़ारों में पूरा निवेश करें। लेकिन समस्या उस योजना को लागू करने में आती है। कई सारे लोग अच्छी योजना बनाते हैं। लेकिन ऐसे बहुत कम लोग होते हैं जो उन योजनाओं को कभी भी लागू कर पाते हैं ताकि उस योजना की प्रतिभा की पुष्टि की जा सके, जिसे सिद्धांत के आधार पर बनाया गया था। बाज़ार के साथ भी यही है। यहाँ लोग बहुत सारी बातें करते हैं। मीडिया और ख़ुद को सर्वज्ञाता बताने वाले लोगों द्वारा घिसे-पीटे विचारों और कहावतों का हर समय प्रयोग किया जाता है। कोई जीनियस इंसान जिस विनम्रता से योजना को पूरा करता है वो बहुत कम ही दिखाई देती है।

'ब्रेकआउट' को बुरा और अच्छा दोनों प्रकार का प्रचार मिला है। बुरा प्रचार, उन लोगों की वजह से होता है जो इसकी परिभाषा का दुरूपयोग करते हैं और

किसी सच्ची विजेता योजना को लागू करना नहीं जानते हैं। अच्छा प्रचार, मुख्य रूप से उन लोगों द्वारा किया जाता है, जो जीतने का जांचा-परखा और दूरंदेशी दावा करते हैं। दोनों ही मामलों में समस्या एक ही है। बहुत ज़्यादा मीडिया का ध्यान - जो हमेशा केवल आधी-अधूरी तस्वीर दिखाता है। सबसे मुश्किल काम तब होता है जब कोई देख नहीं रहा होता है। मीडिया बस सबसे अंत में आती है।

बॉयड ने ब्रेकआउट की एक सरल परिभाषा पेश की। ब्रेकआउट केवल किसी स्टॉक या इंडेक्स की एक मूल्य सीमा से दूसरी में गतिविधि है। अपने सरलतम स्तर पर, यह बाज़ार की सामान्य दिशा या स्टॉक के रुझान के बारे में कोई संकेत नहीं देता है। उदाहरण के लिए, आइए चित्र 8a पर एक नज़र डालें। इस मामले में, दिखाया गया स्टॉक मूल्य एक ब्रेकआउट गतिविधि प्रदान करता है। लेकिन इस बात का कोई संकेत नहीं है कि जिस स्टॉक ने यह ब्रेकआउट गतिविधि की है वो किसी भी तरह के रुझान में है या नहीं। किसी भी वर्ष में इस तरह के हज़ारों ब्रेकआउट होंगे, भले ही वो साल बाज़ार के लिए अच्छा हो या न हो।

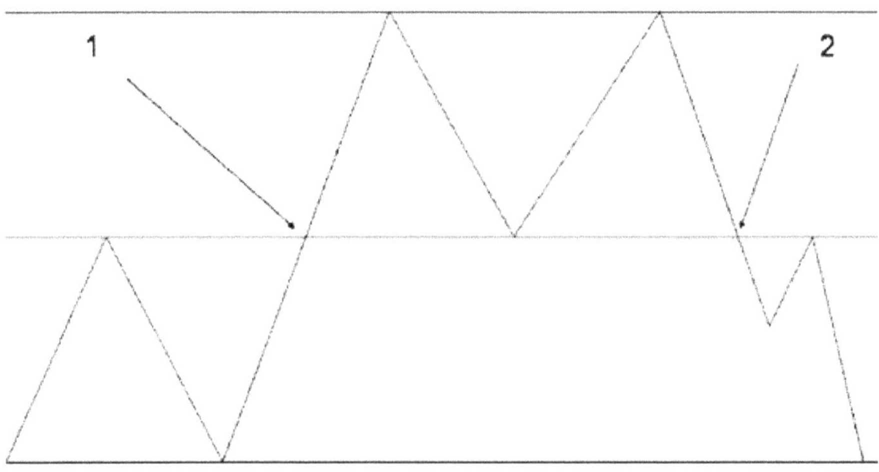

चित्र 8a. कोई भी पुराना ब्रेकआउट

1. एक मूल्य सीमा से उच्च मूल्य सीमा में ब्रेकआउट
2. वास्तविक निचली मूल्य सीमा में वापसी

वहीं दूसरी तरफ, आइये चित्र 8b पर विचार करें। यहाँ हम एक ऐसा स्टॉक देखते हैं जो वर्षों से एक लंबे आधार का निर्माण कर रहा है। और फिर, यह अचानक उठता है और ऊपर की ओर बढ़ना शुरू कर देता है। कुछ समय तक ऊपर जाने के बाद, जैसा कि हफ्तों और महीनों में मापा जाता है, यह फिर से आधार पर स्थिर हो जाता है। हालाँकि, यह दूसरी आधार संरचना छोटी है और इसे हफ्तों में मापा जाता है। इसके बाद, स्टॉक एक उच्च मूल्य सीमा में पहुंच जाता है।

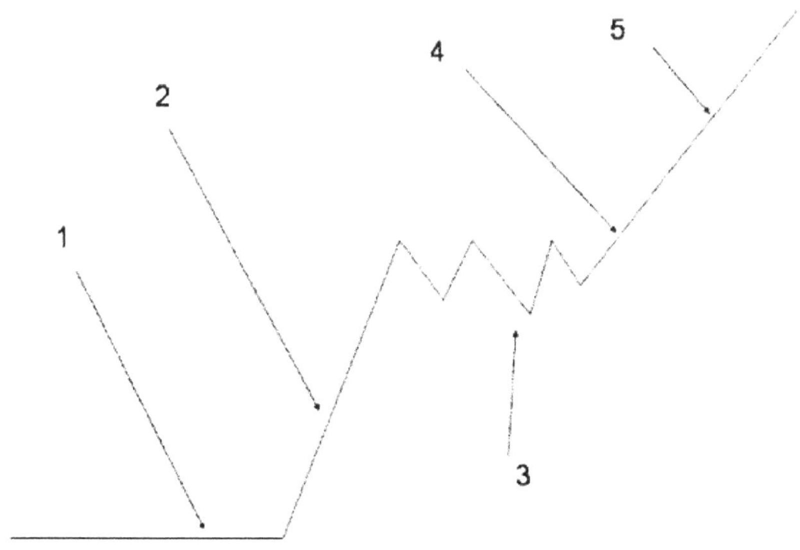

चित्र 8b. असली ब्रेकआउट

1. लंबा स्थापना चरण
2. नए उच्च मूल्य बनाने के लिए एक मजबूत ऊपरी रुझान शुरू हुआ
3. दृढ़ीकरण चरण
4. आज तक के सबसे नए उच्च मूल्य क्षेत्र में ब्रेकआउट
5. दृढ़ीकरण चरण के बाद ऊपर का रुझान अब फिर से शुरू हुआ

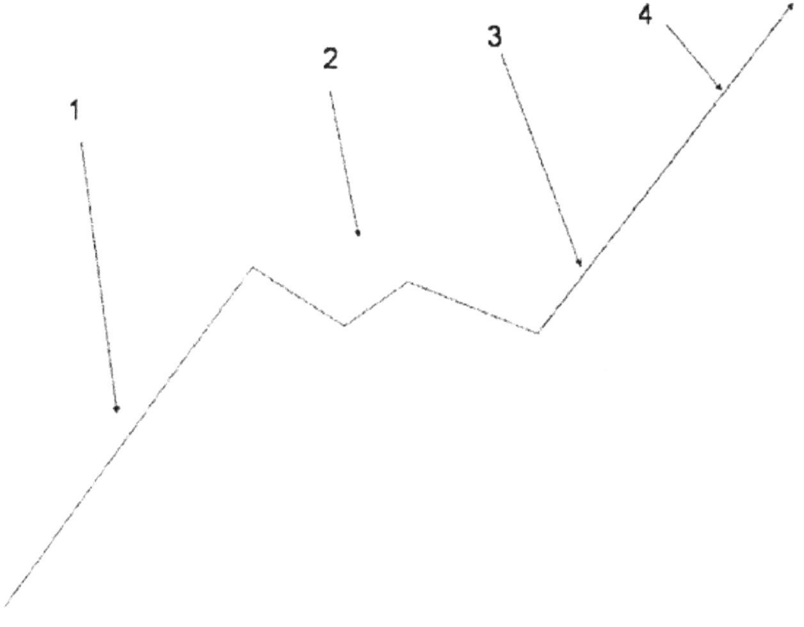

चित्र 8c. असली ब्रेकआउट का समापन

1. नए उच्च मूल्य बनाने के लिए एक मजबूत ऊपरी रुझान शुरू हुआ
2. दृढ़ीकरण चरण
3. आज तक के सबसे नए उच्च मूल्य क्षेत्र में ब्रेकआउट
4. दृढ़ीकरण चरण के बाद ऊपर का रुझान अब फिर से शुरू हुआ

इस तस्वीर को करीब से दिखाने के लिए, बॉयड ने फिर से वही चित्र बनाया, लेकिन अब उनका पूरा ध्यान केवल चित्र 8b के पिछले ऊपरी रुझान, आधार, और ब्रेकआउट वाले हिस्से पर था। इस चित्र को चित्र 8c में दोबारा बनाया गया है। इस चित्र में बिंदु 1 पिछले ऊपरी रुझान को दर्शाता है। पिछले ऊपरी रुझान से इस बात की पुष्टि होती है कि स्टॉक का मूल्य बढ़ सकता है। बिंदु 2 द्वारा दिखाया गया क्षेत्र आधार है। यह दृढ़ीकरण या स्थिरता का चरण है, जहाँ स्टॉक अपने बढ़ते हुए रुझान से एक छोटा सा अवकाश लेता है। उसके बाद बिंदु 3 पर असली ब्रेकआउट होता है। एक सच्चा ब्रेकआउट तब होता है जब कोई स्टॉक नीचे दिए गए प्रत्येक मानदंड को पूरा करने के बाद एक नई उच्च मूल्य सीमा में पहुंचता है:

- स्टॉक 15 वर्ष से कम पुराना है
- स्टॉक ने एक लंबा समय आधार पैटर्न में बिताया है, जो वर्षों में है।
- इसके बाद स्टॉक आज तक के सबसे नए उच्च मूल्य में आकर ऊपर का रुझान शुरू करता है

- कई हफ्तों और महीनों तक चलने वाले ऊपर के रुझान को दिखाने के बाद, स्टॉक फिर एक दृढ़ीकरण, स्थिर या आधार चरण में आ जाता है

ब्रेकआउट की मूलभूत बातों को कवर करते समय बॉयड ने अपने जवानी के दिनों को याद करना जारी रखा। उन्होंने कहा, “जब मैं जवान और बाज़ार में नया था, तब मैंने रुझान शुरू होने से पहले ही किसी गतिविधि को पकड़ने की कोशिश करने की गलती की थी। मुझे ऐसा लगता था कि मुझे भीड़ से पहले इस गतिविधि को पाना होगा। आज भी बाज़ार में बहुत सारे लोग यही गलती करते हैं। यह हमारे पतन का मानवीय पहलू है। मुझे सालों के समय और भारी-भरकम नुकसान के बाद पता चला कि कोई इंसान सबसे ज़्यादा पैसे किसी गतिविधि के सबसे निचले हिस्से या शुरुआत को पकड़ने के प्रयास में गंवाता है।”

“बाज़ार में कई साल ट्रेड करने के बाद मुझे एहसास हुआ कि मुझे गतिविधि अच्छे से शुरू होने के बाद ही ख़रीदारी शुरू करनी चाहिए, उससे एक भी सेकंड पहले नहीं। मुझे इसका भरोसेमंद संकेत ढूंढना था कि कोई गंभीर गतिविधि शुरू हो गई है। किसी गतिविधि का इंतज़ार करने का कोई मतलब नहीं है। इससे पहले कि मैं ख़रीदारी शुरू करूं, गतिविधि निश्चित रूप से शुरू हो जानी चाहिए। किसी गतिविधि का इंतज़ार करना एक और मानवीय विफलता है जो कई सारे लोगों को कंगाल बना देती है।”

“जब मुझे होश आया और मैंने पाया कि ख़रीदारी करने से पहले ही गतिविधि प्रगति में होनी चाहिए, तब जाकर मुझे असली ब्रेकआउट को

परिभाषित करने का महत्व समझ आया। उस वक़्त मुझे असली ब्रेकआउट और साधारण ब्रेकआउट के बीच का विशाल अंतर समझ आया।

मैंने आगे कहा, "जब किसी स्टॉक पर कोई ऊपर का रुझान स्पष्ट होता है तो मैं उसे देख सकता हूँ। ज़ाहिर तौर पर, आज के आपके नियमों और परिभाषा से उसे स्पष्ट करने में मदद मिली है। लेकिन, ज़्यादातर लोगों के लिए ऐसी स्थिति में इंतज़ार करना मुश्किल होता है जब कोई स्टॉक ऊपर जा रहा होता है। ऐसे लोग किसी प्रतिक्रिया का इंतज़ार किये बिना ही बढ़ता हुआ स्टॉक ख़रीद लेंगे। प्रतिक्रिया का पहला संकेत मिलते ही, वो लोग स्टॉक छोड़ देंगे। आप इस विषय पर क्या कहना चाहेंगे?"

बॉयड ने जवाब दिया, "यह सब इसपर निर्भर करता है कि आप बाज़ार से क्या चाहते हैं। यह काफी हद तक गोल्फ खेलने की तरह है। अपने आपको मजबूत दिखाने वाले लोग लंबा शॉट लगाना चाहते हैं। लेकिन चालाकी और छोटे गेम से ही आप बड़े पैसे कमाते हैं। यदि आप यहाँ-वहाँ ड्राइव दिखाना चाहते हैं और अपने ड्राइव के लिए पहचान पाना चाहते हैं तो आप लाखों लोगों में से एक होंगे। लेकिन अगर आपके अच्छा शॉर्ट गेम खेलना चाहते हैं तो आप करोड़पतियों में से एक होंगे। यदि आप यहाँ-वहाँ बस थोड़े-बहुत अंक पाना चाहते हैं तो आप आराम से अपना गति का खेल जारी रख सकते हैं। लेकिन अगर आपको बड़े पैसे कमाने हैं तो आपको स्टॉक और बाज़ार के साथ काम करने के लिए चालाकी और धीरज की ज़रूरत पड़ेगी।

एक असली ब्रेकआउट और ऊपर के रुझान वाले स्टॉक की परिभाषा के अलावा, बॉयड ने एक अच्छे स्टॉक के कुछ पुष्टिकरण संकेतों को भी कवर किया। उन्होंने आगे कहा, "एक अच्छा स्टॉक वो है जो हमें पैसा देता है। कोई कंपनी कितनी भी अच्छी क्यों न हो या उसके उत्पाद कितने भी अच्छे क्यों न हों, अगर कोई उनके स्टॉक पर पैसा नहीं कमा सकता है, तो स्टॉक बेकार है। इसी तरह, कोई कंपनी कितनी भी ख़राब क्यों न हो या उसके उत्पाद कितने ख़राब या बेकार क्यों न हों, अगर वो स्टॉक मुझे पैसा देता है, तो वो एक अच्छा स्टॉक है। अच्छा स्टॉक वही है, जो मुझे पैसा देता है। अगर कोई स्टॉक मेरे लिए पैसा नहीं बना सकता, तो वो एक घटिया स्टॉक है।"

"मूल्य और मात्रा की गतिविधि के अलावा, मैं अतिरिक्त पुष्टिकरण संकेतों की भी तलाश करता हूँ। जैसा कि मैंने पहले कहा, हर चीज़ की पुष्टि करें। कोई रुझान शून्य में शुरू नहीं होता है। किसी रुझान को ख़त्म होने में समय लगता है। किसी रुझान को शुरू होने में समय लगता है। किसी रुझान को बदलने या उलटने में समय लगता है। इसलिए, हर मोड़ की पुष्टि की जानी चाहिए। कुछ सामान्य पुष्टि संकेतों में सिस्टर स्टॉक की मजबूती और इंडेक्स मूल्य/मात्रा गतिविधि शामिल हैं।"

मैंने उनसे यह समझाने के लिए कहा कि "सिस्टर स्टॉक" से उनका क्या मतलब है। बॉयड ने कहा, "यदि पूरे गृह निर्माण और गृह निर्माण व्यवसाय के लिए बिज़नेस अच्छा चल रहा है तो इसका मतलब है कि सभी गृह निर्माण स्टॉक अच्छा प्रदर्शन कर रहे हैं। कई गृह निर्माण शेयरों में से, एक या दो ऐसे

होंगे जो पहले ब्रेकआउट हुए होंगे और उन्होंने पहले अपना रुझान शुरू किया होगा। गृह निर्माण के बाकी स्टॉक सिस्टर स्टॉक हैं, क्योंकि वो उन दो प्रमुख शेयरों के समान उद्योग से संबंधित हैं। एक या दो लीडर उस समूह का नेतृत्व करेंगे लेकिन बाकी के स्टॉक एक पुष्टिकरण संकेत या सहयोगी स्टॉक के रूप में कार्य करेंगे। मैं तब सतर्क हो जाता हूँ जब सिस्टर स्टॉक के बीच मजबूती नहीं दिखाई देती। सिस्टर स्टॉक की अनुपस्थिति में, हम या तो एक समूह में अच्छा प्रदर्शन करने वाले एकाधिकार स्टॉक के बारे में बात कर रहे होते हैं या किसी कमजोर समूह में अच्छा काम करने वाले स्टॉक की बात कर रहे होते हैं। यदि किसी कमजोर समूह में एक एकाधिकार स्टॉक अच्छा प्रदर्शन कर रहा है, तो इसकी एकाधिकार स्थिति के कारण मुझे अभी भी उस स्टॉक में दिलचस्पी हो सकती है। हालाँकि, अगर कोई एकाधिकार स्थिति नहीं है और हम एक कमजोर समूह में एक प्रमुख स्टॉक देखते हैं, तो मुझे अभी भी उस स्टॉक को ख़रीदारी योग्य समझने में संकोच हो सकता है।"

लंच के बाद, बॉयड ने मूल्य/मात्रा गतिविधि के बारे में बात करना जारी रखा क्योंकि वो इस बात से काफी हैरान लग रहे थे कि आम लोग चीज़ों को सरल रखने में काफी प्रतिरोध दिखाते हैं। वो इस बात से भी चकित थे कि नवीनतम गैजेट्स और तकनीकी शब्दों वाले किसी नए फॉर्मूला के साथ चिकनी-चुपड़ी बातें करने वाला इंसान लोगों को आसानी से अपना नया बाज़ार को मात देने वाला राज़ बेच सकता है। फिर भी, विजेता गतिविधियां करने की सादगी इंसान के दिमाग को समझ नहीं आती। बाज़ार की गतिविधियों में

सालों-साल बिताने के बाद भी, बॉयड आज भी इंसानों की मानसिकता को नहीं समझ पाते थे। उन्हें कभी समझ नहीं आया कि लोगों को बाज़ार से ज़्यादा स्मार्ट और श्रेष्ठ महसूस करने की ज़रूरत क्यों पड़ती है। यह जाल श्रेष्ठ और स्मार्ट महसूस करने की ज़रूरत पर आधारित है। जनता को "बाज़ार को हराने का नया तरीका" बेचने के लिए मशीनरी द्वारा इस ज़रूरत का बहुत आसानी से और सफलतापूर्वक शोषण किया जाता रहा है, किया जा रहा है और आगे भी किया जाता रहेगा। सरल भाषा में, यह एक और जल्दी अमीर बनने की योजना है।

मैंने बॉयड को मूलभूत विश्लेषण के विषय के बारे में बताया। इंटरनेट और डॉटकॉम बूम के ख़त्म होने के बाद, अचानक से आय "पैसों" से जुड़ा शब्द बन गया। आजकल, ब्रोकर और अंदरूनी लोग किसी स्टॉक की कीमत बढ़ाने या लोगों को स्टॉक बेचने में मदद करने के लिए अच्छी आय रिपोर्ट को बढ़ा-चढ़ाकर पेश करते हैं। बॉयड ने कहा, "एक बार फिर से, मैं किसी स्टॉक ट्रेडिंग खाते को डूबाने में मदद करने के लिए मानवीय तत्व से प्रभावित हूँ। बाज़ार में हर चीज़ भविष्य के बारे में होती है। कोई भी चीज़ वर्तमान या अतीत के बारे में नहीं है। लोग स्टॉक इसलिए ख़रीदते हैं ताकि उसे आगे चलकर ज़्यादा दाम पर बेच सकें। दूसरे शब्दों में, अतीत का स्टॉक के भविष्य के मूल्य के साथ कोई लेना-देना नहीं होता है। न ही वर्तमान का स्टॉक के मूल्य से कोई लेना-देना होता है। हर चीज़ भविष्य के विकास की प्रत्याशा के बारे में है। अतीत के आय विकास का भविष्य से कोई संबंध नहीं है। केवल प्रत्याशित आय मायने रखती है।"

उस दोपहर काफी देर हो रही थी। इसलिए, मैंने उनसे एक आख़िरी सवाल पूछा, "आपने कई बार यह कहा है कि केवल मूल्य/मात्रा गतिविधि जानने की ज़रूरत होती है और किसी भी इंसान को एक साल में 5 या 7 ट्रेड से ज़्यादा ट्रेड नहीं करने चाहिए। यह कैसे किया जा सकता है?"

बॉयड का जवाब सरल और साफ़ था। उन्होंने कहा, "नियमों का एक ऐसा सेट होना चाहिए जो मुझे अच्छे बाज़ारों में बनाये रखेगा जब तक कि अच्छी स्थितियां प्रभावी होती हैं और उससे एक भी दिन ज़्यादा नहीं। इसी प्रकार, ऐसे नियम भी होने चाहिए जो मुझे ख़राब बाज़ारों से दूर रखें जब तक कि बुरी स्थितियां बनी रहती हैं और उससे एक भी दिन ज़्यादा नहीं। सबसे ज़रूरी यह है कि मुझे अच्छे बाज़ारों में रखने वाले नियम भी वही होने चाहिए, जो मुझे ख़राब बाज़ारों से दूर रखते हैं। नियमों के दो अलग-अलग समूह नहीं हो सकते - एक अच्छे बाज़ारों के लिए और एक बुरे बाज़ारों के लिए। नियमों के दो सेट होना असंभव है क्योंकि वो एक-दूसरे के विरोधाभासी हो जाएंगे और सबसे ज़रूरी बात यह है कि नियमों के एक समूह का पालन करना पहले ही मुश्किल है, इसलिए नियमों के दो समूहों की बात ही छोड़ दो।"

"क्यों न हम आने वाले दिनों में बारी-बारी से इन नियमों को कवर करें? हालाँकि, सीधे तौर पर कहूं तो मैं ब्रेकआउट पर असामान्य मात्रा की मांग करके अपने ट्रेड सीमित करने की कोशिश करता हूँ। असामान्य क्या है? मैं चाहता हूँ कि मेरी संभावित ख़रीदारी ट्रेड के पहले घंटे के अंदर अपने शेयरों के ट्रेड की औसत दैनिक मात्रा को एक हाथ से दूसरे हाथ में जाते हुए दिखाए। क्यों?

क्योंकि, इस तरह की असामान्य रूप से भारी मात्रा की मांग करके, मैं किसी भी वर्ष में अपने आप केवल कुछ ट्रेड तक सीमित हो जाता हूँ। मैं आने वाले दिनों में इस पर और चर्चा करूंगा।"

<u>सारांश:</u>

इस बात का ध्यान रखें कि असली ब्रेकआउट और साधारण ब्रेकआउट के बीच का अंतर स्पष्ट हो। किसी ऊपर जाते हुए स्टॉक और इसके दृढ़ीकरण, स्थिर और आधार अवधि की मूलभूत बातें जानें। अपने ख़ुद के मानवीय तत्वों को जानें और मानवीय तत्वों को आपके लिए फैसले करने से रोकने के लिए नियम लागू करें।

अध्याय 9

चार्ट पैटर्न - किसे फर्क पड़ता है?

अगली सुबह जब मैं बॉयड के घर पहुंचा और पूल के किनारे उनके पास गया तो मैंने देखा कि उनके पास चार्ट्स का ढेर पड़ा हुआ था। हालाँकि, मैं ख़ुद को चार्ट्स का विशेषज्ञ समझता था, लेकिन मुझे यह भी पता था कि मुझे सबकुछ नहीं पता है। उनका हाल-चाल लेने के बाद, मैंने बॉयड से पूछा "क्या आज आप मुझे चार्ट्स के बारे में सबकुछ बताने वाले हैं?" उन्होंने मुस्कराते हुए हाँ में सिर हिलाया और कहा, "बाज़ार में सभी चीज़ों की तरह, चार्ट बनाना भी संतुलन और पुष्टिकरण के बारे में है। इसके लिए कोई एक जादुई जवाब नहीं है। हालाँकि, निश्चित रूप से यह एक बहुत बड़ी पहेली है। मैं कुछ दिन पहले की गई कुछ टिप्पणियों पर वापस आऊंगा। मैंने जाना है कि हम इंसानों की याददाश्त बहुत छोटी होती है। बाज़ार में मानवीय तत्व के लिए दोहराव ही एकमात्र इलाज है।"

उन्होंने आगे कहा, “यह लंबे समय से उन लोगों के बीच विवाद की जड़ रहा है जो बाज़ार का संदेश समझने के लिए चार्ट्स पर निर्भर रहते हैं और दूसरे जो बाज़ार की दिशा का पता लगाने के लिए आर्थिक संकेतकों की तलाश करते हैं - चार्ट्स को कितना महत्व दिया जाना चाहिए। पिछले कुछ दशकों में मैं दोनों रास्तों पर चला हूँ - और मेरे अनुभव ने बार-बार यह साबित किया है कि 'चार्ट की उचित व्याख्या' अनमोल है। अनुभव से सीखने के अलावा, बड़ी संस्थाओं के बारे में थोड़ा-बहुत भी जानने वाले लोग इस बात को अच्छे से समझते हैं कि कोई भी अकेला इंसान उस स्तर का शोध नहीं कर सकता जो बड़ी संस्थाएं करती हैं। वॉल स्ट्रीट या उसके आसपास काम करने वाले लोग अच्छे से जानते हैं कि बड़ी संस्थाओं के पास केवल शोध के लिए कई सारे ऑफिस होते हैं। इस दुनिया के गोल्डमैन, लेहमैन, बेयर स्टर्न्स के पास न केवल कई ऑफिस और कर्मचारी हैं, बल्कि उनके पास शोध विभागों के लिए पूरे के पूरे फ्लोर हैं। दुनिया में ऐसा कोई तरीका नहीं है कि जिसकी मदद से हममें से कोई भी उस स्तर का शोध कर सके जो ये बड़ी कंपनियां करती हैं। उनके पास सबसे चतुर, प्रतिभाशाली, युवा और वृद्ध, अनुभवी, तकनीक-प्रेमी, चार्ट-प्रेमी और अकाउंटिंग विशेषज्ञ हैं, जो हर बैलेंस शीट का विश्लेषण कर रहे हैं, हर आर्थिक मॉडल का अध्ययन कर रहे हैं, हर अर्थमितीय अनुमान लगा रहे हैं, हर चार्ट को पढ़ रहे हैं, फॉलो किये जाने वाले हर स्टॉक के सीईओ से बात कर रहे हैं, उस कंपनियों में जा रहे हैं जिनका अध्ययन किया जा रहा है, प्रतिस्पर्धा पर शोध कर रहे हैं और न जाने क्या-क्या कर रहे हैं। इतना सारा काम, मानव प्रतिभा और तकनीकी उपकरण में निवेश के बाद भी केवल 10-15% बड़े लोग अंत में

बाज़ार से अच्छा प्रदर्शन कर पाते हैं। हालाँकि, उनके पास बहुत सारे लाभ हैं, लेकिन एक बड़ी कमी यह है कि जब वो प्रतिबद्धताएं करते हैं तो उन्हें महीनों और सालों के समय में प्रतिबद्धताएं करनी पड़ती हैं। और जब वो अपनी होल्डिंग बेचते हैं तो वो भी उन्हें महीनों और सालों के समय में यह करना पड़ता है। ऐसा इसलिए क्योंकि वो बहुत बड़ी मात्रा में पैसे हैंडल करते हैं। इतने सारे पैसे एक दिन, एक हफ्ते या एक महीने में स्टॉक से अंदर-बाहर नहीं कर सकते। यह एकमात्र समस्या उनके लाभों को काफी हद तक बराबर कर देती है और हम जैसे अकेले सट्टेबाज़ों के लिए बाज़ार को बराबरी का मैदान बना देती है। हम जैसे लोगों के लिए सबसे बड़ा फायदा यह है कि हम जब तक चाहें या जब तक जीत की संभावना ज़्यादा नहीं है, हम अपने पैसों को लेकर बैठे रह सकते हैं। हम बाज़ार को प्रभावित किये बिना आसानी से अंदर-बाहर कर सकते हैं।"

"हमारा सबसे बड़ा फायदा यह है कि हम देख सकते हैं कि अपना सारा व्यापक शोध करने के बाद बड़ी कंपनियां कौन सी गतिविधियां कर रही हैं। यह हमें चार्ट्स में दिखाई देता है। यही एकमात्र ऐसा बड़ा कारण है कि मैं किसी अच्छे चार्ट रीडर की क्षमता में इतना भरोसा करता हूँ। लेकिन बाकी सारी चीज़ों की तरह, अच्छे चार्ट रीडर और बुरे चार्ट रीडर दोनों होते हैं। अच्छे चार्ट रीडर इस बात का ध्यान रखते हैं कि वो कुछ ऐसा न देखें जो वहाँ है ही नहीं। वहीं बुरे चार्ट रीडर वो देखते हैं जो वो देखना चाहते हैं, वो नहीं जो सचमुच दिखाई देता है। यह एक बारीक रेखा है, जिसे सबसे अनुभवी लोग भी आसानी

से पार कर सकते हैं। बड़ी कंपनियों ने पहले ही सभी तकनीकी अध्ययन कर लिए हैं और ऐसे अध्ययन भी किये हैं जिन्हें उन कंपनियों के तकनीकी कर्मचारियों के अलावा और कोई नहीं जानता है। उन सारे अध्ययनों के बाद, वो गतिविधि करते हैं और उनकी गतिविधियां चाट्र्स पर दिखाई देती हैं - आपको बस उन्हें ठीक से पढ़ना आना चाहिए।"

"ठीक है - फिर आप पूछते हैं कि बड़ी कंपनियां भी चाट्र्स पढ़ती हैं। यानी वो भी वही पढ़ते हैं जो हम पढ़ते हैं। और उन्हें भी वही दिखाई देता है जो हमें दिखाई देता है। तो फिर क्या वो उस तस्वीर को बिगाड़ने के लिए और हम जैसे लोगों को उलझाने के लिए कोई गलत संकेत नहीं देंगे? ज़रूर देंगे। ऐसे गलत संकेतों को 'नकली झटका' या 'नकली गिरावट' के रूप में जाना जाता है। लेकिन यहाँ एक चीज़ है....चार्ट रीडिंग एक ऐसा क्षेत्र है जहाँ हम उन बड़ी कंपनियों से अच्छा कर सकते हैं। इसके अलावा, जिस तरीके से उन्हें अपनी स्थितियां बनानी पड़ती हैं और बेचनी पड़ती हैं, अच्छे बाज़ारों में 'नकली झटका' या 'नकली गिरावट' बेहद कम देखने को मिलेगी और बुरे बाज़ारों में ज़्यादा देखने को मिलेगी। इसकी वजह से, बाज़ार की किसी भी स्थिति में चाहे वो जो भी करें, अपनी गतिविधियों के माध्यम से वो बाज़ार के संकेतों की पुष्टि करते हैं।"

"याद है, मैंने बाज़ार की तुलना ख़ज़ाने की खोज से की थी। हर प्रतिभागी का एक ही लक्ष्य होता है...ख़ज़ाना ढूंढना। हर प्रतिभागी को खेल शुरू करने के लिए एक ही सुराग मिलते हैं। कुछ लोग उन सुरागों को समझने में बेहतर होते हैं और एक मील पोस्ट से दूसरे मील पोस्ट पर पहुंच जाते हैं। हर मील-पोस्ट

पर अतिरिक्त सुराग मिलते हैं, जिन्हें सही से समझने पर वो सुराग उन्हें अगले मील-पोस्ट पर ले जायेगा। रास्ते में, कुछ मील-पोस्ट पर 'नकली' सुराग होते हैं, जो गलत संकेत देते हैं। हमें पता है कि ये गलत संकेत हमें फंसाने के लिए होते हैं। इनका उद्देश्य प्रतिभागी को “नकली” सुराग देकर रास्ते से भटकाना होता है। कुछ खिलाड़ी बेहद स्मार्ट होते हैं और हर संकेत को सही से समझ जाते हैं और 'नकली' सुरागों को दूर कर देते हैं और तेज़ी से ख़ज़ाने तक पहुंच जाते हैं। ऐसे प्रतिभागियों की संख्या बहुत कम होती है और उनके जैसे बहुत सारे नहीं होते हैं। प्रतिभागियों का एक दूसरा समूह भी होता है, और वो भी बहुत स्मार्ट होते हैं - लेकिन पहले समूह जितने नहीं। प्रतिभागियों का दूसरा समूह उनमें से कुछ सुरागों का अपने से पता लगा लेता है, लेकिन फिर वो पहले समूह के नक़्शे-कदम पर चलना शुरू कर देते हैं और इस तरह पहले समूह के करीब रहने में सफल होते हैं। पहले समूह को पता होता है कि दूसरा समूह उनका पीछा कर रहा है और इसलिए पहला समूह उस दूसरे समूह को रास्ते से भटकाने की कोशिश करने के लिए कुछ नकली संकेत उत्पन्न करता है। आख़िरकार, दूसरा समूह ख़ज़ाने तक पहुंच जाता है - लेकिन वो पहले समूह से थोड़ा पीछे होते हैं। इन दोनों समूहों को सबसे बड़ा ख़ज़ाना मिलता है। बाकी प्रतिभागियों में औसत, बड़ा घाटा सहने वाले, काफी हारे हुए से कुछ हद तक हारे हुए और पूरी तरह अनजान प्रतिभागी आते हैं। हम दूसरे समूह से संबंधित हैं... क्योंकि हम चार्ट पर स्मार्ट-मनी की गतिविधियों को देखकर उन्हें फॉलो करते हैं और कुछ सुरागों को अपने से भी सुलझाने की कोशिश करते हैं।”

मुझे पता था कि बॉयड बहुत अच्छे चार्ट रीडर हैं। इसलिए मैंने उन्हें चार्ट रीडिंग की मूलभूत बातें कवर करने के लिए कहा। बाज़ार के ज़्यादातर कौशलों की तरह, सबसे बड़ा खतरा हमेशा वो जादुई जवाब ढूंढने की कोशिश करने में होता है जो असल में होता ही नहीं है। चार्ट पढ़ने के कौशल सालों के समय में बार-बार चार्ट पढ़कर विकसित किये जाते हैं। यह धीमा, बोरिंग और आँखों के लिए कष्टदायक प्रक्रिया है। लेकिन उन सभी कौशलों में से जिन्हें विकसित किया जा सकता है, सही चार्ट रीडिंग साइकिल चलाना सीखने जैसा है। एक बार सीख लेने के बाद, यह कौशल कभी नहीं खोता है। लगातार इस्तेमाल न करने पर इसमें जंग लग सकती है। हालाँकि, जब आप फिर से अभ्यास करना शुरू करते हैं तो यह जंग हट जाती है।

चार्ट और तकनीकी विश्लेषण के बारे में बाज़ार में कई किताबें उपलब्ध हैं। उनमें से कुछ बहुत अच्छी हैं और ज़्यादातर बिल्कुल अच्छी नहीं हैं। विलियम जिलर की "शेयर बाज़ार में चार्ट आपकी मदद कैसे कर सकते हैं" सबसे अच्छी किताब है, जिसे उन्होंने दशकों पहले लिखा था।

बॉयड ने कहा कि, "मैंने कुछ सबसे स्मार्ट लोगों को बाज़ार में अपने शॉर्ट्स खोते हुए देखा है क्योंकि उनके मन में चार्ट्स के लिए कोई सम्मान नहीं था। ऐसे बहुत सारे लोग हैं जो इतने स्मार्ट हैं कि इलियट वेव, फिबोनाकी नंबर, MACD, स्टोचस्टिक्स, बोलिंगर बैंड इत्यादि जैसे तकनीकी शब्द उन्हें बिल्कुल आसान लगते हैं और इसी वजह से वो मूल्य/मात्रा की गतिविधि की सादगी का सम्मान नहीं कर पाते हैं। ऐसे स्मार्ट लोगों ने कुछ अत्यधिक-तकनीकी और

अत्याधुनिक वैज्ञानिक अध्ययनों पर भरोसा करके बाज़ार में बहुत सारे पैसे गंवाएं हैं, जबकि जवाब हमेशा सरल और सीधे रूप में हमारे सामने होता है। हम इंसानों में आसान कामों को भी मुश्किल बनाने की एक अजीब क्षमता और इच्छा मौजूद होती है। हम ऐसा इसलिए करते हैं क्योंकि हम ख़ुद को और दूसरों को यह साबित करना चाहते हैं कि हम कितने स्मार्ट हैं।"

"बाज़ार में बाकी सारी चीज़ों की तरह, चार्ट रीडिंग को भी सरल या अत्यधिक जटिल बनाया जा सकता है। मुझे चीज़ों को आसान बनाना पसंद है। मुझे परेशान होना अच्छा नहीं लगता। जैसे ही कोई चीज़ मुझे मुश्किल लगनी शुरू होती है, मैं समझ जाता हूँ कि मैं किसी मुसीबत में हूँ। इसलिए मैं हर चीज़ को ज़्यादा से ज़्यादा सरल बनाना चाहता हूँ। चार्ट्स पढ़ते समय, दैनिक चार्ट्स की वजह से मैं उलझन में पड़ जाता हूँ। दैनिक चार्ट्स बहुत भारी-भरकम होते हैं। उनमें बहुत ज़्यादा अस्थिरता होती है और वो मिले-जुले संकेत देते हैं। मैं पूरी तरह से साप्ताहिक चार्ट्स पर निर्भर हूँ। साप्ताहिक चार्ट्स में कहीं ज़्यादा सरलता होती है। इसके अलावा, मुझे उन सभी शब्दजाल पर अधिक ध्यान देने की आवश्यकता नहीं होती है जो चार्टिस्ट उपयोग करते हैं जैसे...कप, तश्तरी, पेनेंट, वेज, झंडे, सिर और कंधे, गर्दन-रेखा, आदि। उनके अपने प्रयोग हो सकते हैं या नहीं भी हो सकते हैं। शायद, स्कैल्पर्स के लिए उनका प्रयोग हो सकता है। मैं स्कैल्पर नहीं हूँ। इसलिए ये चार्टिंग परिभाषाएं मेरे ऊपर लागू नहीं होती हैं। एकमात्र चार्ट संरचना जिसपर मैं ध्यान देता हूँ, उसे यहाँ दिखाया गया है।"

इस बिंदु पर उन्होंने नीचे दिया गया चित्र बनाया जिसे चित्र 9 के रूप में चिन्हित किया गया है। यह चित्र 8b के समान ही है, लेकिन यहाँ कीमतों के साथ मात्रा दिखाई गई है। जिस सरलता से बॉयड ने इस चार्ट को समझाया, मैं उनकी क्षमता से हैरान रह गया। उन्होंने ऊपर के रुझान से पहले के बिंदु को दिखाते हुए कहा, "यह मेरे लिए अत्यधिक आवश्यक है। मुझे यह सच्चाई पता होनी चाहिए कि उस स्टॉक ने अपने मूल्य में बढ़ोतरी की क्षमता दिखाई है। इसके अलावा, मूल्यों में वृद्धि की यह क्षमता बढ़ी हुई मात्रा पर होनी चाहिए। इससे मुझे पता चलता है कि स्टॉक में ख़रीदारी की अच्छी-ख़ासी दिलचस्पी है। जब किसी शेयर की ख़रीदारी में इतनी दिलचस्पी ली जाती है, तो उसकी बिकवाली की संभावना नहीं होती है। जब ऊपर का रुझान स्थिर चरण या दृढ़ीकरण चरण के लिए रुक जाता है तो मात्रा शांत होनी शुरू हो जानी चाहिए। वॉल्यूम में संकुचन जितना अधिक होगा, स्टॉक उतना ही बेहतर होगा। जब एक बढ़ते स्टॉक की मात्रा पर मूल्य बढ़ने के बाद मात्रा समाप्त हो जाती है, तो यह मुझे बताता है कि ख़रीदार बढ़ते चरण के दौरान ख़रीदे गए सभी स्टॉक बेचने के लिए तैयार नहीं हैं। कम मात्रा में दृढ़ीकरण ज़्यादा मूल्य आने का संकेत देता है, क्योंकि सभी ख़रीदारों को भरोसा होता है कि स्टॉक ऊपर की ओर बढ़ेगा।"

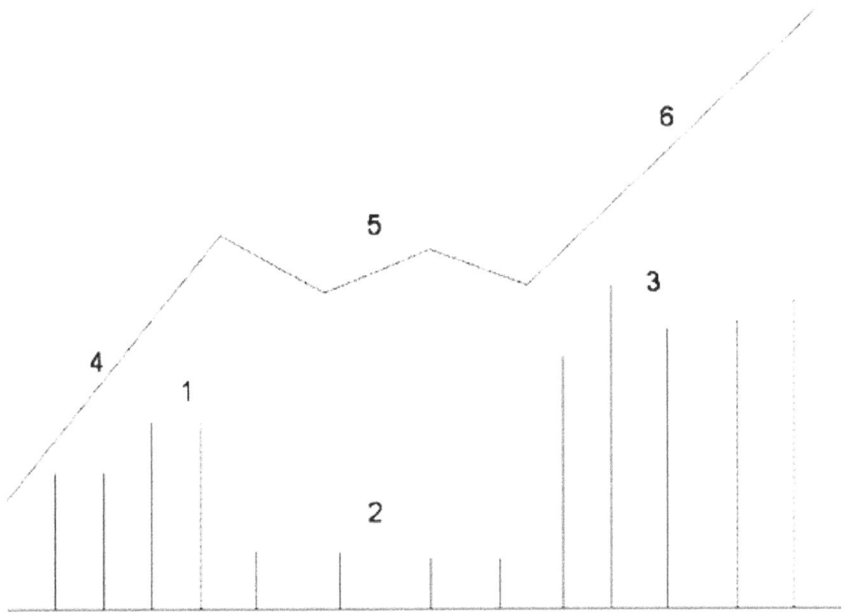

<u>**चित्र 9. ठोस मूल्य/मात्रा गतिविधि के साथ असली ब्रेकआउट**</u>

1. ऊपर के रुझान से पहले बढ़ती हुई मात्रा
2. स्थिर या दृढ़ीकरण चरण के दौरान मात्रा में संकुचन
3. स्टॉक के आज तक के इतिहास में ट्रेडिंग की मात्रा सबसे उच्च स्तरों पर पहुंच जाती है
4. ऊपरी रुझान से पहले मूल्य क्षेत्र
5. दृढ़ीकरण का चरण - इस चरण के दौरान उच्च मूल्य एक “सीलिंग” है, जब तक कि स्टॉक इस “सीलिंग” मूल्य से ऊपर नहीं पहुंच जाता।

"सीलिंग" मूल्य से ऊपर जाने के बाद, "सीलिंग" "फ्लोर" मूल्य बन जाता है, जो आम तौर पर फिर से नीचे की ओर नहीं जाता है

6. ऊपर का रुझान फिर से शुरू होता है

"दृढ़ीकरण के दौरान मूल्य सीमा जितनी छोटी होती है दृढ़ीकरण उतना ही बेहतर होता है। इससे यह विश्वास पक्का होता है कि कोई भी अपना स्टॉक नहीं बेचना चाहता है। किसी सर्वश्रेष्ठ स्टॉक में, दृढ़ीकरण मूल्य की सीमा 10-20% से ज़्यादा नहीं होगी और मात्रा कम से कम एक या दो सप्ताह की ट्रेड की मात्राओं के साथ स्पष्ट रूप से कम होगा, जो सामान्य साप्ताहिक मात्रा के 50% से काफी कम हो जाता है। और जैसे ही स्टॉक मात्रा पर अपने पहले के उच्च स्तर को पार करता है, तो वो मनोवैज्ञानिक रूप से सीलिंग या ऊपरी प्रतिरोध बैंड को हटा देता है। इस तरह का असली ब्रेकआउट आने पर, यह सीलिंग स्टॉक के मूल्य के लिए फ्लोर बन जाती है। असली ब्रेकआउट कभी भी अपने फ्लोर मूल्य से नीचे नहीं जायेगा और यह वास्तव में सफल ऊपरी रुझान की शुरुआत करता है।"

चार्टिस्ट भ्रमित हो जाते हैं और दैनिक चार्ट पर आकृतियों, पैटर्न, पूर्व-निर्धारित संरचनाओं पर बहुत अधिक ध्यान देकर शोर का शिकार हो जाते हैं। साप्ताहिक चार्ट की तुलना में दैनिक चार्ट ज़्यादा गलत संकेत देते हैं। इसके अलावा, मैं किसी पैटर्न को परिभाषित नहीं करना चाहता और दैनिक चार्ट पर संकेतों की तलाश का शिकार नहीं होना चाहता। ऊपर के रुझान से पहले और दृढ़ीकरण के चरण के दौरान मूल्य/मात्रा की गतिविधि तथाकथित पूर्व-

परिभाषित आकृतियों और पैटर्नों की तुलना में कहीं अधिक महत्वपूर्ण है, जिन पर अधिकांश चार्टिस्ट भरोसा करते हैं।

“मैं कप, तश्तरी, पेनेट और झंडों का इतना बड़ा प्रशंसक नहीं हूँ, जिन्हें बहुत से चार्टिस्ट उपयोग करते हैं। मैं तस्वीर को अपने तरीके से देखता हूँ। हर कोई एक ही तस्वीर को अलग-अलग तरीकों से देखता है। किसी चार्ट को परिभाषित करने के लिए पैटर्न और संरचनाओं का उपयोग करके, सबसे अनुभवी चार्टिस्ट भी किसी तस्वीर को पूर्वाग्रह के साथ देखेंगे। मैं पूर्वाग्रह से बचना चाहता हूँ। इसलिए, मैं चार्ट की व्याख्या के सरलतम रूपों पर भरोसा करता हूँ। जो साप्ताहिक चार्ट पर विशुद्ध रूप से मूल्य और मात्रा की गतिविधि है।”

मुझे यह बहुत ज़्यादा सरल लगा। मैंने बॉयड को यह बात बताई। उनका जवाब सरल था। उन्होंने कहा, “यही तो बात है। मैं ऐसा कुछ नहीं देखना चाहता जो वहाँ नहीं है। ऐसा करने के लिए मुझे चीज़ों को बिल्कुल सरल रखना पड़ता है। इससे यह सुनिश्चित होगा कि मैं बाज़ार द्वारा बिछाये गए कई सारे जालों का शिकार नहीं बनूंगा।”

<u>सारांश:</u>

साप्ताहिक चार्ट्स पर मूल्य और मात्रा की गतिविधि पर ध्यान दें। इस बात का ध्यान रखने की कोशिश करें कि कोई ऐसा कुछ न देखे जो वहाँ है ही नहीं। कोई इंसान जो देखना चाहता है उसे देखने के लिए उसके अंदर का पूर्वाग्रह उससे कहीं ज़्यादा प्रचलित है जितना कोई कभी जान पायेगा। अभ्यास के माध्यम से

चार्ट की व्याख्या सीखें। किसी स्टॉक को अपनी वृद्धि के चरण के दौरान मात्रा दिखानी चाहिए, जिससे साबित होता है कि इसकी ख़रीदारी में लोगों की काफी दिलचस्पी है। किसी स्टॉक को कम मात्रा पर दृढ़ीकरण या स्थिर चरण से गुज़रना चाहिए, ताकि इस बात की पुष्टि हो सके कि बेचने में कोई दिलचस्पी नहीं है। नई ऊंचाई पर ब्रेक आउट असामान्य मात्रा पर होना चाहिए।

अध्याय 10

ब्रेकअवे अच्छा दांव होते हैं

हालाँकि, बॉयड ख़ास पैटर्नों की तथाकथित परिभाषाओं की व्याख्या करने में ज़्यादा रूचि नहीं रखते थे और चाट्र्स की सामान्यताओं को दिखाने में ज़्यादा रूचि रखते थे, लेकिन उन्होंने यह ज़रूर बताया कि असली ब्रेकअवे पैटर्न ठोस दांव होते हैं। परिभाषा के अनुसार, ब्रेकअवे एक ऐसा स्टॉक होता है, जो अत्यधिक भारी मात्रा के साथ ब्रेकआउट होता है। एक ब्रेकअवे स्टॉक आज तक का सबसे नया उच्च बनाते हुए आम तौर पर अपने इतिहास में एक दिन की सबसे भारी मात्रा दिखाता है। ऐसी गतिविधि मात्रा में विस्फोट के कारण बढ़ जाती है, क्योंकि स्टॉक छलांग लगाकर नए उच्च मूल्य क्षेत्र में पहुंच जाता है। वो अंतराल एक ऐसा मूल्य क्षेत्र है, जो जबरदस्त ख़रीदारी की मांग के कारण स्टॉक द्वारा "छोड़ दिया गया" है। नीचे चित्र 10 में एक साधारण ब्रेकअवे दिखाया गया है।

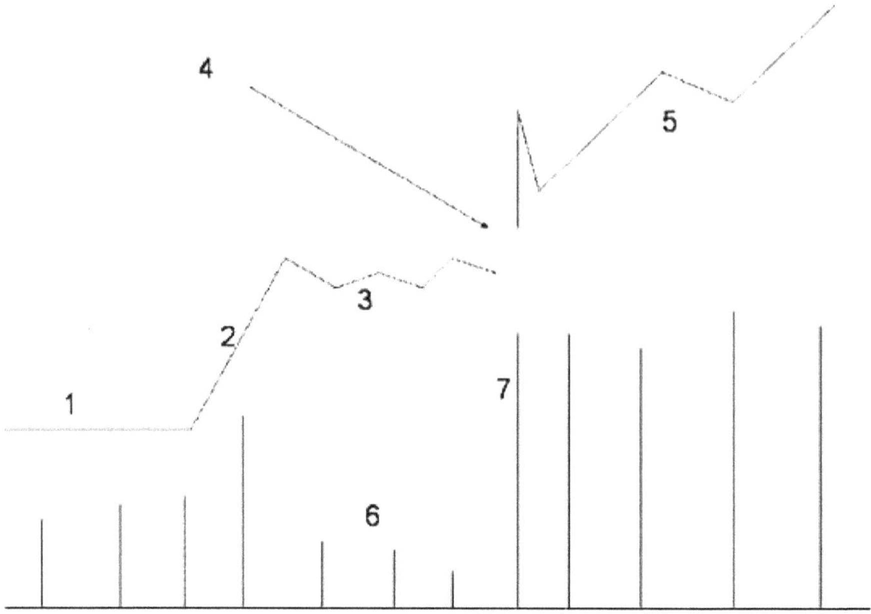

चित्र 10. असली ब्रेकअवे

1. लंबा अप्रत्यक्ष आधार चरण
2. नए उच्च मूल्य स्तर बनाने के लिए एक मजबूत ऊपरी रुझान शुरू हुआ
3. स्थिर और दृढ़ीकरण चरण
4. ब्रेकअवे अंतराल
5. स्थिर या दृढ़ीकरण चरण के बाद जारी ऊपर का रुझान फिर से शुरू हुआ
6. स्थिर चरण के दौरान निष्क्रिय मात्रा
7. स्टॉक के आज तक के इतिहास में सबसे ज़्यादा ट्रेड की मात्रा देखी गई

पिछले लंबे आधार पैटर्न और बाद के ऊपर के रुझान को आसानी से देखा और समझा जा सकता है क्योंकि पिछले सबकों में हम इन चीज़ों के बारे में बात कर चुके हैं। यह ब्रेक आउट बिंदु है, जो ब्रेकअवे में विशिष्ट रूप से अलग होता है। दिखाए गए उदाहरण में, कोई भी यह ध्यान देगा कि ब्रेकअवे के दिन ट्रेड किए गए शेयरों की मात्रा स्टॉक की अब तक की सबसे अधिक एक दिन की मात्रा है। मूल्य भी छलांग लगाकर ख़ुद उच्च मूल्य क्षेत्र में पहुंच जाता है। स्टॉक में गैप अप तब आता है, जब पिछले दिन के समापन मूल्य की तुलना में स्टॉक उच्च मूल्य पर खुलता है, जो आधार मूल्य सीमा के अंदर होता है। हालाँकि, ब्रेकअवे वाले दिन खुला मूल्य आधार क्षेत्र से काफी ऊपर होता है और आम तौर पर (लेकिन हमेशा नहीं), खुला मूल्य ब्रेकअवे के दिन के लिए कम मूल्य के करीब होता है। विस्तृत मात्रा ब्रेकअवे के साथ होती है क्योंकि स्टॉक आम तौर पर आसानी से अपनी औसत दैनिक मात्रा से छह से दस या ज़्यादा गुना ट्रेड करता है। इससे भी अधिक उल्लेखनीय स्टॉक के साप्ताहिक चार्ट पर दिखाया गया पुष्टिकरण है, क्योंकि ट्रेड की साप्ताहिक मात्रा भी स्टॉक के ट्रेडिंग इतिहास में सबसे ज़्यादा साप्ताहिक मात्रा होगी।

हालाँकि, सभी असली विजेता स्टॉक की तरह, ब्रेकअवे को प्रभावी ढंग से ट्रेड करना कुछ मुश्किल है। कभी-कभी, ब्रेकअवे, ब्रेकअवे वाले दिन के निचले स्तर से 10% तक मूल्यों का परीक्षण कर सकता है। जिसका अर्थ है कि असली ऊपर का रुझान शुरू होने से पहले कई बार मानक 10% स्टॉप-लॉस निकाला जा सकता है। इसलिए, ब्रेकअवे पर, बॉयड ख़रीदारी मूल्य के नीचे अधिकतम

15% स्टॉप-लॉस मूल्य की अनुमति देंगे। चूँकि, पहला प्रवेश डॉलर की राशियों में न्यूनतम होगा, इसलिए टेस्ट-ख़रीदारी को अतिरिक्त छूट की अनुमति सिर्फ इसलिए दी जाएगी क्योंकि वास्तव में बड़ी गतिविधि की संभावना वास्तविक ब्रेकअवे पर बहुत अधिक थी।

शेयर बाज़ार में बाकी सारी चीज़ों की तरह, तटस्थ बने रहने और प्रत्येक ब्रेकअवे पर इसकी ख़ुद की योग्यता के आधार पर विचार करने के लिए एक गंभीर सट्टेबाज़ की भी ज़रूरत होती है। किसी व्यक्ति के लिए ब्रेकअवे की परिभाषा को लेकर बहुत विशिष्ट रहना भी ज़रूरी होता है। हर अंतराल या मात्रा में हर विशाल विस्फोट ब्रेकअवे को नहीं दर्शाता है। ब्रेकअवे अलग होता है और इसकी एकमात्र परिभाषा चित्र 10 में दिखाई गई है। जैसा कि बॉयड कहा करते थे, यह सबसे ज़रूरी है कि आप कुछ भी ऐसा न देखें जो वहाँ है ही नहीं।

इसके अलावा, ब्रेकअवे एक दिन या एक हफ्ते में अपनी बड़ी गतिविधि नहीं करता है। किसी सच्ची गतिविधि को होने में महीनों लग जाते हैं। संभावित रूप से इतनी विस्फोटक गतिविधियों पर कितना मुनाफा कमाया जा सकता है यह इसपर निर्भर है कि कोई व्यक्ति इसे कितने प्रभावी तरीके से और सफलतापूर्वक ट्रेड करता है और कितनी सफलता के साथ इसपर पिरामिड बनाने में समर्थ हो सकता है।

<u>सारांश:</u>

यदि ब्रेकअवे बाज़ार का सच्चा रुझान शुरू होने से ठीक पहले या उसके तुरंत बाद आते हैं तो वो ठोस दांव होते हैं। यदि कोई ब्रेकअवे को प्रभावी ढंग से ट्रेड कर सकता है, तो किसी भी बाज़ार के चक्र के दौरान प्रमुख सूचकांकों को आसानी से मात देने के लिए बहुत कम अन्य ट्रेडों की आवश्यकता होगी। हालाँकि, ब्रेकअवे ठोस दांव हैं, लेकिन उन्हें सही तरीके से ट्रेड करना सीखना बहुत महत्वपूर्ण है। बाज़ार के चक्र के अंत में ब्रेकअवे आम तौर पर शीर्ष पर पहुंचने वाले किसी स्टॉक का संकेत देते हैं। ब्रेकअवे स्टॉक में बड़ी प्रतिबद्धताओं पर विचार करने से पहले, यह समझने के लिए सावधानी रखना ज़रूरी है कि बाज़ार चक्र कहाँ है।

अध्याय 11

सट्टेबाज़ी के नियम और मूलभूत बातें

बाज़ार में ऐसी सैकड़ों-हज़ारों सेवाएं हैं, जो बाज़ार को मात देने के लिए विशेष प्रोग्राम ऑफर करने का दावा करती हैं। वो "बैक-टेस्टिंग" के माध्यम से ऐसे दावे करने की बात करते हैं। बैक-टेस्टिंग भारी मुनाफा दिखाने के लिए एक हथकंडे के अलावा और कुछ नहीं है। बैक-टेस्टिंग का मतलब है, किसी स्टॉक या स्टॉक के समूह की गतिवधि को "फिट" करने के लिए ख़रीदारी-बिक्री के बिंदुओं और प्रोग्रामों को समायोजित करना, जिन्होंने पहले ही अपनी गतिविधियां पूरी कर ली हैं। आम आदमी को यह नहीं पता होता कि कोई व्यक्ति ऐसा कोई भी प्रोग्राम बना सकता है और ऐसे स्टॉक का सेट ढूंढ सकता है, जो गतिविधि के बाद प्रोग्राम में "फिट" हो जाएंगे। यह तय है कि ऐसा कोई भी प्रोग्राम गतिविधि से पहले ऐसा मूव ऑफर नहीं करता और न ही वो गतिविधि के दौरान कोई विजेता स्टॉक दिखाते हैं।

यदि कोई बस थोड़ा ध्यान दे तो उसे यह आसानी से समझ आ जायेगा कि अगर ऐसा सफल प्रोग्राम सचमुच होता तो प्रोग्राम बनाने वाला ख़ुद उसका इस्तेमाल करके बाज़ारों में ढेर सारा मुनाफा कमा रहा होता, न कि अपना प्रोग्राम लोगों को बेचने की कोशिश कर रहा होता। हालाँकि, जैसा कि बॉयड ने अपने शुरूआती सबकों में बताया था, जब तक हम ऐसे जादुई जवाब की तलाश में रहते हैं जो बाज़ार को हरा सके, हम निश्चित रूप से हमेशा हारते रहेंगे। जितनी जल्दी हमें यह सच्चाई समझ आ जाती है कि बाज़ार को मात देने में समय, मेहनत, अनुशासन, धीरज और कई सालों की सीख की ज़रूरत पड़ती है, उतनी जल्दी हम सबसे स्मार्ट चीज़ का सामना करने के लिए ख़ुद को तैयार करना शुरू कर सकते हैं - जो कि बाज़ार है।

सट्टेबाज़ी में सफल होने के लिए सीखे जाने वाले कई सारे सबकों के अलावा, सबसे महत्वपूर्ण सबकों में से एक धन प्रबंधन का सबक है। अच्छे बाज़ार में बढ़िया मुनाफा कमाने के लिए और ख़राब बाज़ार में मुसीबतों से बचे रहने के लिए धन प्रबंधन एक महत्वपूर्ण तकनीक है। साथ ही, यह सबक सबसे मुश्किल सबकों में से एक भी है। धन प्रबंधन के सिद्धांतों को सीखने में आने वाली सबसे बड़ी बाधाएं सामान्य दोषी हैं - लालच, डर, उम्मीद, अत्यधिक-आत्मविश्वास, घमंड, इच्छा, आत्मविश्वास में कमी और निराशा। इन बड़ी बाधाओं के बारे में अच्छी बात यह है कि ये सभी मानवीय विफलताएं हैं। हालाँकि, मानवीय विफलताओं पर काबू पाना बहुत बड़ी चुनौती है, लेकिन साथ ही नियमों के

एक समूह से इन विफलताओं पर काबू पाना संभव है। मानवीय गलतियों से बचने के लिए नियम हमेशा लागू होते हैं।

बाज़ार संचालक को सबसे पहले यह सच्चाई स्वीकार करनी होगी कि बाज़ार में केवल दो तत्व होते हैं। एक है "विजेता तत्व" और दूसरा है "मानवीय तत्व।" हममें से ज़्यादातर लोगों को यह बात समझ आती है कि बाज़ार में होने वाले ज़्यादातर नुकसान "मानवीय तत्व" की वजह से होते हैं। इसी प्रकार, बाज़ार में मिलने वाले ज़्यादातर मुनाफे "विजेता तत्व" की वजह से होते हैं। जब बॉयड सफल सट्टेबाज़ के कामकाज के बारे में समझा रहे थे, तब मैंने उन्हें "विजेता तत्व" और "मानवीय तत्व" के बारे में बताने के लिए कहा।

हमेशा की तरह, उनकी व्याख्या सरल थी। इसका आसान जवाब यह है कि "विजेता तत्व" सट्टेबाज़ के संचालन का वो हिस्सा है जो अच्छे बाज़ारों में बड़ी जीत दिलाता है, औसत बाज़ारों में मामूली जीत दिलाता है और बुरे बाज़ारों में मामूली जीत दिलाता है या कोई नुकसान नहीं होता है। "मानवीय तत्व" की सरल व्याख्या यह है कि यह नौसिखिए संचालक के कार्यों का वो हिस्सा है जो अच्छे बाज़ारों में मामूली लाभ, औसत बाज़ारों में बड़ा नुकसान और ख़राब बाज़ारों में पूरी तबाही का कारण बनता है।

बाज़ार आपको केवल पांच परिणाम दे सकता है - बड़ी जीत, मामूली जीत, ब्रेक-ईवन, मामूली नुकसान या बड़ा नुकसान। "विजेता तत्व" बड़ी जीत, मामूली जीत, ब्रेक-ईवन और मामूली नुकसान के लिए ज़िम्मेदार है। मामूली जीत और बड़े नुकसान के लिए "मानवीय तत्व" ज़िम्मेदार है। चूँकि बाज़ार में केवल दो

तत्व हैं, इसलिए "विजेता तत्वों" और "मानवीय तत्वों" दोनों के बारे में ज़्यादा से ज़्यादा सीखने पर ध्यान केंद्रित करना बहुत ज़रूरी हो जाता है। उसके बाद, हमें "विजेता तत्वों" के बारे में जो कुछ भी हम कर सकते हैं उसे स्वीकार करना और निष्पादित करना सीखना चाहिए। साथ ही, हमारे लिए "मानवीय तत्व" के बारे में सबकुछ सीखना और जितना हो सके उन सभी का निष्पादन करने से बचना ज़रूरी है।

आजकल के कंप्यूटर और सॉफ्टवेयर के समय में, एक बड़ा मिथक और बाज़ार के प्रतिभागियों का एक बड़ा गुमराह वर्ग है, जिसे लगता है कि किसी प्रोग्राम या सॉफ्टवेयर का प्रयोग करके "मानवीय तत्व" से बचा जा सकता है। सॉफ्टवेयर और प्रोग्राम हम जैसे भोले-भाले लोगों को बाज़ार को मात देने का जादुई जवाब बेचने के लिए वॉल स्ट्रीट मशीनरी का बस एक और जाल है। असल में, कोई जादुई जवाब नहीं है। सारे जवाब हम सबके अंदर छिपे हुए हैं। हमें अपने बारे में सब कुछ जानना चाहिए और मनुष्य के रूप में अपनी सभी कमजोरियों और शक्तियों के बारे में सीखना चाहिए। जब हम जान जाते हैं कि हम कौन हैं और हमारा व्यक्तित्व क्या है, तो हम नियमों के एक सेट को लागू कर सकते हैं और उनका पालन कर सकते हैं जो हमें बुरे समय में परेशानी से दूर रखेंगे और अच्छे समय में हमें मुनाफे में रखेंगे।

बॉयड ने आगे कहा कि जिन नियमों का वो पालन करते थे और अपने पाठकों से जिनकी वकालत करते थे, उन्होंने उनके लिए और उनके जैसे व्यक्तित्व वाले लोगों के लिए काम किया है। मैंने उन्हें अपने व्यक्तित्व के बारे में बताने के

लिए कहा। एक बार फिर से उन्होंने सरल और सीधे शब्दों में मुझे समझाया। उन्होंने कहा कि वो एक सट्टेबाज़ हैं और वो केवल तभी अपने पैसे लगाना पसंद करते हैं जब बड़ा मुनाफा पाने की अच्छी-ख़ासी संभावना होती है। सबसे पहले वो छोटी राशियां दांव पर लगाकर यह साबित करते थे कि बाज़ार के बारे में उनकी राय सही थी। अपनी छोटी टेस्ट ख़रीदारियों पर पैसे कमाना शुरू करने के बाद, वो सावधानीपूर्वक अपने पोज़ीशन में पैसे जोड़ना शुरू करते थे, और हमेशा बिक्री-स्टॉप लागू करके इस बात का ध्यान रखते थे कि उन्हें किसी भी विजेता स्टॉक पर पैसे न गंवाने पड़े। यदि टेस्ट ख़रीदारियां उनके स्टॉप-लॉस के मूल्यों को सक्रिय करके बार-बार घाटा दिखाती थीं तो वो तब तक बाज़ार से बाहर रहते थे, जब तक कि स्थितियों में सुधार नहीं दिखाई देता था। वो कभी भी बाज़ार को बहुत ज़्यादा वापस नहीं करना चाहते थे। और सबसे ज़रूरी बात यह कि उन्होंने अपने अलावा कभी किसी और पर भरोसा नहीं किया। वो हमेशा इस अनुमान के साथ शुरू करते थे कि बाज़ार ख़राब स्थिति में है। उसके बाद, उन्हें गलत साबित करना और यह भरोसा दिलाना बाज़ार के ऊपर था कि अच्छा बाज़ार आ चुका है, तब जाकर वो अपनी पोज़ीशन पर बड़े पैसे लगा सकते थे।

उसके बाद, बॉयड ने सट्टेबाज़ी के नियमों के बारे में बताना शुरू किया। इससे पहले कि मैं जान पाता उन्होंने अपने पहले नियम "नुकसान न करें" के बारे में बताना शुरू कर दिया था। हालाँकि, वो इसके बारे में पहले ही बता चुके थे, लेकिन अब वो अपने नियमों पर बारी-बारी से चर्चा करने वाले थे।

सट्टेबाज़ी का पहला नियम - सबसे पहले, कोई नुकसान न करें

हालाँकि, यह कहना बहुत आसान है कि "सबसे पहले, कोई नुकसान न करें," लेकिन इस नियम को लागू और निष्पादित करना ज़्यादातर नौसिखियों के लिए मुश्किल होता है। यह नियम अनुभवी संचालकों की प्रकृति में शामिल हो जाता है और वो बिना सोचे-समझे इसका पालन करते हैं। हमने पहले के अध्यायों में जाना कि पहली बार बाज़ार में आने वाले प्रतिभागी या बाज़ार के कोई भी प्रतिभागी अपने मन में यह लेकर आता है कि उसे बाज़ार से ढेर सारे पैसे कमाने हैं। उनका यह संदेश वहाँ मौजूद सारे गिद्धों तक पहुँच जाता है कि बाज़ार में पूंजी का एक नया स्रोत आ गया है। वो गिद्ध उसके चारों ओर मंडराना शुरू कर देते हैं, ताकि उसके मांस का टुकड़ा नोचकर खा सकें। जैसे ही उन्हें पता चलता है कि मांस का नया टुकड़ा आया है, वो तेज़ी से नीचे आते हैं और तुरंत उसपर झपट पड़ते हैं।

जैसे ही कोई प्रतिभागी अपना खाता खोलता है, उसे तुरंत हर तरह की जानकारियां मिलनी शुरू हो जाती हैं - अच्छी, बुरी और तटस्थ। यह जानकारी बहुत विशाल होती है। ढेर सारा शोरगुल और भटकाव होता है। सूक्ष्म से लेकर अत्यधिक दबाव तक विभिन्न रूपों में ट्रेडिंग पूंजी खर्च करने के फैसले किये जाते हैं, आगे बढ़ाये जाते हैं, प्रचारित किये जाते हैं, प्रोत्साहित किये जाते हैं और यहाँ तक कि उनके लिए जबरदस्ती की जाती है। जानकारी की इस तरह की बमबारी के साथ, प्रतिभागी के पास गिद्धों के हमले से बचने का बहुत कम मौका होता है।

बॉयड ने कहा कि ज़्यादातर नए प्रतिभागियों के लिए पहली परीक्षा ख़ुद को नियंत्रित करना और यह देखना है कि क्या वो कम से कम तीन महीने तक कुछ भी ख़रीदे बिना रह सकते हैं। यदि वो अपनी ट्रेडिंग पूंजी का एक रूपया भी खर्च किये बिना तीन महीने बिता सकते हैं तो वो शायद बाज़ार को मात दे सकते हैं।

सफल सट्टेबाज़ी आसान नहीं है और इसके लिए ख़ास मानसिकता की ज़रूरत होती है। आम लोगों में ऐसी मानसिकता नहीं होती है। इसलिए यह तय है कि बाज़ार में आने वाले 80% से ज़्यादा लोग लंबी अवधि में नुकसान सहते हैं, क्योंकि गिद्धों में कोई दया नहीं होती। वो तब तक आपके ट्रेडिंग खाते को नोचते रहेंगे जब तक आपके पास कुछ बाकी नहीं रहता। जब हर पांच में से केवल एक ऐसा होता है जो किसी भी 10 साल के चक्र के अंत में आगे आ सकता है तो गिद्धों को अपने शिकार को आने वाले विनाश के बारे में सचेत करने में कोई दिलचस्पी नहीं होती है। बेरहमों की दुनिया में, जो गिद्ध अपने शिकार को सावधान करने की कोशिश करता है वो भूखा मरता है।

शेयर बाज़ार के लंबे इतिहास में, लगभग सबने कभी न कभी किसी स्टॉक पर कुछ पैसे कमाए होंगे। यह परीक्षा नहीं, बल्कि स्मृति है। यह एक सच्चाई है कि ज़्यादातर लोग बाज़ार को उससे कहीं ज़्यादा वापस लौटा देते हैं जितना बाज़ार से कमा पाते हैं। लेकिन, वो स्मृति नहीं है क्योंकि ज़्यादातर लोग अपने नुकसानों को भूला देते हैं। ज़्यादातर लोग उस एक दुर्लभ जीत को याद रखेंगे और वैसी ही जीत दोबारा पाने की कोशिश में कई बार नुकसान सहेंगे जिससे साबित होता है कि ऐसी जीत पाना सचमुच दुर्लभ है। यह लालच देने के लिए

बाज़ार द्वारा बुना गया खूबसूरत जाल होता है, जिसे फैलाकर यह ज़्यादातर खातों को बर्बाद कर देता है।

कोई भी आपको कभी न ख़रीदने की सलाह नहीं देता है। यह मूर्खतापूर्ण है क्योंकि व्यक्ति ने पहले ही किसी भी स्थिति में अपने ख़रीदने के इरादों को ज़ाहिर कर दिया है। उसने पहले ही ट्रेडिंग खाता खोल लिया है और "अच्छी ख़रीदारी क्या है?" के बारे में कुछ जानकारी की तलाश कर ली है। यह उन गिद्धों के लिए एक बड़ा चमचमाता हुआ संकेत है, जो कहता है कि, "मैं यहाँ हूँ। आओ और मुझे ले लो। जो मुझे पहले लेता है मैं उसे सबसे ज़्यादा काटूंगा।" जब इंसान के मन में यह आ जाता है कि उसे ख़रीदना ही है तो बाज़ार में आने वाले के लिए सही-सलामत बचकर निकलना लगभग नामुमकिन होता है, जब तक कि बहुत ज़्यादा तेज़ी का बाज़ार न हो। बड़े तेज़ी के बाज़ार में सबसे बेकार शेयरों के भाव भी बढ़ जाते हैं। इसलिए ऐसे बाज़ार में गंवाना मुश्किल होता है। परिभाषा के अनुसार, अत्यधिक तेज़ी का बाज़ार ऐसा बाज़ार होता है जो बुलबुले जैसा होता है और उसमें सभी शेयरों के मूल्य ऊपर जाते हुए प्रतीत होते हैं।

सट्टेबाज़ी का दूसरा नियम - ख़रीदने से पहले अपनी चेक लिस्ट पर निशान लगाएं

बॉयड उन मूलभूत चीज़ों पर वापस आ गए जिसे उन्होंने पिछले अध्यायों में कवर किया था। और उन्होंने एक छोटी सी चेक-लिस्ट तैयार की जिसपर वो इस बात की पुष्टि करने के लिए निशान लगाते थे कि टेस्ट ख़रीदारियां करने के

लिए बाज़ार की स्थिति सही है। उन्होंने अपनी चेक-लिस्ट को इस प्रकार से सूचीबद्ध किया था:

- क्या सामान्य बाज़ार में ऊपर का रुझान है?

  यह पुष्टि करने के लिए कि बाज़ार सचमुच ऊपर के रुझान पर है, बॉयड साप्ताहिक चार्ट्स का प्रयोग करते थे, ताकि यह पता चल सके कि डो, S&P 500, नैस्डेक और ट्रांसपोर्ट्स में "उच्चतर उच्च और उच्चतर निम्न" को लेकर किसी तरह का संघर्ष नहीं है। यदि बाज़ार वास्तव में तेज़ी पर होता था या ऊपर का रुझान शुरू होने वाला होता था तो वो अपनी सूची में इस बिंदु पर निशान लगा देते थे।

- क्या मुझे कोई 20/4 प्रकार की स्टॉक गतिविधि दिखाई दे रही है?

  जैसा कि पिछले अध्यायों में बताया गया है, बॉयड की परिभाषा के अनुसार 20/4 प्रकार की गतिविधि एक ऐसा स्टॉक है जो कुछ हफ्तों के दृढ़ीकरण के बाद मात्रा पर नए उच्च मूल्यों पर पहुंच जाती है और उसके बाद 4 हफ्तों के अंदर अपने ब्रेकआउट मूल्य से कम से कम 20% की गतिविधि करती है। उन्होंने एक अतिरिक्त आवश्यकता जोड़ी थी कि सभी 20/4 प्रकार की गतिविधियों को कभी भी दृढ़ीकरण चरण के अंतिम उच्च के रूप में निर्धारित ख़रीदारी मूल्य के नीचे नहीं आना चाहिए।

- क्या मुझे मूल्य और मात्रा की गतिविधि दिखाई देती है जो मेरे द्वारा देखी गई हर चीज़ की पुष्टि करती है?

ऊपर के रुझान के संकेतों को दिखाने वाले सूचकांकों के अलावा, उनकी मात्रा की गतिविधि को भी यह पुष्टि करनी चाहिए कि ख़रीदारी बढ़ी हुई मात्रा के साथ आ रही है। इसी तरह की पुष्टि प्रमुख 20/4 प्रकार के शेयरों पर भी उपलब्ध होनी चाहिए।

सट्टेबाज़ी का तीसरा नियम - यदि मैं टेस्ट ख़रीदारियों पर पैसे नहीं कमा सकता तो मैं बड़ी धनराशियों पर भी पैसे नहीं कमा पाऊंगा

मुझे शुरुआत में ही यह पता चल गया था कि ट्रेडिंग पूंजी की राशि आपकी सफलता निर्धारित नहीं करती है। यदि मैं अपनी ट्रेडिंग पूंजी के छोटे से प्रतिशत पर पैसे नहीं कमा सकता तो मैं अपनी पूंजी के बड़े प्रतिशत पर भी पैसे नहीं कमा सकता। दूसरे शब्दों में, यदि मैं बाज़ार और स्टॉक के रुझान के बारे में सही नहीं हूँ तो फिर मैं चाहे किसी स्टॉक में $10,000 लगाऊं या $1 मिलियन मुझे नुकसान ही उठाना होगा।

एक स्मार्ट सट्टेबाज़ सबसे पहले बाज़ार की घटनाओं पर नज़र डालता है। यदि बाज़ार मात्रा में पुष्टि के साथ उच्चतर उच्च और उच्चतर निम्न पर जाता हुआ प्रतीत होता है तो वो अतिरिक्त संकेत पाने के लिए प्रमुख व्यक्तिगत शेयरों की तलाश करता है। यदि प्रमुख स्टॉक बाज़ार की गतिविधि की पुष्टि करते हैं तो फिर वो बाज़ार और स्टॉक को परखकर इस बात की पुष्टि करता है कि क्या सचमुच वही हो रहा है जो उसे दिखाई दे रहा है। यह टेस्ट ख़रीदारी आम तौर पर उसकी सम्पूर्ण ट्रेडिंग पूंजी की बहुत छोटी सी राशि होती है। बॉयड टेस्ट

ख़रीदारी के लिए अपनी ट्रेडिंग पूंजी का लगभग 5-10 प्रतिशत प्रयोग करते थे। टेस्ट ख़रीदारी "इच्छा को विचार का जनक बनने की अनुमति नहीं दी जानी चाहिए" की बाधा को दूर करने का एक तरीका है। केवल किसी बुल मार्केट की चाहत में, व्यक्ति को ऐसा बुल मार्केट नहीं देखना चाहिए जो है ही नहीं। टेस्ट ख़रीदारियां बाज़ार के रुझान की पुष्टि या खंडन करेगी। यदि टेस्ट ख़रीदारियों से पैसे कमाए जा सकते हैं, तभी व्यक्ति बाज़ार में धीरे-धीरे बड़ी धनराशियां लगाना शुरू कर सकता है।

सट्टेबाज़ी का चौथा नियम - अपने आपसे खाते को बचाने के लिए हमेशा स्टॉप-लॉस का प्रयोग करें

स्टॉप-लॉस एक पूर्व-निर्धारित अधिकतम हानि की राशि है, जिसे कोई व्यक्ति किसी ट्रेड पर स्वीकार करने का इच्छुक होता है। यह इतना आसान होता है कि ज़्यादातर अनुभवी सट्टेबाज़ इसे समझ और लागू कर सकते हैं। बॉयड 10% स्टॉप-लॉस का प्रयोग करते थे और बाकी लोग अलग-अलग राशि प्रयोग करते हैं। पूर्व-निर्धारित स्टॉप-लॉस का विचार लिवरमोर के अनुसार "स्टॉक का अनैच्छिक धारक" बनने से बचने के लिए है। यदि कोई स्टॉक $50 प्रति शेयर पर ख़रीदा गया था और कुछ दिनों और हफ्तों के बाद यह गिरकर $45 प्रति शेयर पर आ गया, तो स्टॉक की कीमत $45 है। यदि कोई स्टॉक को यह सोचकर रखता है कि "यह वापस आएगा" तो वो व्यक्ति स्टॉक को अनैच्छिक रूप से अपने पास रखता है। वास्तव में, ट्रेडर इस गिरते हुए स्टॉक को नहीं रखना चाहता लेकिन फिर भी उसे इस उम्मीद से यह स्टॉक अपने पास रखना पड़ता

है कि यह अपने ब्रेक-ईवन मूल्य पर वापस आएगा। अगर स्टॉक ने नीचे गिरना बंद नहीं किया और $40 पर पहुंच गया तो क्या होगा? और अगर कुछ दिन बाद यह $35 पर पहुंच जाता है तो? फिर क्या? एक बार फिर, साधारण प्रतिभागी न चाहते हुए भी इस स्टॉक को अपने पास रखने पर मजबूर होगा, इस उम्मीद पर कि शायद यह अपने पुराने मूल्य पर वापस आएगा। बाज़ार में होने वाले सभी बड़े नुकसान धीरे-धीरे और मामूली रूप में ही शुरू होते हैं। जब तक ये छोटे नुकसान बड़े नुकसान में बदलते हैं, तब तक आम तौर पर नुकसान को ठीक करने में बहुत देर हो चुकी होती है।

स्टॉप-लॉस एक ऐसी गतिविधि है जो सट्टेबाज़ को बताती है कि वो गलत था। यदि वह बाज़ार की दिशा और/या स्टॉक की दिशा के बारे में गलत है तो इसे जानने का एकमात्र तरीका यही है कि स्टॉक या बाज़ार उसके ख़िलाफ़ जाना शुरू कर देता है। यदि स्टॉप-लॉस का मूल्य सक्रिय हो जाता है और सट्टेबाज़ बाज़ार से बाहर आ जाता है तो बाज़ार उसे संकेत देता है कि बाज़ार के बारे में उसका दृष्टिकोण गलत हो सकता है। स्टॉप-लॉस लागू न होने पर, ख़ुद को उस वक़्त बेचने से रोकना आसान होता है जब आपको अपने शेयर बेच देने चाहिए। हमें अपने आपको ख़ुद से बचाने की ज़रूरत होती है क्योंकि बाज़ार से मात खाने का मुख्य कारण हम होंगे। यह उस “मानवीय तत्व” के विरुद्ध एक बीमा नीति है, जिसके बारे में हमने पहले बात की थी।

स्टॉक ख़रीदने का एकमात्र कारण इसकी बढ़ती कीमतों पर पैसा बनाना है। यदि स्टॉक की कीमत में वृद्धि नहीं होती है, तो स्टॉक को ख़रीदने की कोई

आवश्यकता नहीं है। यदि स्टॉक कीमत में बढ़ता है, तो किसी अन्य संकेत की आवश्यकता नहीं है क्योंकि स्टॉक अपनी बढ़ती कीमतों के माध्यम से हमें साबित कर रहा है कि हम सही हैं। यदि हम छोटी टेस्ट ख़रीदारी पर सही हैं, तो हम बड़ी मात्रा में ख़रीदारियों पर सही होने की संभावना रखते हैं। इस प्रकार, जब टेस्ट ख़रीदारियों से मुनाफा बनता है तो हम ज़्यादा विश्वास के साथ बाज़ार में ज़्यादा बड़ी मात्रा में पैसे लगाने के लिए तैयार होते हैं।

सट्टेबाज़ी का पांचवां नियम - रुझान आपका दोस्त है और अपने स्टॉप को रुझान की गतिविधि के अनुसार आगे बढ़ाएं

बॉयड जिन बिंदुओं के बारे में बता रहे थे वो दोहराये हुए लग रहे थे, लेकिन मुझे इतना समझ आ रहा था कि ऊपर से जो चीज़ दोहराई हुई लग रही थी वो असल में सफल सट्टेबाज़ी के बिंदुओं और सिद्धांतों को ज़्यादा स्पष्ट बना रही थी। परिभाषा के अनुसार, ऊपर का रुझान मूल्य गतिविधियों की श्रृंखला को दर्शाता है जहाँ उच्चतर उच्च और उच्चतर निम्न मूल्य निर्धारित किये जाते हैं।

सफल सट्टेबाज़ी का मूलभूत सिद्धांत कहता है कि आपको कभी भी किसी बढ़ते हुए स्टॉक को नहीं बेचना चाहिए और कभी भी ऐसा स्टॉक नहीं ख़रीदना चाहिए जिसका मूल्य नहीं बढ़ रहा है। इस सिद्धांत में एक और चीज़ यह है कि आपको ऐसे स्टॉक को बेच देना चाहिए जिसकी कीमत नहीं बढ़ रही है। लेकिन किसी बढ़ते हुए स्टॉक को तब तक रखना जब तक इसकी ऊपर की गतिविधि चल रही है और साथ ही ऐसे स्टॉक को बेचना जिसने अब बढ़ना बंद कर दिया

है, उसके लिए आवश्यक संतुलन की गतिविधि बेहद मुश्किल है। किसी गतिविधि का निचला या ऊपरी हिस्सा पाने की कोशिश में ढेर सारे पैसे गंवाए गए हैं और कई लोग कंगाल हुए हैं। ऊपरी और निचले सिरे को पकड़ना लगभग असंभव है। यदि कोई किसी गतिविधि का ऊपरी या निचला सिरा पकड़ने में कामयाब होता है तो यह केवल संयोग या भाग्य के कारण होता है या दोनों का संयोजन होता है।

अपने समय के जाने-माने सट्टेबाज़ बारूक कहा करते थे कि केवल झूठे ही किसी गतिविधि के ऊपरी या निचले सिरे को लगातार पकड़ पाते हैं। एक असली सट्टेबाज़ को ज़्यादा से ज़्यादा लंबे समय तक किसी बढ़ते हुए स्टॉक को रखने का काम पूरा करना पड़ता है और साथ ही उसे स्टॉक के पलटना और नीचे की ओर बढ़ना शुरू करने से पहले उसे बेचना पड़ता है। इसके अलावा, बाज़ार में बड़ा पैसा बनाने में समय लगता है। जैसा कि हम सभी जानते हैं समय सापेक्ष है। संयुक्त राज्य अमेरिका में एक घंटा एक लंबा समय है। तिब्बत में कुछ वर्षों को छोटा समय माना जाता है। हालाँकि, यह बार-बार देखा गया है कि बढ़ते स्टॉक में सबसे अच्छी और सबसे तेज़ गतिविधियां 4-8 महीने की अवधि के बीच होती है। 8-महीने के बाद, आम तौर पर, एक बड़ी प्रतिक्रिया पिछले ऊपरी रुझान के दौरान बनाये गए बड़े मुनाफे के अच्छे-ख़ासे भाग को ले लेती है।

इन विपरीत लक्ष्यों को कैसे पूरा किया जाए? पहला, स्टॉक को ज़्यादा से ज़्यादा देर तक और छोटी या मध्यम प्रतिक्रियाओं के दौरान अपने पास रखकर।

दूसरा, किसी महत्वपूर्ण गतिविधि के शीर्ष के करीब पहुंचकर और मूल्य में बड़ी गिरावट शुरू होने से पहले बेचकर।

बॉयड ने कहा की चीज़ों को सरल रखना बहुत मुश्किल है। उनका नियम यह था कि वे अपने बिक्री-स्टॉप को नए उच्च से पहले बढ़ते स्टॉक के आख़िरी निचले स्तर से थोड़ा नीचे ले जाते रहते थे। उनका मानना था कि साप्ताहिक मूल्य गतिविधियां दैनिक मूल्य इतिहास की तुलना में अधिक विश्वसनीय थी। एक उदाहरण के रूप में, उन्होंने अपने स्केच का उल्लेख किया जिसे चित्र 11 में दिखाया गया है।

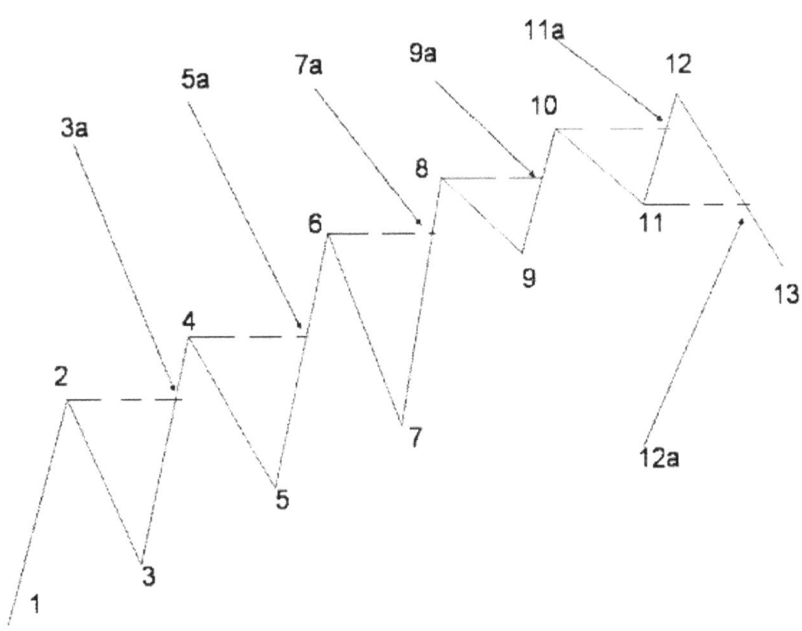

<u>चित्र 11. रुझान की गतिविधि के साथ स्टॉप आगे बढ़ाना</u>

बॉयड ने कहा कि, “मान लीजिये आपके पास कोई स्टॉक है जिसका मूल्य बढ़ रहा है। मैंने ऐसे स्टॉक का चित्र बनाया है। मान लीजिये जैसे ही वो स्टॉक बिंदु 3a से आगे बढ़ा और नया उच्च मूल्य बनाया आपने स्टॉक ख़रीद लिया। 3a पर स्टॉक ख़रीदते ही, आपने 3a के मूल्य से 10% नीचे बिक्री-स्टॉप लागू कर दिया। मान लीजिये जब तक स्टॉक उच्चतर उच्च और उच्चतर निम्न तक नहीं पहुंचता, बिक्री स्टॉप का मूल्य सक्रिय नहीं होता है। यानी, स्टॉक को पहले बिंदु 4 पर उच्च मूल्य तक पहुंचना होगा। उसके बाद, इस ऊपर की गतिविधि के लिए प्रतिक्रिया आनी चाहिए, जो बिंदु 5 पर मूल्य में दिखाई देता है। इस बात का ध्यान रखें कि बिंदु 5 पर मूल्य बिंदु 3 पर मूल्य से ज़्यादा है - जो स्टॉक का पिछला निम्न था। उसके बाद स्टॉक को नए उच्चतर उच्च पर पहुंचना होगा, जैसे यह बिंदु 6 के मूल्य पर करता है। ध्यान दें कि बिंदु 6 पर मूल्य बिंदु 4 पर पिछले उच्च मूल्य से ज़्यादा है। बिंदु 5 से बिंदु 7 पर स्टॉक के मूल्य की गतिविधि के दौरान, यह 5a पर मूल्य से होकर गुज़रता है, जो मूल रूप से वही मूल्य है जिसे बिंदु 4 पर उच्च मूल्य के रूप में निर्धारित किया गया है। जैसे ही स्टॉक इस बिंदु 5a से ऊपर जाता है, स्टॉक के ऊपर के रुझान की दोबारा पुष्टि हो जाती है। इसी समय बिक्री-स्टॉप को पूर्व बिक्री-स्टॉप से बिंदु 5 पर मूल्य से थोड़ा नीचे ले जाया जाता है।”

“बिक्री- स्टॉप बिंदु 5 पर मूल्य से थोड़ा नीचे रहता है जब तक कि उच्चतर उच्च और उच्चतर निम्न के एक और राउंड की पुष्टि नहीं हो जाती है। यानी स्टॉक

को पहले उस उच्च तक पहुंचना होगा, जैसा कि बिंदु 6 पर मूल्य से दर्शाया गया है। उसके बाद, स्टॉक को बिंदु 6 पर नए उच्च मूल्य के लिए प्रतिक्रिया देनी होगी। इस प्रतिक्रिया को बिंदु 7 पर कम मूल्य से दर्शाया गया है। उसके बाद नई ऊपरी गतिविधि शुरू होती है। बिंदु 7 से बिंदु 8 पर मूल्य की नई ऊपरी गतिविधि के दौरान, स्टॉक को बिंदु 6 पर निर्धारित उच्च मूल्य को पार करना होगा या उससे गुज़रना होगा। मैंने इस मूल्य को बिंदु 7a पर मूल्य से दर्शाया है। जैसे ही स्टॉक 7a पर इस मूल्य से आगे बढ़ता है, मैं फिर से अपने बिक्री स्टॉप को बिंदु 5 पर मूल्य के थोड़ा नीचे से बिंदु 7 पर मूल्य से थोड़ा नीचे ले आता हूँ। बिंदु 7 पर मूल्य से थोड़ा नीचे रखे गए बिक्री स्टॉप को तब तक नहीं हटाया जाता, जब तक कि उच्चतर उच्च और उच्चतर निम्न का एक और पूरा राउंड नहीं दिखाई देता है।"

"कागज़ पर यह काफी सरल और साधारण लगता है। ज़्यादातर नौसिखियों के सामने सबसे बड़ी बाधा यह आती है कि वे अपने खाते के मूल्यों और अपने स्टॉक के मूल्यों पर दिन-प्रतिदिन ध्यान देते हैं। जब वे देखते हैं कि स्टॉक उच्च स्तर पर आ गया है, उदाहरण के लिए, बिंदु 6 पर और फिर वे देखते हैं कि यह बिंदु 7 पर प्रतिक्रिया करता है, तो वे घबराने लगते हैं। उन्हें लगता है कि वे अपना मुनाफा 'खो' रहे हैं और मूल्य गिरने के पहले संकेत पर ही स्टॉक बेचना शुरू कर देते हैं।"

"रुझान की गतिविधि के साथ-साथ बिक्री-स्टॉप का पालन करने के अनुशासन को विकसित होने में समय लगता है। ज़्यादातर लोगों के अंदर यह अनुशासन बड़ी जीत का मौका "गंवाने" के बाद आता है। रुझान में कइयों बार

किसी सच्चे विजेता को छोड़ने के बाद, ज़्यादातर लोगों को रुझान के साथ-साथ ट्रेड करने की आदत पड़ती है। दुःख की बात यह है कि कई दूसरे लोगों को अनुशासन की सादगी की समझ कभी नहीं आती है। जैसा कि मैंने कहा, समय सापेक्ष है। मेरे जैसे लोगों के लिए, शेयर बाज़ार में चार से आठ महीने लंबा समय नहीं है, जिन्होंने दशकों से बाज़ार के उपहारों और खतरों को देखा और अनुभव किया है। लेकिन नौसिखियों और कई अनुशासनहीन पेशेवरों (जो लंबे समय तक पेशेवर नहीं रहेंगे) के लिए, 4-8 सप्ताह भी अनंत काल की तरह लगते हैं।"

और उन्होंने आगे कहा, "जैसे-जैसे स्टॉक ये उच्चतर उच्च और उच्चतर निम्न बनाना जारी रखता है, रुझान की गतिविधि में स्टॉप की जगह भी बदलती रहती है। एक बिंदु पर ऊपर का मूल्य दबाव ख़त्म हो जायेगा। और फिर मूल्यों को नीचे धकेलने का दबाव शुरू होता है। कभी-कभी यह बदलाव सूक्ष्म रूप से आता है और कभी पूरी स्पष्टता के साथ आता है। लेकिन अपने नियमों को लागू करने वाला सट्टेबाज़ अपने स्टॉप को ऊपर की ओर बढ़ाता रहेगा। पहले स्टॉप बिंदु 9 पर मूल्य से थोड़ा नीचे जाता है। फिर बिंदु 11 पर मूल्य से थोड़ा नीचे जाता है। जैसे ही स्टॉक मध्यम या लंबी अवधि के लिए सबसे ऊपर होता है और नीचे की ओर बढ़ना शुरू होता है, यह स्टॉप सक्रिय हो जाएगा और स्टॉक बिक जायेगा। इस तरह, सट्टेबाज़ स्टॉक के साथ बिंदु 3a से बिंदु 11 पर मूल्य तक आने में समर्थ था। यह एक महत्वपूर्ण गतिविधि है और किसी होशियार सट्टेबाज़ का असली लक्ष्य है - किसी रुझान वाली गतिविधि के सबसे महत्वपूर्ण हिस्से को पकड़ना और उसके साथ आगे बढ़ना।"

सारांश:

सफल सट्टेबाज़ी के नियमों का पालन करें। सबसे पहले, कोई नुकसान न करें। कुछ भी ख़रीदने से पहले, ख़रीदने के लिए चेकलिस्ट पर निशान लगाएं और इस बात की पुष्टि करें कि ख़रीदारी के लिए स्थितियां उपयुक्त हैं। यदि छोटी टेस्ट ख़रीदारियों पर पैसे नहीं बनाये जा सकते हैं तो बड़ी धनराशियों पर भी पैसे नहीं बनाये जा सकेंगे। रुझान का पालन करें। एक पूर्व-निर्धारित जोखिम लेकर चलें, जो आप प्रत्येक पोज़ीशन पर लेने के लिए तैयार हैं। जैसे ही स्टॉक आपके जोखिम स्तर के पास पहुंचता है, उस पोज़ीशन को बेचने के लिए अपने जोखिम स्तर पर बिक्री स्टॉप लगाना न भूलें। अपने स्टॉप को रुझान वाली गतिविधि के साथ ऊपर ले जाते रहें।

अध्याय 12

सट्टेबाज़ी के अतिरिक्त नियम और मूलभूत बातें

सट्टेबाज़ी करते समय लगभग कोई भी उचित धन प्रबंधन की बात नहीं करता है। यदि कोई ब्रोकर के कार्यालय में जाता है और स्टॉक ट्रेडिंग के लिए खाता खोलता है, तो यह तय है कि दस में से दस बार, ब्रोकर तुरंत कुछ ख़रीदने की सिफारिश करेगा। ख़रीदने की सिफारिश करने के अलावा, दस में से नौ बार ब्रोकर ट्रेडिंग खाते में उपलब्ध सारी पूंजी खर्च करने की सिफारिश करेगा।

जब कोई नौसिखिया या अनुशासनहीन पेशेवर (जो शेयर बाज़ार में खेलने के लिए दूसरों के पैसे का उपयोग करता है) बाज़ार में ट्रेड करना शुरू करता है, तब भी यही परिदृश्य सामने आता है। खाता खोलने के लगभग तुरंत बाद ख़रीदारी की जाती है। ज़्यादातर मामलों में, खाता खोलने के पहले 48 घंटों के भीतर स्टॉक की ख़रीदारी में सारी उपलब्ध पूंजी समाप्त हो जाती है।

वहीं दूसरी ओर, क्लासिक सट्टेबाज़ कभी भी अपने पूरे पत्ते नहीं दिखाता है। वह कभी भी ऐसी जगह प्रतिबद्धताएं नहीं करता जहाँ उसे शुरुआत में ही अपनी सारी पूंजी लगानी पड़ जाए। चालाक सट्टेबाज़ हमेशा इस बात का ध्यान रखता है कि बाज़ार में कोई भी अतिरिक्त या बड़ी प्रतिबद्धताएं करने से पहले वो सही साबित हो जाए।

यहाँ तक कि सफल संचालकों द्वारा प्रयोग की जाने वाली शब्दावली भी बाकी सट्टेबाज़ों से अलग और अनोखी है। केवल एक सट्टेबाज़ ही ख़ुद को सट्टेबाज़ कहेगा। एक सच्चा सट्टेबाज़ कभी ख़ुद को ट्रेडर, जुआरी, निवेशक या लंबी अवधि का निवेशक नहीं कहेगा। इसी तरह, एक जुआरी कभी ख़ुद को जुआरी नहीं कहेगा। सट्टेबाज़ और जुआरी स्पेक्ट्रम के दोनों तरफ खड़े हैं। पूरे जीवनकाल में, सट्टेबाज़ बाज़ार से आगे रहता है क्योंकि वो बाज़ार से उससे कहीं ज़्यादा निकाल लेता है जितना उसे बाज़ार को देना पड़ता है। वहीं दूसरी तरफ जुआरी बाज़ार को अपना सबकुछ दे देता है और कभी भी कुछ बाहर नहीं निकाल पाता। ट्रेडर बाज़ार से लेता भी है और देता भी है, लेकिन अभी भी बहुत ज़्यादा नहीं ले पाता है। निवेशक देता भी है और लेता भी है और आम तौर पर बाज़ार को बड़ी रकम देता है।

जैसा कि बॉयड ने बताया था, एक सट्टेबाज़ केवल वहीं अपनी प्रतिबद्धताएं करता है जहाँ उसके लिए जीतने की संभावना अच्छी होती है। जुआरी जीत की संभावना के बारे में सोचे बिना अपने पत्ते खेलता है। ट्रेडर यहाँ-वहाँ थोड़े बहुत अंक इकट्ठा करने की कोशिश करता है। निवेशक बुल और बेयर रुझानों के लंबे

चक्रों में बैठा रहता है और बेयर रुझानों में उससे ज़्यादा गँवा देता है जितना उसने बुल रुझानों में कमाया होता है।

एक सच्चा सट्टेबाज़ जिस शब्दावली का प्रयोग करता है, उनमें से सबसे प्रमुख शब्द है, "प्रतिबद्धता।" यह शब्द किसी योग्य चीज़ को "पकड़ने" या "अपने पास रखने" के दृष्टिकोण ऑफर करता है। यह "अच्छे और बुरे दिनों में बैठे रहने" का दृष्टिकोण भी ऑफर करता है। एक सट्टेबाज़ के लिए प्रतिबद्धता सफलता की कुंजी है। नियमों के प्रति प्रतिबद्धता। बाज़ार के संचालन की प्रणाली के लिए प्रतिबद्धता। अनुशासन के लिए प्रतिबद्धता। अगर स्थितियां बाहर बैठने के लिए कहती हैं तो बाहर बैठने की प्रतिबद्धता। जब तक स्थितियां कहती हैं तब तक किसी पोज़ीशन पर बने रहने की प्रतिबद्धता। और इत्यादि। जब तक नियम, स्टॉक या बाज़ार कुछ पुष्टि करने वाले तरीके से पोज़ीशन के स्पष्ट परिवर्तन की पेशकश नहीं करते हैं, सट्टेबाज़ अपने द्वारा ली गई पोज़ीशन के लिए प्रतिबद्ध रहेगा।

सट्टेबाज़ी का छठा नियम: मुझे पहले दिन से अपनी पोज़ीशन पर मुनाफा कमाना शुरू कर देना चाहिए और चार हफ्ते के अंदर स्टॉक को अपने ख़रीदारी मूल्य से उच्च मूल्य पर कम से कम 20% गतिविधि करनी चाहिए

किसी इंसान द्वारा बनाये गए ज़्यादातर बड़े मुनाफे तेज़ी से शुरू होते हैं। धीमी शुरुआत करने वाले बहुत कम होते हैं - लेकिन ज़्यादातर बड़े मूवर पहले दिन से ही गतिविधि शुरू कर देते हैं। जैसे ही टेस्ट-ख़रीदारी करके बाज़ार में पहला

कदम रखा जाता है, उसी समय ख़रीदारी मूल्य के नीचे बिक्री-स्टॉप लागू कर दिया जाता है - जो आम तौर पर किसी के ख़रीदारी मूल्य से 10% नीचे होता है। उसके बाद, स्टॉक को अपनी क्षमता साबित करने के लिए समय दिया जाता है। स्टॉक केवल तीन चीज़ें कर सकता है - यह ऊपर जा सकता है, नीचे जा सकता है, या कहीं नहीं जा सकता है।

इन तीन परिदृश्यों के आधार पर, हमें एक गतिविधि करने की ज़रूरत होती है। यदि स्टॉक ऊपर जाता है तो उसे ख़रीदारी के चार हफ्ते के अंदर अपने ख़रीदारी-मूल्य से कम से कम 20% या सबसे हाल के उच्च मूल्य पर जाना चाहिए। यदि चार हफ्ते बीतने के बाद भी हमारा स्टॉक अपने ख़रीदारी मूल्य स्तर से 20% की गतिविधि के करीब नहीं आया है, तो हमें अन्य संभावनाओं को देखना शुरू करने के लिए तैयार रहना चाहिए और अपने पहले स्टॉक को छोड़ने के लिए तैयार होना चाहिए। दूसरी ओर, यदि स्टॉक ऊपर जाने के बजाय नीचे जाना शुरू कर देता है, तो यह बिक्री-स्टॉप को सक्रिय करेगा और हमें बाज़ार से निकाल देगा।

आइये मान लेते हैं कि स्टॉक 20/4 प्रकार की गतिविधि करता है, जो हमारा पहला लक्ष्य है। उसके बाद, बिक्री-स्टॉप को अपने तत्कालीन मौजूदा स्तर से तुरंत "ख़रीदारी मूल्य से थोड़ा ऊपर" के एक नए मूल्य पर ले जाया जाना चाहिए। यह सुनिश्चित करेगा कि किसी भी 20/4 प्रकार के स्टॉक पर कोई नुकसान न हो। पहले स्टॉक के इस बिंदु पर पहुंचने के बाद जहाँ सबसे बुरी परिस्थिति में हम अपनी पोज़ीशन पर ब्रेक-ईवन पर पहुंच जाएंगे, उसके

बाद ही हमें दूसरी पोज़ीशन लेने पर विचार करना चाहिए। दूसरे शब्दों में, कभी भी तब तक दूसरा स्टॉक न ख़रीदें जब तक पहले स्टॉक में ऐसा बिक्री स्टॉप न हो जो आपको सबसे बुरी स्थिति में ब्रेक-ईवन ट्रेड ऑफर करे।

20/4 प्रकार का स्टॉक मिलने के बाद, इसे उस बिंदु से ऊपर का रुझान जारी रखना चाहिए। यह ऊपरी रुझान साप्ताहिक चार्ट्स में साफ़ तौर पर दिखाई देना चाहिए। साप्ताहिक चार्ट्स पर, ऊपरी रुझान उच्चतर उच्च और उच्चतर निम्न की श्रृंखला के रूप में दिखाई देता है। जैसे-जैसे स्टॉक उच्चतर उच्च और उच्चतर निम्न की श्रृंखला बनाता है, बिक्री स्टॉप को भी "पिछले निम्न से थोड़ा ऊपर" ले जाते रहना चाहिए। गतिशील बिक्री-स्टॉप पर पिछले अध्याय में बात की गई थी।

<u>सट्टेबाज़ी का सातवां नियम: दूसरा स्टॉक तब तक न ख़रीदें जब तक कि पहले स्टॉक ने लाभ कमाया न हो</u>

बॉयड एक क्लासिक इंसान थे। मैंने उनके जैसा कोई नहीं देखा। वह बार-बार कहते थे कि नियम तो सभी बनाते हैं, लेकिन उनका पालन शायद ही कोई करता है। यही चीज़ सफल सट्टेबाज़ को आम जनता से अलग करती है। वह हमेशा कहते थे कि जनता दिन के हिसाब से नियम बदलती है। दूसरे शब्दों में, दिन के लिए व्यक्ति के पूर्वाग्रह के आधार पर, वह पूर्वाग्रह को फिट करने के लिए नियमों को बदल देगा।

बॉयड के पास एक लाभ था जो ज़्यादातर लोगों के पास नहीं था और वो यह कि उन्हें बाज़ार ने पूरी तरह से तोड़ दिया था। यह उनके लिए फायदेमंद इसलिए था क्योंकि उस बुरे अनुभव ने उन्हें सिखाया कि बाज़ार को कभी भी हल्के में नहीं लेना चाहिए। असल में, ज़्यादातर सफल सट्टेबाज़ मुश्किलों से गुज़रकर ही अपने सबक सीखते हैं। अपने भारी नुकसानों का बदला लेने के लिए बाज़ार में वापस आने वाले ज़्यादातर लोग, बहुत ज़्यादा धीरज के साथ ऐसा करते हैं और उन्हें अच्छी तरह पता होता है कि बाज़ार ज़्यादातर खातों को ख़त्म कर सकता है।

बॉयड हमेशा कहा करते थे कि “कभी भी तब तक अगला कदम मत बढ़ाओ जब तक कि आपको यकीन नहीं हो जाता कि आपने अपना पहला कदम मजबूत ज़मीन पर रखा है।” उनके द्वारा बाज़ार में उठाया जाने वाला हर कदम उनके पिछले कदम के नतीजे पर निर्भर था।

सबसे पहले यह सुनिश्चित करने के बाद कि उनकी पहली टेस्ट-ख़रीदारी ने 20/4 प्रकार की गतिविधि की है, उसके बाद, वह अपने ख़रीदारी मूल्य से थोड़ा ऊपर उस स्थिति पर बिक्री-स्टॉप लागू करते थे। इस तरह वो सुनिश्चित करते थे कि उन्हें किसी भी 20/4 प्रकार के मूवर पर कभी नुकसान न उठाना पड़े। इस नियम की वजह से वो केवल उन शेयरों पर पूरा ध्यान केंद्रित कर पाते थे, जिनमें शुरुआत से ही गतिविधि करने की क्षमता थी। ऐसा स्टॉक मिलने के बाद, वह इस बात का ध्यान रखते थे कि उन्हें ऐसे स्टॉक पर कभी कोई नुकसान न उठाना पड़े ताकि उनकी यह मानसिकता बन सके कि वह 20/4 गतिविधियां

करने वाले स्टॉक के साथ हमेशा रह सकते हैं, क्योंकि उनसे उन्हें कभी कोई नुकसान नहीं हुआ है। विजेताओं के साथ बने रहना है, उनके लिए बड़े पैसे कमाने का जरिया था।

पहला कदम उठाने के बाद, जहाँ 20/4 मूवर का बिक्री-स्टॉप ब्रेक ईवन मूल्य से थोड़ा ऊपर पहुंच जाता है, केवल तभी बॉयड दूसरी बार ख़रीदारी करने के बारे में सोचते थे। दूसरा स्टॉक ख़रीदने का कोई मतलब नहीं बनता, जब तक कि आपको पहले स्टॉक से मुनाफा नहीं दिखाई देता है। पहला कदम सही साबित होने के बाद ही, दूसरा कदम उठाने के बारे में सोचा जा सकता है।

बॉयड इस बात में बहुत विश्वास करते थे कि “बाज़ार में जीवन इंच भर आसान और गज भर कठिन होता है।” उस समय विफलता निश्चित होती है, जब लोग दिन और हफ्तों में 300% मुनाफा कमाना चाहते हैं, जबकि इसमें महीनों और साल लगते हैं। बाज़ार में हर चीज़ में समय और धैर्य की ज़रूरत पड़ती है। इस बात का ध्यान रखने के लिए समय और धैर्य साथ-साथ चलें कि आपको नियम बनाने और लागू करने होंगे।

सट्टेबाज़ी का आठवां नियम: पिरामिड केवल तभी बनाएं जब संभावनाएं आपके पक्ष में होती हैं और इस बात का ध्यान रखें कि समग्र ट्रेड पर पिरामिड ख़रीदारी से कभी भी नुकसान न उठाना पड़े

पिरामिड बनाने का मतलब है, आपके पास पहले से मौजूद स्टॉक पर दूसरी और/या तीसरी पोज़ीशन ख़रीदना। उदाहरण के लिए, यदि कोई तब स्टॉक

ख़रीदता है, जब यह $30 के मूल्य पर नए उच्च स्तर पर पहुंच जाता है, और कुछ हफ्तों और महीनों बाद, जब यह $45 के मूल्य पर दृढ़ीकरण से बाहर निकलकर उच्चतर उच्च मूल्य पर ख़रीदने का मौका देता है तो इस दूसरी ख़रीदारी को पिरामिड ख़रीदारी कहा जाता है।

बॉयड अपनी हर चीज़ को बिल्कुल सरल रखते थे। उदाहरण के लिए, जब मैंने उनसे पूछा, "मान लीजिये हम इस स्टॉक के बारे में बात करते हैं जिसे हमने $30 के मूल्य पर पहले टेस्ट करने के लिए ख़रीदा था और फिर $45 के मूल्य पर उसकी पिरामिड ख़रीदारी करना चाहते हैं तो $45 के मूल्य पर मुझे कितने और स्टॉक ख़रीदने चाहिए?"

बाज़ार में अपने "सादगी सर्वश्रेष्ठ है" के नियम को ध्यान में रखते हुए, उन्होंने डॉलर के कुछ आंकड़ों में अपना उदाहरण दिया। उन्होंने कहा, "मान लीजिये आपने टेस्ट ख़रीदारी के रूप में $30 के मूल्य पर 200 शेयर ख़रीदे। साथ ही, इसे ख़रीदने के बाद आपने $27 पर अपना बिक्री स्टॉप लागू कर दिया। यह आपकी ख़रीदारी के 10% नीचे स्टॉप-लॉस है। उसके बाद, मान लीजिये 3 हफ्ते के अंदर स्टॉक $36 पर पहुंच गया और इस तरह 20/4 प्रकार का मूवर बन गया। जैसे ही स्टॉक $36 का मूल्य स्तर छूता है, आपने अपने बिक्री स्टॉप को $27 से $30.50 कर दिया। अब कुछ हफ्तों के बाद स्टॉक $45 का उच्च मूल्य छूता है और $45 और $39 के मूल्य स्तर के बीच दृढ़ होता है। यह दृढ़ीकरण चरण पूरा होने के बाद, आइये मान लेते हैं कि स्टॉक $45 के ऊपर नए उच्च स्तर पर पहुंच जाता है। इस बिंदु पर आप अपनी पिरामिड

ख़रीदारी करते हैं। यदि मैं $45 पर पिरामिड ख़रीदारी करता हूँ तो $45 के मूल्य से 10% नीचे सामान्य स्टॉप-लॉस होगा या $40.50 अगला स्टॉप-लॉस मूल्य होगा। $45 पर मैं जिस मात्रा की ख़रीदारी करूंगा उसकी गणना के लिए, मैं उन 200 शेयरों को लेता हूँ जिन्हें मैंने $30 पर ख़रीदा था और पता करता हूँ कि $40.50 के नए बिक्री-स्टॉप मूल्य स्तर पर मुझे $2100 का मुनाफा हुआ है। यदि दूसरी ख़रीदारी या पिरामिड ख़रीदारी मेरे ख़िलाफ़ जाना शुरू होती है तो मैं बस इतनी अधिकतम राशि खोने के लिए तैयार हूँ। जिसका मतलब है कि मैं अधिकतम $2100 भाग प्रति शेयर $4.5 की कुल ख़रीदारी कर सकता हूँ, जो मेरा नया बिक्री-स्टॉप सक्रिय होने पर मैं खो सकता हूँ। यह 466 शेयर आता है। मैं कभी भी 466 से अधिक शेयर नहीं खरीदूंगा क्योंकि पिरामिड ख़रीदारी $45 के मूल्य स्तर पर आती है।"

अब मुझे समझ आता है कि वो इस बात का ध्यान रहना चाहते थे कि उन्हें कभी भी किसी विजेता स्टॉक पर नुकसान न उठाना पड़े। सबसे बुरी परिस्थिति में भी, यदि स्टॉक $45 के अपने नए पिरामिड ख़रीदारी मूल्य से नीचे जाकर $40.50 पर पहुंच जाता और उनका बिक्री-स्टॉप सक्रिय हो जाता तो भी उन्हें अपने स्टॉक पर कभी कोई घाटा नहीं होता। बॉयड का यह नियम मुझे अच्छे से समझ आ गया था कि "कभी भी किसी विजेता स्टॉक पर नुकसान न उठाएं।"

मैंने बॉयड से पूछा कि कोई व्यक्ति कितनी बार पिरामिड ख़रीदारी कर सकता है। उन्होंने कहा कि उन्होंने कभी भी दो से ज़्यादा बार इसे नहीं ख़रीदा। ज़्यादातर मामलों में वो दूसरी ख़रीदारी के बाद रुक जाते थे जब तक कि तीसरी

ख़रीदारी संभव नहीं होती थी और तेज़ी के बाज़ार में ऊपर जाते हुए किसी मजबूत स्टॉक पर साफ़-साफ़ दिखाई नहीं देती थी। उन्होंने कहा, "किसी निश्चित तेज़ी के रुझान के दौरान टेज़र जैसे दुर्लभ अपवाद ज़रूर दिखाई देते हैं, जब तीसरी बार ख़रीदारी संभव होती है।"

सट्टेबाज़ी का नौवां नियम: यदि कई प्रमुख 20/4 प्रकार के स्टॉक बिक्री-स्टॉप सक्रिय कर रहे हैं तो बाज़ार खतरे के संकेत दिखा सकता है

प्रत्येक चक्र में आपको कुछ प्रमुख शेयरों का एक नया समूह दिखाई देगा। कभी-कभी कोई स्टॉक बाज़ार में लगातार दो चक्रों के लिए लीडर हो सकता है। हालाँकि, एक ही स्टॉक का दो से ज़्यादा चक्रों में सबसे आगे होना बेहद असामान्य हो सकता है। इसका कारण काफी साधारण था - जब कोई स्टॉक लोगों के हाथों में पूरी तरह वितरित हो जाता है तो अब अंदरूनी लोगों को स्टॉक का मूल्य बढ़ाने की ज़रूरत नहीं होती है। चूँकि, स्टॉक को जनता के हाथों में वितरित कर दिया गया है, इसका मतलब है कि अंदरूनी लोग अब अंदरूनी नहीं हैं, उन्हें मूल्यों को बढ़ाने की कोई आवश्यकता नहीं थी। दूसरे शब्दों में, इसकी नेतृत्व की भूमिका पूरी हो चुकी है।

यही एक कारण था कि बॉयड नए लीडरों की तलाश के लिए सबसे हाल के 15 वर्षों के आंकड़ों से आगे कभी नहीं देखते थे। यह स्पष्ट था कि एक स्टॉक जो 15 से अधिक वर्षों से अस्तित्व में है, उसके पास अपनी गतिविधि के लिए बहुत सारे पुराने चक्र और "अच्छे आर्थिक समय" होंगे। जब इस तरह के स्टॉक

अपनी गतिविधियां पूरी कर लेते हैं, तो उन्होंने अंदरूनी सूत्रों को स्टॉक से बाहर होने के लिए बहुत सारे अवसर प्रदान कर दिए होते हैं। चूँकि, ऐसे अंदरूनी लोग अब स्टॉक के धारक नहीं थे, इसलिए उस स्टॉक का मूल्य बढ़ाने का उनके पास बहुत कम प्रोत्साहन होता है। यदि ऐसा स्टॉक बड़ी गतिविधि नहीं कर सकता तो उससे अच्छा मुनाफा पाने का बहुत कम मौका होता है। यदि लाभ कमाना संभव नहीं है, तो ऐसे स्टॉक में ख़रीदारी क्यों करें?

बाज़ार जोखिमों से भरा पड़ा है। जोखिम की भरपाई के लिए, इसे ऐसे स्टॉक ऑफर करने पड़ते हैं जो दिए गए चक्र के दौरान किसी के पैसों को दोगुना कर सकता है। यदि किसी चक्र में ऐसा स्टॉक नहीं दिखाई देता जिसके अंदर अपने मूल्यों को दोगुना करने की क्षमता और इच्छा है तो बाज़ार में भाग लेने का क्या मतलब बनता है।

सट्टेबाज़ी का दसवां नियम: ख़राब बाज़ारों में लाभ कमाने की कोशिश न करें। लहर की विपरीत दिशा में तैरने की कोशिश करने के बजाय, ऐसे ख़राब बाज़ारों से दूर रहना ही बेहतर ही जहाँ जीतने की संभावना हमारे विरुद्ध हो।

जब प्रमुख स्टॉक अपने बिक्री-स्टॉप सक्रिय करना शुरू कर देते हैं तो थोड़े ही समय में अगर सभी नहीं तो भी ज़्यादातर शेयर बिक जाते हैं। बेचने का फैसला बिक्री-स्टॉप कर छोड़ देना सबसे सही होता है। जब सामान्य बाज़ार नीचे की तरफ होता है या उसमें कोई रुझान नहीं दिखाई देता और काफी ख़राब दिखाई देता है तो कोई भी ट्रेड करने योग्य मुनाफे की संभावना बहुत कम होती है।

यदि "सबसे पहले, कोई नुकसान न करें" के नियम को देखें तो अपनी गाढ़ी कमाई के किसी भी हिस्से को वापस देना भारी गलती होगी। वो मुनाफे आपने बहुत मुश्किल से कमाए थे और उन्हें अत्यधिक धीरज, मेहनत और अनुशासन से हासिल किया था। ख़राब बाज़ार के दौरान अपनी गाढ़ी कमाई को वापस देना बहुत आसान होता है। किसी भी नए संभावित ऊपर के रुझान में तुरंत शामिल न होकर अपने मुनाफे को बचाये रखना ज़्यादा बेहतर होता है। प्रमुख शेयरों की गतिविधि से ही नई रैली की पुष्टि की जा सकती है। एक विश्वसनीय रैली की शुरुआत के बारे में पहले के अध्यायों में बताया जा चुका है। कई प्रमुख शेयरों पर बिक्री-स्टॉप सक्रिय होने से गिरावट के रुझान की शुरुआत का संकेत मिलता है। इसके अलावा, डो इंडस्ट्रियल्स, S&P 500, नैस्डैक और डो ट्रांसपोर्ट्स जैसे प्रमुख सूचकांकों पर पुष्टि दिखाई देगी। परिभाषा के अनुसार, नीचे का रुझान निम्नतर उच्च और निम्नतर निम्न की एक श्रृंखला है। शुरुआत को आम तौर पर मात्रा की शुरुआती बिक्री से दर्शाया जाता है। मात्रा की बिक्री से रिकवरी आम तौर पर कमजोर मात्रा पर होती है और रिकवरी कभी भी पूर्व उच्च स्तर पर नहीं होती है। इससे पहले कि सूचकांक किसी खतरनाक बाज़ार की पुष्टि करें, प्रमुख शेयरों ने अपने बिक्री-स्टॉप को सक्रिय करके स्पष्ट संकेत दे दिए होंगे। जैसा कि हमने पिछले अध्यायों में सीखा है, हमने ऊपर के रुझान वाले स्टॉक पर पहले के निचले स्तर से थोड़ा नीचे बिक्री-स्टॉप लागू किया होगा। पहले के निम्न को निकालकर, एक ऊपर के रुझान वाला स्टॉक अपने ऊपर के रुझान को नकार देता है।

सट्टेबाज़ी का ग्यारहवां नियम: यदि सबसे अच्छे शेयरों का मूल्य ऊपर नहीं जा रहा है तो बाज़ार आपको जीतने की अच्छी संभावना नहीं दे सकता। यदि सबसे अच्छे शेयरों का मूल्य ऊपर जा रहा है तो ख़रीदने के लिए किसी अन्य कारण की आवश्यकता नहीं है और यदि सबसे अच्छे शेयर मूल्य में नहीं बढ़ रहे हैं, तो ख़रीदारी से बचने के लिए किसी अन्य कारण की आवश्यकता नहीं है।

यह सुनने में जितना आसान लगता है, इसका पालन करना उतना ही कठिन है। हम इंसान ऐसा रत्न पाने के लिए बने हुए हैं, जो किसी दूसरे इंसान को नहीं मिला है। हम सबसे पहले ख़ज़ाने तक पहुंचना चाहते हैं। ख़ज़ाने की खोज का खेल हमेशा चालू रहता है। समस्या यह है कि ख़राब बाज़ार की स्थितियों में, गलत संकेत की संख्या बढ़ जाती है। इसके अलावा, वॉल स्ट्रीट मशीनरी को जनता को ख़रीदारी की होड़ में रखने के लिए निरंतर प्रचार द्वारा पहिया घुमाते रहना पड़ता है। अमेरिकी उपभोक्ता की मानसिकता है कि "सौदा ख़रीदें" और हर 'सेल' अच्छा सौदा है, जिसका पूरा फायदा उठाया जाता है।

नीचे की प्रत्येक प्रतिक्रिया पर, यह ढोल बजना शुरू हो जाता है कि "यह एक नए तेज़ी के बाज़ार की शुरुआत है।" कोई भी पैसा कमाने से चूकना नहीं चाहता। आधुनिक समय में पैसा बनाना गुफा में रहने वाले आदमी की सूअर का शिकार करने, और उसे मारकर घर लाने की क्षमता के समान है। हर इंसान अपने जीवन में कम से कम एक बार जीत का मुंह ज़रूर देखता है। वो एक जीत हम सबकी यादों में बस जाती है। वही एक जीत आगे बाज़ार द्वारा फेंके गए हर जाल में हमें फंसाने के लिए चारे की तरह काम करती है। उस एक बड़ी

जीत के बाद हर कदम पर, हमारे अंदर के “मानवीय तत्व” को ऐसा लगता है कि अगली जीत बस मिलने ही वाली है। बाज़ार में जीत के बेकार अवसर होने के बावजूद ऐसी बड़ी जीत पाने की इच्छा कभी ख़त्म नहीं होती है, और इंसान उसके पीछे भागता रहता है।

हम सब स्मार्ट लोग हैं। लेकिन हम जितने ज़्यादा स्मार्ट होते हैं, आम तौर पर, हमें इस बात पर उतना ही भरोसा होता है कि बाज़ार को आसानी से हराया जा सकता है। आख़िरकार, हमारे पास इतना तेज़ दिमाग जो है। हालाँकि, बाज़ार से ज़्यादा बुद्धिमान कोई नहीं होता। हम इस बात को जितनी जल्दी स्वीकार करते हैं, उतनी ही तेज़ी से हम सफल सट्टेबाज़ी की मूल बातें सीखेंगे।

सारांश:

असली विजेता पहले दिन से मुनाफा बनाना शुरू कर देते हैं। आम तौर पर, सबसे अच्छे मूवर 20/4 प्रकार के मूवर होते हैं, जो सट्टेबाज़ द्वारा लगाये गए बिक्री-स्टॉप को कभी भी सक्रिय नहीं करते हैं। दूसरा स्टॉक तब तक न ख़रीदें जब तक कि पहले स्टॉक में लाभ न हो। पिरामिड ख़रीदारी केवल तभी करें जब जीत की संभावना आपके पक्ष में हो और जब पिरामिड ख़रीदारी की सबसे ख़राब स्थिति में भी आपको अपने संपूर्ण ट्रेड पर कोई नुकसान न हो। यदि कई 20/4 प्रकार के स्टॉक अपने बिक्री-स्टॉप सक्रिय करना शुरू कर देते हैं, तो बाज़ार आने वाले खतरे का संकेत दे सकता है। बुरे हालात में लाभ कमाने की

नहीं, बल्कि नुकसान से बचने के लिए की कोशिश करें। यदि सर्वश्रेष्ठ स्टॉक पैसा नहीं कमा रहे हैं, तो बाज़ार में जीत की अच्छी संभावनाएं देने का कोई अवसर नहीं होता है।

अध्याय 13

सट्टेबाज़ी के और नियम और मूलभूत बातें

मुझे इस बात की चिंता होने लगी थी कि नियमों की संख्या एक-एक करके बढ़ती ही जा रही थी और वो इतने ज़्यादा हो गए थे कि उन्हें याद रखना मुश्किल होने लगा था। मैंने बॉयड को इसके बारे में बताया। उन्होंने कहा, “चिंता मत करिये। हमारे अध्यायों के अंत में, मैं सारे नियमों में ज़्यादा सरल रूप में संक्षेप में बताऊंगा। उसे ध्यान में रखना बहुत आसान हो जायेगा। अभी के लिए, मैं बस सोच के पीछे के तर्क के बारे में आपको एक आईडिया दे रहा हूँ। नियमों को याद रखने की कोशिश करने के बारे में ज़्यादा मत सोचिये। जल्दी ही वो आपकी आदत में शुमार हो जाएंगे। इसके अलावा, मैं जानबूझकर एक ही विचार को बार-बार कई तरीकों से दोहरा रहा हूँ, ताकि वो आपके दिमाग में पूरी तरह से रच-बस जाएं।”

मैंने उनसे वो सवाल किया जो नौसिखिये लोग अक्सर पूछा करते हैं, “आप आम तौर पर किसी स्टॉक को कितने समय तक रखते हैं? मुझे लगता है कि ख़रीदना आसान है। पूंजी बचाने के लिए बेचना भी आसान है क्योंकि बिक्री-स्टॉप उसका ख्याल रखेगा। हालाँकि, बाज़ारों में लाभ के लिए बेचना सबसे मुश्किल चीज़ है। मुझे लाभ के लिए बेचने का फैसला करने में मुश्किल होती है। मैं या तो बहुत जल्दी बेच देता हूँ या फिर बहुत देर तक अपने पास रखता हूँ। क्या गतिविधि समाप्त होने के ठीक बाद लेकिन विपरीत रुझान शुरू होने से ठीक पहले लाभ के लिए बेचने के लिए सही समय खोजने का कोई रहस्य है?”

बॉयड ने थोड़े समय तक सोचा। उसके बाद, उन्होंने सावधानीपूर्वक शब्दों का चुनाव करते हुए धीरे से जवाब दिया। मुझे लगा कि वो यह सुनिश्चित करना चाहते थे कि इस काफी जटिल लेकिन सरल तर्क के संबंध में किसी तरह का भ्रम न हो। उन्होंने कहा, “समस्या तब आती है जब लाभ के लिए बिक्री का फैसला जल्दबाज़ी में होता है। उस संबंध में, कोई स्टॉक ख़रीदते समय लिए गए जल्दबाज़ी के फैसले के समान समस्या आती है। अब जबकि हम इस मामले के बारे में बात कर रहे हैं तो कोई भी जल्दबाज़ी का फैसला समस्या पैदा कर सकता है। जल्दबाज़ी में लिया गया फैसला अनुशासन में कमी, बाज़ार के लिए सम्मान में कमी और जानकारी में कमी को दर्शाता है। साथ ही यह नियमों के पालन की क्षमता में कमी का भी सूचक है। यदि कोई इंसान ख़ुद को जल्दबाज़ी में फैसला करते हुए पाता है तो उसे रुक जाना चाहिए और अपनी गतिविधि

को बंद कर देना चाहिए और कुछ भी नहीं करना चाहिए। ज़्यादातर मामलों में, जल्दबाज़ी में लिए गए फैसले गलत होते हैं। यह तर्कसंगत, अच्छी तरह सोचा-समझा और विचारा गया फैसला नहीं होता है और इसकी वजह से जीतने की संभावना कम हो जाती है।"

"लाभ के लिए बेचने को एक ही समय पर कई नतीजे हासिल करने चाहिए। लाभ के लिए बेचने के लिए, किसी भी व्यक्ति को ऊपर का रुझान ख़त्म होने और नीचे का रुझान शुरू होने से पहले बेचना पड़ता है। उस महत्वपूर्ण बिंदु पर आना, जहाँ वृद्धिशील लाभों में नुकसान की कम संभावना होती है, एक प्रकार की कला है जिसे केवल कुछ सालों के अभ्यास के बाद ही विकसित किया जा सकता है। कल गतिशील स्टॉप के बारे में बात करते समय हमने लाभ के लिए बेचने के सबसे सरल तरीके के बारे में बात की थी। मेरी राय में, यह अभी भी लाभ के लिए बिक्री की दुविधा से निपटने का सबसे अच्छा तरीका है।"

सट्टेबाज़ी का बारहवां नियम: अपने आज तक के पूर्व उच्च मूल्यों के 15-20% के अंदर वाले शेयरों पर नज़र रखनी चाहिए।

हम जानते हैं कि जिन शेयरों का मूल्य बढ़ रहा है, हम उन्हें ही ख़रीदना चाहते हैं। मूल्य में बढ़ रहे स्टॉक स्पष्ट रूप से दिखाई देने वाले रुझान सहित कई जीतने वाली विशेषताओं को दिखाते हैं। ऊपर के रुझान के दौरान, वे कुछ समय के लिए गिरते हैं और बेस या दृढ़ होते हैं। इन अवधियों के दौरान हमें असामान्य मात्रा की गतिविधि के लिए उन्हें देखना शुरू करना चाहिए। जैसे ही इस तरह

के स्टॉक बेसिंग या स्थिरीकरण के चरण से नई ऊंचाई पर पहुंचते हैं, हमें उन्हें ख़रीदने की कोशिश करनी चाहिए। इन स्टॉक को हमारी वॉच लिस्ट में लाने के लिए, हमें केवल उन्हीं पर ध्यान देना चाहिए जो अपने पिछले उच्च-मूल्य के 15-20% के भीतर हों। यह देखे जाने वाले शेयरों की संख्या में कटौती करने में मदद करेगा। हमें बाज़ार की ताकत को साबित करने या नकारने के लिए कुछ ही शेयरों की ज़रूरत है। सबसे अच्छा प्रदर्शन करने वाले उद्योग समूहों के शीर्ष स्टॉक हमें बाजार की स्थिति का संकेत देने के लिए काफी होंगे।

सट्टेबाज़ी का तेरहवां नियम: किसी भी रियल टाइम डेटा के लिए दिन भर अपनी कंप्यूटर स्क्रीन न देखें। केवल डे-ट्रेडर हर मिनट और हर सेकंड बाज़ार देखते हैं।

नौसिखिये लोग तत्काल ट्रेड करके सबसे गलत फैसला करते हैं। तत्काल ट्रेड तब होता है, जब लोग ख़रीदने और बेचने का फैसला जल्दबाज़ी में करते हैं। यह ख़ासकर तब होता है जब बाज़ार में कोई समाचार से संबंधित गतिविधि होती है। यह समाचार शायद किसी आय रिपोर्ट या स्टॉक स्प्लिट या किसी दवा कंपनी द्वारा बनाई जा रही दवा के FDA अनुमोदन से संबंधित हो सकता है, जो दवा कंपनी के स्टॉक में गतिविधि का कारण बन सकता है, इत्यादि। मूल रूप से, जब कोई अपनी कंप्यूटर स्क्रीन पर टिकर प्रतीक और इसके बिड-आस्क स्प्रेड और ट्रेडिंग देखता है और अचानक मात्रा और मूल्य गतिविधि में वृद्धि दिखाई देती है तो इसकी वजह से लोग जल्दबाज़ी में ख़रीदने या बेचने का फैसला कर सकते हैं।

ये बुरे फैसले व्यक्ति इसलिए करता है क्योंकि वो हर एक सेकंड बाज़ार और शेयरों को देखता रहता है। आपका ऐसा करने का चाहे जितना भी मन क्यों न हो, लेकिन कई अनुभवी सट्टेबाज़ यह मानेंगे कि इस तरह की गतिविधि और व्यवहार ज़्यादातर खातों के विनाश का कारण बनती है। शेयर बाज़ार समाचार का प्रयोग करके कमजोर लोगों में हलचल पैदा करके उन्हें बाहर निकालता है। असली गतिविधि ऐसा कोई समाचार आने से काफी पहले शुरू हो गई होती है। स्टॉक पहले ही गतिविधि कर रहा होता है। यह समाचार केवल पूर्व गतिविधि की पुष्टि करता है। तो समाचार से संबंधित ट्रेड केवल अनुभवी डे ट्रेडरों के लिए होते हैं। बाकी लोगों को टिकर टेप देखने की कोई ज़रूरत नहीं होती है।

ख़रीदारी का फैसला बहुत सोच-समझकर किया जाना चाहिए। यह फैसला पूरी तरह से सट्टेबाज़ी के नियमों पर आधारित है। ख़रीदारी का फैसला होने के बाद, आम तौर पर, ख़रीदारी स्टॉप बाज़ार में प्रवेश करने का सबसे अच्छा तरीका है। यदि बिक्री-स्टॉप ऑर्डर ट्रिगर हो जाता है, तो बेचने का फैसला बिक्री-स्टॉप पर छोड़ दिया जाता है। जैसा कि पहले बताया गया है, ख़रीदारी शुरू होने पर घाटे से सुरक्षा के लिए उसी समय बिक्री स्टॉप लागू कर देना चाहिए। जैसे-जैसे स्टॉक बढ़ता है और उच्चतर उच्च और उच्चतर निम्न में प्रवेश करना शुरू करता है, रुझान की गतिविधि के साथ बिक्री स्टॉप भी ऊपर जाता है। किसी बिंदु पर वो स्टॉप सक्रिय हो जायेगा। अक्सर, जब सबसे आसान और सबसे तेज़ गतिविधि समाप्त हो जाती है, तो बिक्री स्टॉप सक्रिय हो जाता है।

उसके बाद, यदि स्टॉक ऊपर जाता भी है तो यह आम तौर पर अस्थिरता, परिवर्तनशीलता, और नकली हलचल से भरा होता है। वृद्धिशील अतिरिक्त लाभ किसी भी कड़ी मेहनत से प्राप्त लाभ को वापस देने के जोखिम के लायक नहीं है।

सट्टेबाज़ी का चौदहवां नियम: बाज़ार की सामान्य स्थिति के बारे में किसी भी इंसान की न सुनें। प्रमुख शेयरों और प्रमुख सूचकांकों को अपने कार्यों को निर्देशित करने दें।

बॉयड कहा करते थे कि शेयर बाज़ार में एकमात्र लगातार विजेता बाज़ार होता है। बाज़ार कभी गलत नहीं होता। मनुष्य लगभग हमेशा गलत होता है। मनुष्य दिशा के बारे में गलत होता है या समय के बारे में गलत होता है। चाहे जो भी हो, ज़्यादातर लोगों के लिए बाज़ार में बड़ा लाभ कमाने का बहुत कम अवसर होता है। बाज़ार में हम सब अपना ख़ुद का पूर्वाग्रह और एजेंडा लेकर आते हैं।

जब एक मानवीय राय सामने आती है, तो प्रतिक्रिया अपने स्वयं के पूर्वाग्रह पर दृढ़ता से आधारित होती है। यदि प्रतिवादी बाज़ार में ख़रीदारी करता है, तो उसे बाज़ार मंदी पर होने की संभावना नहीं लगेगी। इसी तरह यदि प्रतिवादी बाज़ार में बिक्री करता है, तो उसे बाज़ार में तेज़ी होने की संभावना नहीं लगेगी। बाज़ार में प्रतिवादी की अपनी पोज़ीशन बाज़ार के बारे में उसकी राय निर्धारित करेगी।

बॉयड कहा करते थे कि CNBC और ब्लूमबर्ग और अन्य टीवी आउटलेट्स को हमेशा के लिए बंद कर देना चाहिए और सट्टेबाज़ों को कभी भी उन्हें चालू नहीं करना चाहिए। इस समय और युग में, शेयर बाज़ार के समाचार और डेटा दिन के हर समय सभी मीडिया द्वारा वितरित किए जाते हैं। सूचनाओं की बाढ़ से बचना मुश्किल है। लेकिन एक सच्चा सट्टेबाज़ हर समय केवल प्रमुख शेयरों और प्रमुख सूचकांकों को सुनना और उन पर ध्यान देना याद रखेगा। वहीं सच्चा संदेश मिलता है। किसी इंसान के अंदर नहीं। इससे कोई फर्क नहीं पड़ता कि वो इंसान कौन है। बॉयड कहा करते थे, “मैं कुछ बहुत सफल सट्टेबाज़ों को जानता हूँ, जिनकी सफलता मीडिया में अपने विचार रखना शुरू करने के बाद ख़त्म हो गई। मीडिया के पास ख़ुद को ज़्यादा महत्वपूर्ण महसूस कराने का एक तरीका होता है और अचानक एक अनुशासित सट्टेबाज़ आत्म-महत्व के मानवीय तत्व का शिकार हो जाता है और वो बताना शुरू कर देता है जो वो बाज़ार में होते हुए देखना चाहता है, और बाज़ार से दूरी बनाकर रखना व यह देखना बंद कर देता है जो बाज़ार वास्तव में कर रहा है।”

शायद यह बॉयड का अनुशासन ही था जो वो सुर्खियों से दूर रह पाए। वो बाज़ार के अंदरूनी लोगों और प्रतिभागियों से मिलने वाले किसी भी अटेंशन से दूर रहते थे। जैसा कि मैंने पहले ही कहा था, बहुत कम लोग उन्हें जानते थे और बहुत कम लोग उनके बारे में जानते थे। जब कोई बाज़ार के बारे में उनकी राय जानना चाहता था तो वो हमेशा कहते थे कि, “मैं जो कहता हूँ वो मत

सुनो क्योंकि मैं जो कहता हूँ वो पक्षपातपूर्ण हो सकता है और मेरा अपना नजरिया होगा।

आपको बाज़ार को अपने ख़ुद के नजरिये से देखना चाहिए, न कि किसी और के नजरिये से। हालाँकि, अगर आपने पूछा है तो मैं केवल एक या दो तरीके से आपको जवाब दे सकता हूँ...बाज़ार या तो ट्रेड करने लायक होता है या फिर नहीं होता है। किसी ट्रेड करने योग्य बाज़ार में, ट्रेड से लाभ कमाना संभव होता है और ट्रेड न करने योग्य बाज़ार में कोई लाभ नहीं कमाया जा सकता है। इस समय बाज़ार ट्रेड करने लायक नहीं है। इसलिए अभी कुछ न ख़रीदना बेहतर होगा।"

सट्टेबाज़ी का पन्द्रहवां नियम: स्टॉक वही करेंगे जो वे करना चाहते हैं। कोई भी व्यक्ति किसी स्टॉक को एक दिशा या दूसरी दिशा में जाने से नहीं रोक सकता।

पहली नज़र में यह नियम सरल लग सकता है। लेकिन इस नियम का विचार सट्टेबाज़ के दिमाग में यह छाप छोड़ना है कि स्टॉक लगभग कभी भी किसी स्क्रिप्ट का पालन नहीं करेंगे। दूसरे शब्दों में, हालाँकि स्थितियां तेज़ी के रुझान का संकेत दे सकती हैं और प्रमुख स्टॉक काम करना शुरू कर सकते हैं, लेकिन रुझान में बदलाव किसी भी समय हो सकता है। एक शेयर अपने स्टॉप को सक्रिय कर सकता है और किसी भी समय अपनी बिक्री को ट्रिगर कर सकता है। स्पष्ट रूप से तेज़ी के रुझान वाला एक स्टॉक किसी भी समय पलट सकता है। शेयर बाज़ार में कभी भी कुछ भी हो सकता है। सट्टेबाज़ आने वाली

गतिविधि के बारे में चाहे कितना भी निश्चित क्यों न हो, सही रुझान के बारे में उसका विचार गलत हो सकता है। दूसरी ओर, सट्टेबाज़ पूरी तरह से सही हो सकता है और फिर भी किसी गंभीर या घातक झटके का शिकार हो सकता है। कोई व्यक्ति हर तरीके से सही हो सकता है और फिर भी किसी गंभीर झटके के कारण किसी बड़े मूवर से बाहर हो सकता है। ये चीज़ें हम सबके साथ होती हैं। बाज़ार एक मुश्किल चीज़ है और इसमें बहुत सारी चुनौतियां मौजूद हैं।

सट्टेबाज़ी का सोलहवां नियम: फैसला लेना सरल होना चाहिए। जीवन वैसे भी काफी मुश्किल है। स्टॉक ट्रेडिंग में भारी-भरकम फैसलों के बोझ तले इसे और ज़्यादा मुश्किल बनाने की कोई ज़रूरत नहीं है।

हम जितनी ज़ोर से खुदाई करेंगे, गड्ढा उतना ही गहरा होगा। बॉयड कहा करते थे कि अच्छे शोध के लालच और "वहाँ सबसे पहले पहुंचने" की जल्दी में, ज़्यादातर लोग वो चीज़ें देखना शुरू कर देंगे जो वहाँ हैं ही नहीं। हमारे अंदर का अंतर्निहित पूर्वाग्रह और इच्छा कि हमने बाकी सारे लोगों से पहले एक बहुमूल्य स्टॉक ढूंढ निकाला है, इंसानों को बेकार की गलतियां करने के लिए मजबूर करता है। असल में, कोई भी गतिविधि शुरू होने से पहले आपको अंदर नहीं जाना चाहिए क्योंकि हो सकता है कि गतिविधि कभी शुरू ही न हो। या उससे भी बुरा, गतिविधि शुरू होने के बाद गलत दिशा में चलनी शुरू हो जाए। सच्चा सट्टेबाज़ समझता है कि गतिविधि पूरी तरह से शुरू होने के बाद ही अंदर जाना सबसे अच्छा होता है। गतिविधि के ज़ोर-शोर से शुरू होने का इंतज़ार करने के लिए, जीवन के उन सभी सामान्य सबकों को भूलना पड़ता है, जिन्हें

हमने अपने जीवन में सीखा है। हमारे दिमाग को बहकाया गया है और हमारे अंदर यह भर दिया गया है कि “जो पहले आता है उसे ही इनाम मिलता है।” इससे इंसानों को यह विश्वास हो जाता है कि किसी स्टॉक और उसके उत्पादों के बारे में बेहतर शोध और ज्ञान स्टॉक के ऊपर जाने पर उन्हें इनाम पाने में मदद करेगा। जबकि एक सच्चा सट्टेबाज़ यह पुष्टि करने का इंतज़ार करेगा कि प्रतिबद्धता करने से पहले स्टॉक वास्तव में ऊपर जा रहा है।

जीवन भर के सबकों को भूलकर ऐसे नए सबक सीखना मुश्किल है, जो जीवन के उन सबकों के विपरीत दिखते हैं जो हम अपने साथ बाजार में लाते हैं।

सट्टेबाज़ी का सत्रहवां नियम: बाज़ार का काम केवल हमें भटकाना और बेवकूफ बनाना है। हमेशा पुष्टि करने वाले संकेतों की तलाश में रहें। घाटे के सौदे को बेचने में जल्दी दिखाएं और मुनाफे के सौदे को बेचने में देर करें। अपने स्टॉप को अपने लिए फैसले करने दें।

हम सबने सुना है कि अगर हमने वालमार्ट, सिस्को और माइक्रोसॉफ्ट के IPO के समय $10,000 का निवेश किया होता तो आज वो पैसे कई करोड़ डॉलर में बदल चुके होते। किसी दुर्लभ मूवर को ख़रीदने और दशकों के उतार-चढ़ाव के दौरान उसे अपने पास संभालकर रखने की संभावना असल में बहुत कम होती है। उदाहरण के लिए, मान लीजिये आप शुरुआत में ही सिस्को के $10,000 ख़रीद लेते। चलिए मान लेते हैं कि उसे ख़रीदने के थोड़े समय बाद

उसका मूल्य $150,000 पर पहुंच जाता। इस स्तर पर उसे बेचने से ख़ुद को रोक पाना बहुत मुश्किल होता है। ऐसे में अगर $150,000 का मूल्य गिरना शुरू हो जाता है, तो आप इसे बेचने के लिए सोचने पर और ज़्यादा मजबूर हो जाते हैं। मान लीजिये $150,000 गिरकर $125,000 पर पहुंच जाता है और फिर $90,000 पर पहुंच जाता है... ऐसी प्रतिक्रियाओं को देखने के बावजूद कौन चुपचाप बैठा रहेगा? कोई भी इन प्रतिक्रियाओं के बारे में बात नहीं करेगा क्योंकि मशीनरी कभी भी यह नहीं चाहती कि हम "यथार्थवादी" रहें। मशीनरी चाहती है कि हम "ख़रीदें और रखें" पर ध्यान केंद्रित करें। यदि "ख़रीदें और रखें" इतना ही अच्छा आईडिया होता तो किसी को भी 2000-2003 के मंदी के बाज़ार में नुकसान न उठाना पड़ता। ज़रा ग्लोबल क्रॉसिंग, वर्ल्डकॉम आदि के धारकों से पूछें, जिन्होंने अपने $50 के स्टॉक को तब तक अपने पास रखा जब तक कि उनकी कीमत कौड़ियों के भाव नहीं हो गई।

सट्टेबाज़ी का अठारहवां नियम: ब्रेकअवे ठोस दांव होते हैं। ऊपर के रुझान वाले बाज़ार के ब्रेकअवे में जो ब्रेकअवे अधिकांश सच्चे मानदंडों को पूरा करते हैं, आम तौर पर, वही सच्चे ऊपरी रुझान की गतिविधि की शुरुआत का संकेत देते हैं।

पिछले अध्याय में ब्रेकअवे गैप के बारे में चर्चा की गई थी। ब्रेकअवे किसी गंभीर गतिविधि की शुरुआत के सच्चे संकेत होते हैं। बाज़ार चक्र के चरण के आधार पर और विशेष स्टॉक के चक्र में हम जहाँ हैं उसके आधार पर, ब्रेकअवे में अच्छी गतिविधि की अच्छी संभावनाएं होती हैं। एक सच्चे ब्रेकअवे पर मुख्य चुनौती

ब्रेकअवे की गतिविधि के सर्वोत्तम हिस्से के दौरान सफलतापूर्वक ट्रेड करने का एक प्रभावी तरीका है।

सट्टेबाज़ी का उन्नीसवां नियम: ब्रेकआउट वाले दिन की मात्रा बहुत ज़्यादा होनी चाहिए। यदि सट्टेबाज़ किसी दिए गए साल के लिए केवल कुछ संभावित ट्रेड की तलाश करना चाहता है तो उसे ट्रेडिंग सत्र के पहले घंटे के अंदर कम से कम स्टॉक के ट्रेड किये जाने वाले शेयरों की दैनिक औसत मात्रा की मांग करनी चाहिए।

बॉयड ने शुरू के अध्यायों में किसी स्टॉक के ब्रेकआउट का सही मतलब बताया है। हमें पता है कि मशीनरी स्टॉक या बाज़ार के सच्चे मजबूत और निश्चित रुझान पर विचार किये बिना ब्रेकआउट को एक ट्रेडिंग रेंज से दूसरे ट्रेडिंग रेंज में जाने के रूप में परिभाषित करेगी। हमारी परिभाषा के अनुसार, असली ब्रेकआउट एक ऐसा स्टॉक होता है जो लंबे समय (महीनों से सालों तक) से आधार तैयार करने में जुटा होता है। इस अवधि के बाद, स्टॉक पुष्टि करने वाली मात्रा की क्षमता के आधार पर स्पष्ट रूप से दिखाई देने वाला मजबूत ऊपरी रुझान शुरू करके आज तक के सबसे ऊँचे मूल्य स्तर पर जाता है। यह पूर्व ऊपरी रुझान स्थापित करने के बाद, स्टॉक थोड़े समय (हफ्तों या महीनों तक) के लिए स्थिर हो जाता है या आराम करता है। यह अवधि समाप्त होने के बाद, स्टॉक एक बार फिर से पुष्टि करने वाली मात्रा की क्षमता के साथ, आज तक के सबसे उच्च नए मूल्य क्षेत्र में ऊपर की तरफ पहुंचता है। यही हमारा असली ब्रेकआउट है।

यदि हम उस तरह के सट्टेबाज़ हैं, जो सही समय पर सर्वोत्तम समूहों से केवल सर्वोत्तम शेयरों को ट्रेड करना चाहते हैं, तो हम अपनी वॉच लिस्ट में मौजूद केवल शीर्ष 2 या 3 शेयरों पर ही ध्यान देंगे। और अगर इन शीर्ष 2 या 3 शेयरों में से कोई स्टॉक उस मात्रा पर पहुंचता है जो हमारे सीमा स्तर को पूरा करता है तो यह ब्रेक आउट पर एक ख़रीद बन जाता है।

यदि किसी औसत दिन पर स्टॉक 500,000 शेयरों को ट्रेड करता है तो हमारी ख़रीदारी की सीमा को पूरा करने के लिए इसे ट्रेड के पहले घंटे के अंदर 500,000 शेयरों को ट्रेड करना होगा। जैसा कि हमें पता है, ट्रेड का पहला घंटा, सुबह 9:30 बजे से सुबह 10:30 बजे EST तक होता है।

सट्टेबाज़ी का बीसवां नियम: प्रत्येक ट्रेड का लिखित ब्यौरा रखें। अपनी गलतियों से सीखें।

एक सच्चा सट्टेबाज़ बहुत सोच-विचार करने के बाद हर एक ट्रेड करता है। वह इस निष्कर्ष पर पहुंचने से पहले अपने नियमों की सूची पर निशान लगाएगा कि बाज़ार में प्रतिबद्धता का संकेत दिया गया है। और जब नियमों द्वारा इस तरह का संकेत दिया जाता है, तब भी वह परीक्षण करने के लिए केवल टेस्ट ख़रीदारियां या छोटी राशियों में ख़रीदारियां करता है और देखता है कि बाज़ार और स्टॉक पर उसका विचार सही है या नहीं।

यदि उसकी टेस्ट ख़रीदारी सही साबित होती है तो ही वह अतिरिक्त ख़रीदारियों का दूसरा कदम उठाता है। प्रत्येक चरण पिछले चरण के नतीजे से

तय किया जाता है। दूसरे शब्दों में, वह एक बार में एक कदम बढ़ाता है और धीरे-धीरे आगे बढ़ता है। अपने मन और मानसिकता में अनुशासन को पूरी तरह बसाने के लिए, वह अपने हर एक किये गए ट्रेड को लिखने की महत्वपूर्ण आदत विकसित करता है।

ख़रीदारी का कारण, ख़रीदी गई मात्रा, ख़रीदारी की कीमत और तिथि सबकुछ एक ट्रेड जर्नल में लिखा जाता है। रुझान की गतिविधि के साथ-साथ बिक्री-स्टॉप को स्थानांतरित किया जाता है। बिक्री-स्टॉप को ऊपर ले जाने के कारणों के साथ-साथ इन बिक्री स्टॉप को भी नोट किया जाता है। किसी बिंदु पर बिक्री स्टॉप सक्रिय होता है और लाभ पाने के लिए पोज़ीशन को बेचा जाता है। यह बिक्री-तिथि, बिक्री-मूल्य और प्राप्त राशि भी लिखी जाती है।

ट्रेड जर्नल का एक उदाहरण टेबल 1 में दिखाया गया है। यह बॉयड के ट्रेड जर्नल का पुनरुत्पादन है, जो उन्होंने मुझे टेज़र इंटरनेशनल के अपने ट्रेडों पर ऑफर किया था। मैंने टेज़र पर उनके ट्रेडों को कवर किया था, जहाँ उन्होंने मेरी पहली पुस्तक, "सर्वश्रेष्ठ स्टॉक" में छह महीने के भीतर निवेश किए गए लगभग $250,000 पर लगभग $1.8 मिलियन का अविश्वसनीय लाभ कमाया था।

तिथि	गतिविधि	टिकर	मात्रा	मूल्य	गतिविधि का कारण
10/03/03	ख़रीदारी	TASR	1500	$32.68 GTC	9/17 के ब्रेकआउट के बाद

					52 हफ्तों में उच्चतर मात्रा पर ब्रेकआउट, जिसकी साप्ताहिक चार्ट से पुष्टि हुई थी।
10/03/03	बिक्री-स्टॉप	TASR	1500	$29.68 GTC	हानि संरक्षण या पूंजी संरक्षण के रूप में मानक 10% स्टॉप-लॉस का नियम
11/20/03	ख़रीदारी	TASR	2800	$69.75 GTC	हफ्तों के दृढ़ीकरण के बाद स्टॉक के नई ऊंचाई तक पहुंचने पर पिरामिड ख़रीदारी
11/20/03	बिक्री-स्टॉप	TASR	4300	$56.84 GTC	लॉस कटिंग नियम के अनुसार अंतिम ख़रीदारी के नीचे

					मानक 10%। साथ ही इस बात का ध्यान रखा कि संपूर्ण ट्रेड पर कोई नुकसान न हो
01/09/04	ख़रीदारी	TASR	2150	$93.75	हफ्तों के दृढ़ीकरण के बाद स्टॉक के नई ऊंचाई तक पहुंचने पर मार्जिन पिरामिड ख़रीदारी
01/09/04	बिक्री-स्टॉप	TASR	6450	$85.22 GTC	स्टॉप लॉस नियम के अनुसार अंतिम ख़रीदारी के नीचे मानक 10%। साथ ही इस बात का ध्यान रखा कि संपूर्ण ट्रेड पर कोई नुकसान न हो

02/27/04	बिक्री-स्टॉप	TASR	6450	$142.50 GTC	स्टॉप पिछले हफ्ते के निचले स्तर से थोड़ा नीचे रखा गया क्योंकि पिछले हफ्ते भारी मात्रा पर गंभीर प्रतिक्रिया आयी थी
03/26/04	बिक्री-स्टॉप	TASR	6450	$173 GTC	स्टॉप को पिछले हफ्ते के निचले स्तर से थोड़ा नीचे रखा गया
04/02/04	बिक्री-स्टॉप	TASR	6450	$209 GTC	स्टॉप को पिछले हफ्ते के निचले स्तर से थोड़ा नीचे रखा गया
04/09/04	बिक्री-स्टॉप	TASR	6450	$232 GTC	स्टॉप को पिछले हफ्ते के निचले

					स्तर से थोड़ा नीचे रखा गया
04/16/04	बिक्री-स्टॉप	TASR	6450	$277 GTC	स्टॉप को पिछले हफ्ते के निचले स्तर से थोड़ा नीचे रखा गया
04/19/04	बाज़ार में बिक्री	TASR	6450	$351	ट्रेडिंग वाले दिन के अंत के करीब बेचा गया क्योंकि स्टॉक अंतिम शीर्ष दिखा रहा था

टेबल 1. बॉयड का टेज़र ट्रेडिंग रिकॉर्ड

बॉयड कहते थे कि, "लिखकर सीखने की कला गायब हो गई है। आजकल के समय में जहाँ अब कोई भी हाथ से लिखना पसंद नहीं करता, लेखन की सच्ची कला समाप्त हो गई है। पुराने ज़माने में, मैं हाथ से लिखकर अपने सबक याद करता था। शुरुआत से ही सीखने के सिद्धांतों को लिखने की कला से जोड़कर देखा गया है। जब आप किसी चीज़ को बार-बार लिखते हैं तो उसे भूलना मुश्किल होता है। और हम इंसान हर चीज़ भूल जाते हैं। इस मानवीय कमी पर काबू पाने के लिए, मैंने बहुत पहले ही अपने सभी ट्रेड को लिखना सीख लिया

था। इस तरह, मैं अपने विजेता ट्रेड पर वापस जा सकता हूँ और देख सकता हूँ कि मैंने क्या सही किया था। इसी तरह, मैं अपने हारे हुए ट्रेड पर वापस जाकर देख सकता हूँ कि मुझसे कहाँ गलतियां हुई थीं। भले ही जीतने और हारने वाले ट्रेड वापस उसी तरह से भविष्य में नहीं होंगे, फिर भी अपने पुराने अनुभवों के आधार पर फायदे उठाने के लिए वहाँ मेरे लिए काफी सारी समानताएं होंगी। यह एक अनमोल उपकरण है। हालाँकि, सफल सट्टेबाज़ी में हर चीज़ की तरह, इसके लिए भी अनुशासन की आवश्यकता होती है। और अनुशासन, मेरे दोस्त, बड़े नुकसान के बाद ही आता है।"

सारांश:

अपने आज तक के पूर्व उच्च मूल्यों से 15-20% के अंदर आने वाले शेयरों पर नज़र रखनी चाहिए। रियल टाइम डेटा पाने के लिए दिन भर कंप्यूटर न देखें। केवल डे ट्रेडर हर मिनट और हर सेकंड बाज़ार देखते हैं। बाज़ार की सामान्य स्थिति के बारे में किसी इंसान की बात न सुनें। प्रमुख शेयरों और प्रमुख सूचकांकों को अपने कार्यों को निर्देशित करने दें। स्टॉक वही करेंगे जो वे करना चाहते हैं। कोई भी व्यक्ति किसी स्टॉक को एक दिशा या दूसरी दिशा में जाने से नहीं रोक सकता। निर्णय लेना सरल होना चाहिए। जीवन पहले से ही काफी जटिल है। स्टॉक ट्रेडिंग में भारी-भरकम निर्णय लेने के बोझ तले इसे और मुश्किल बनाने की ज़रूरत नहीं है। बाज़ार का एकमात्र काम हमें भ्रमित करना और हमें बेवकूफ बनाना है। हमेशा पुष्टि करने वाले संकेतों की तलाश करें। हानि बेचने में जल्दी करें और लाभ बेचने से हिचकिचाएं। अपने स्टॉप को

आपके लिए निर्णय लेने दें। ब्रेकअवे ठोस दांव होते हैं। ऊपर के रुझान वाले बाज़ार के ब्रेकअवे में जो ब्रेकअवे अधिकांश सच्चे मानदंडों को पूरा करते हैं, आम तौर पर, वही सच्चे ऊपरी रुझान की गतिविधि की शुरुआत का संकेत देते हैं। ब्रेकआउट वाले दिन की मात्रा बहुत ज़्यादा होनी चाहिए। यदि सट्टेबाज़ किसी दिए गए साल के लिए केवल कुछ संभावित ट्रेड की तलाश करना चाहता है तो उसे ट्रेडिंग सत्र के पहले घंटे के अंदर कम से कम स्टॉक के ट्रेड किये जाने वाले शेयरों की दैनिक औसत मात्रा की मांग करनी चाहिए। प्रत्येक ट्रेड का एक लिखित जर्नल रखें। अपनी गलतियों से सीखें।

अध्याय 14

मूलभूत बातों का दोहराव

जैसे-जैसे बॉयड के साथ मेरे सबकों और नाश्ते पर मुलाक़ातों का सिलसिला ख़त्म होने के करीब आ रहा था, मुझे अच्छी तरह पता चल चुका था कि मेरे लिखने का स्टाइल बॉयड की स्टाइल से बहुत अलग होने वाला है। मुझे यह बात भी पता थी कि मेरे अंदर यह मानने की प्रवृत्ति है कि मेरे पाठकों की सोच मुझसे मिलती है। इसकी वजह से मेरा लेखन उन लोगों के लिए थोड़ा अटपटा हो सकता है, जिनके विचार मुझसे नहीं मिलते हैं।

इस कमी को दूर करने के लिए, मैंने सोचा कि शायद मुझे कुछ मूल बातें विभिन्न रूपों में दोहरानी चाहिए और इससे पाठक को कई रूपों में उन्हें समझने में सुविधा होगी। यहाँ मेरा अपना स्वार्थ था। मुझे पता था कि अगर मैंने सबकों को लिख लिया, तो मैं अपने लिए बहुत कुछ सीखूंगा। जैसा कि बॉयड ने इस तथ्य पर टिप्पणी भी की थी कि हमें सीखने के लिए लिखना चाहिए, इसलिए

मैं जो कुछ भी जानता था और बॉयड जो कुछ भी जानते थे उसे अपने से लिखकर मैं बाज़ार के बारे में ज़्यादा से ज़्यादा सीखने की कोशिश कर रहा था। मैं जितना ज़्यादा लिखता था, यह मुझे उतना ही स्पष्ट होता जाता था।

तब जाकर मुझे बॉयड के इस नियम का महत्व समझ आया कि व्यक्ति को अपने किये गए सभी ट्रेड लिखकर रखने चाहिए। और इस तरह के लेखन में कारणों, राशियों, लाभ/हानि इत्यादि का पूरा विवरण शामिल होना चाहिए। नौकरी पर प्रशिक्षण का कोई विकल्प नहीं था। अभ्यास सर्वोत्तम बनाता है और व्यक्ति करके सीखता है।

जैसा कि बॉयड ने बताया था, मेरे लिए यह बिल्कुल साफ़ था कि मैं और मेरे जैसे दूसरे लोग सट्टेबाज़ी के मूल सिद्धांत बाज़ार में असली अनुभव के माध्यम से सीखते हैं। मुझे यह भी समझ आ गया था कि बहुत कम लोग ऐसे होंगे जो प्रत्येक नियम के महत्व को समझने में समर्थ हो पाएंगे, जब तक कि वो ख़ुद किसी बड़े घाटे का अनुभव नहीं कर लेते। नुकसान से ही इंसान सच्चे सबक सीख पाता है। निरंतर और गंभीर नुकसान उठाने के बाद ही नियम स्पष्ट हो पाते हैं।

परिणामस्वरूप, मुझे नए लोगों को यह समझाने की कोशिश करनी होगी कि बड़ी प्रतिबद्धताएं शुरू करने से पहले थोड़ी राशियों के साथ शुरुआत करना सबसे अच्छा होता है। सीखने की प्रक्रिया लंबी और धीमी है और इसमें आपको कई नुकसान होंगे। वास्तव में सीखने के वर्षों और चक्रों से गुज़रने के लिए बहुत सारे धीरज की ज़रूरत पड़ती है। सबसे अच्छी संभावनाओं वाले ट्रेड करने से

पहले सीखने के लिए बाज़ार में केवल छोटी राशि लगा पाने में समर्थ होना भी ज़रूरी होता है। बड़े पैसे लगाने से पहले व्यक्ति को सबसे अच्छी संभावनाओं वाले ट्रेड लगाना सीखने की ज़रूरत पड़ती है। कम संभावना वाले ट्रेड में बड़े पैसे लगाने का कोई मतलब नहीं है। इसकी वजह से आपको निश्चित रूप से कभी न कभी बड़ा नुकसान उठाना पड़ता है।

हममें से ज़्यादातर लोग बस थोड़े पैसों के साथ बाज़ार में आते हैं, इसलिए हमें बहुत सारा पैसा गंवाए बिना सीखना पड़ता है। सीखने में समय लगता है और काफी नुकसान भी उठाना पड़ता है। हम बड़े फंड की तरह नहीं हैं, जिनके पास ढेर सारे पैसे होते हैं। उनके अंदर बड़े नुकसान उठाने की और उसके बावजूद गंभीर तेज़ी के रुझान के दौरान वापस आने की क्षमता होती है। हालाँकि, हमें इस बात का ध्यान रखना पड़ता है कि हमारे पास मौजूद फंड बना रहे और हम बेकार बाज़ार में छोटे-मोटे लाभ पाने के चक्कर में उन्हें न गंवाएं। और फिर, इसकी वजह से, असली तेज़ी का रुझान शुरू होने पर हमारे पास कुछ न बचे।

ज़्यादातर नए लोगों द्वारा की जाने वाली कई गलतियों में से बहुत ज़्यादा ट्रेडिंग करना और घमंडी होना सबसे आम गलतियां हैं। इन दोनों कमजोरियों की वजह से आपको गहरा और कठोर आघात लग सकता है। अच्छे बाज़ारों में, मुनाफे वाला ट्रेड करने की संभावना 50% से ऊपर जा सकती है। लेकिन, बुरे बाज़ारों में यह उम्मीद करना अनुचित नहीं होना चाहिए कि ट्रेडों के जीतने की संभावना 20% से नीचे गिर जाएगी। यानी, बुरी परिस्थितियों में पांच में से

केवल एक ट्रेड से ही आपको मुनाफा मिल पायेगा। इसके अलावा, जीतने वाले ट्रेड को प्रभावी तरीके से ट्रेड कर पाना बहुत मुश्किल साबित होगा क्योंकि यह बहुत सारे झटके और हलचल पैदा करेगा और स्टॉक से बाहर आये बिना इसे बनाये रख पाना लगभग असंभव होगा। चूँकि, बड़े पैसे केवल तभी कमाए जा सकते हैं जब व्यक्ति किसी स्टॉक के साथ 4-6-8 महीने की अवधि तक बना रहे, लेकिन अगर स्टॉक हमें मध्यम समय-सीमा के लिए भी ख़ुद को होल्ड न करने दें तो ऐसे अच्छे स्टॉक का क्या मतलब है? इसका मतलब है कि यदि कोई व्यक्ति बुरी परिस्थिति में किस्मत से कोई विजेता ट्रेड पा भी जाता है तो इसकी बहुत ज़्यादा संभावना है कि इससे उसे कोई अच्छा मुनाफा नहीं मिलेगा। इसकी वजह से, पांच में से एक बार जीतने के बावजूद, हार वाला कॉलम बढ़ता जाता है। इसलिए, हालात खराब होने पर नकदी में बने रहना और ट्रेड नहीं करना बेहतर है। हालाँकि, यह एक ऐसा सबक है जिसे इंसान वर्षों के अनुभव और भारी नुकसान के बाद सीखता है।

मेरी पहली किताब, “सर्वश्रेष्ठ स्टॉक,” में मैंने शेयर बाज़ार में सीखने से लेकर परिपक्व होने तक की प्रक्रिया के बारे में बात की थी। यदि हम याद करने की कोशिश करें तो हममें से ज़्यादातर लोगों को याद होगा कि किशोरावस्था के दौरान कैसे हमारे माता-पिता हमें समझदारी की बातें सिखाने की कोशिश करते थे। लेकिन उस वक़्त, शायद ही हममें से कोई ऐसा होगा जिसने उनकी वो बातें सुनी और मानी होंगी। हम सबको लगता था, “अब वक़्त बदल चुका है। उन्हें क्या पता?” वैसे, शेयर बाज़ार में सीखने की प्रक्रिया भी कुछ अलग

नहीं है। नौसिखियों के रूप में, हम सबको ऐसा लगता है कि हमें सब पता है, कि बाज़ार को आसानी से मात दी जा सकती है, कि तेज़ी का बाज़ार कभी ख़त्म नहीं होता, कि मंदी कभी नहीं आती, कि पुराने दिन कबके जा चुके हैं और ऐसे ही कई अन्य किशोरों जैसे बयान दिए जाते हैं। वयस्कता में आपका स्वागत है। चक्रों से कोई नहीं बच सकता। बाज़ार में वर्षों की कठिनाइयों और रास्तों की मुश्किलों से गुज़रते हुए, हम सीखते हैं। ठीक उसी तरह जैसे बड़े होने पर हम सीखते हैं कि हमारे माता-पिता हमें जो बताते थे वह सच था और वास्तव में उस वक़्त उन्हें जीवन के बारे में कुछ ऐसा पता था जो लापरवाह किशोरों के रूप में हम नहीं जानते थे। जब हम अपने बच्चों को इसी तरह की शिक्षा देने की कोशिश करते हैं, तो आश्चर्य की बात नहीं कि वो भी वैसी ही प्रतिक्रिया देते हैं जैसे हम अपने समय में दिया करते थे।

बाज़ार के सबक समान हैं। मनुष्य सिर्फ इसे सुनना या सीखना नहीं चाहता है। वो आसान रास्ता, मुफ़्त पैसे और ढेर सारे सौदे चाहते हैं। यदि इंसान मन लगाए और मेहनत से इसपर काम करे, तो आपको बहुत लाभ मिल सकता है। लेकिन इसमें समय और धैर्य लगता है। जो वास्तव में इंसान की मजबूत क्षमता नहीं है।

सारांश:

इसे छोटा और सरल रखें। सबसे सरल हमेशा सबसे अच्छा होता है।

अध्याय 15

सामान्य दिनचर्या

बॉयड के साथ मेरी मुलाक़ातों के अंतिम दिनों के दौरान, मैंने उनसे बाज़ार से संबंधित उनकी सामान्य दिनचर्या के बारे में पूछा। जैसे-जैसे वो बोल रहे थे, मैंने तेज़ी से अपने नोट तैयार किये। मैं अपनी दिनचर्या उनके जैसी बनाना चाहता था। असल में, मुझे बहुत सारे नोट्स नहीं लेने पड़े क्योंकि उनकी दिनचर्या सरल थी। बिल्कुल वैसी ही जैसी उन्हें पसंद थी।

उस रात मैंने उस दिन के सबकों का सारांश टाइप किया। और वो कुछ ऐसा दिखाई दिया:

- DJIA, नैस्डैक, S&P 500 और ट्रांसपोर्ट्स पर साप्ताहिक सूचकांक चार्ट को देखते हुए हर सप्ताहांत की शुरुआत करें। मूल्य/मात्रा गतिविधि पर विशेष ध्यान दें और पता करें कि सूचकांक किसी विशेष रुझान में

हैं या नहीं। यदि रुझान स्पष्ट नहीं है या नीचे की ओर है, तो स्टॉक ख़रीदना अच्छा विचार नहीं है और बेहतर दिनों का इंतज़ार करना सही होगा।

- यदि रुझान स्पष्ट है और ऊपर की तरफ है तो उन शेयरों में टेस्ट ख़रीदारी करने की तलाश करनी चाहिए जो निश्चित ऊपरी रुझान दिखा रहे हैं।
- यह देखने के लिए कि क्षमता कहाँ स्थित है और कौन से स्टॉक सही संभावनाएं प्रदान कर रहे हैं, 52 हफ्ते के नए उच्च बनाने वाले स्टॉक पर एक नज़र डालें। उन्हें उनके आज तक के सभी चाट्‌र्स पर देखें और पता करें कि वो सही तरह की मूल्य और मात्रा गतिविधि दिखा रहे हैं या नहीं। यदि वो अपने आज तक के सभी साप्ताहिक और मासिक चाट्‌र्स पर सही प्रकार की मूल्य/मात्रा गतिविधि दिखाते हैं तो उनपर नज़र रखने के लिए उन्हें अपनी स्टॉक की सूची में शामिल करें।
- जिन स्टॉक को आपने नोट करके रखा है, उनके अलावा, इन "स्टॉक-टू-वॉच" के सिस्टर स्टॉक पर भी नज़र डालें। यदि कोई भी सिस्टर स्टॉक आपकी "स्टॉक-टू-वॉच" सूची में मौजूद स्टॉक के समान गतिविधि की पुष्टि करता है या ऐसी ही गतिविधि दिखाता है तो इन स्टॉक के लिए दूसरों से बेहतर संभावनाएं मौजूद हैं।
- देखकर पता करें कि आपकी "स्टॉक-टू-वॉच" सूची में मौजूद कोई भी स्टॉक "आज तक के सबसे उच्च मूल्य" की तरफ बढ़ रहे हैं या उसके

नजदीक हैं। ऐसा करने वाले स्टॉक आपकी सच्ची "संभावित ख़रीदारियों की छोटी सूची" बनाएंगे। यह छोटी सूची पाने के बाद, हमें दैनिक गतिविधि को देखना शुरू कर देना चाहिए। यानी, बाज़ार बंद होने के बाद, स्टॉक के दैनिक, साप्ताहिक और मासिक चार्ट्स देखें। दैनिक चार्ट सबसे हालिया एक वर्ष के लिए हो सकते हैं। साप्ताहिक चार्ट सबसे हाल के चार्ट भी हो सकते हैं, लेकिन तीन साल से अधिक नहीं होने चाहिए। मासिक चार्ट सभी डेटा के लिए हैं। यदि देखे गए संकेतों की तीनों - दैनिक, साप्ताहिक और मासिक चार्ट - द्वारा पुष्टि की जाती है - तो हम जो देखते हैं वह सचमुच होने की संभावना होती है। दूसरे शब्दों में, हम ऐसा कुछ नहीं देख रहे हैं जो नहीं हो रहा है। ऐसे स्टॉक की पहचान करने के बाद, हमें सटीक प्रवेश मूल्य तय करना होता है।

- प्रमुख सूचकांकों द्वारा दिखाए गए अनुसार साप्ताहिक चार्ट पर प्रत्येक सप्ताहांत पर नज़र रखें।
- किसी व्यक्तिगत स्टॉक में प्रवेश करने के बाद, तत्काल संबंधित बिक्री-स्टॉप की आवश्यकता होती है। एक बार स्टॉक 20/4 प्रकार का मूवर साबित होने के बाद ही बिक्री-स्टॉप को ऊपर ले जाया जा सकता है। यदि स्टॉक 20/4 प्रकार की गतिविधि करता है तो बिक्री-स्टॉप को ख़रीदारी मूल्य से थोड़ा ऊपर ले जाया जाता है ताकि उस स्टॉक पर कोई नुकसान न हो जो 20/4 टाइप मूवर साबित हुआ। फिर, बिक्री-

स्टॉप लागू होने के बाद, एक नया स्पष्ट रूप से दिखाई देने वाला और अधिक कीमत वाला बिक्री-स्टॉप आने तक इसे बदला नहीं जा सकता है।

- यदि संभव हो तो स्टॉप केवल साप्ताहिक चार्ट्स के आधार पर मूव करें।
- सप्ताह के दौरान, किसी भी इंट्रा-डे स्टॉक गतिविधियों को न देखें।
- टीवी बंद करें (CNBC और ब्लूमबर्ग और अन्य), सभी प्रमुख व्यवसाय, निवेश और शेयर बाज़ार के समाचार पत्रों और पत्रिकाओं के लिए अपनी सदस्यता रद्द करें। मीडिया आउटलेट जितना प्रसिद्ध होगा, उतना ही ख़राब बाज़ार का समय और दिशा बताई जाएगी। बाज़ार में सफल होने के लिए, सट्टेबाज़ को बाज़ार की दिशा के बारे में सही होना चाहिए और उसे गतिविधि के समय के बारे में सही होना चाहिए। इसके अलावा, एक सफल सट्टेबाज़ को शून्य में "सोचने और कार्य करने" में सक्षम होना चाहिए। दूसरे शब्दों में, जब बाज़ार सबसे अच्छा दिखता है, तो उसे बेचना पड़ता है और जब बाज़ार सबसे खराब दिखता है तो उसे ख़रीदना पड़ता है। और बाकी के समय में, भले ही बाज़ार अच्छा लगे, वह ख़रीद नहीं सकता और भले ही बाज़ार भयानक लग रहा हो, वह बेच नहीं सकता। बाज़ार जनता और मीडिया को कैसा दिखता है यह इस समीकरण में कभी नहीं आना

चाहिए कि सट्टेबाज़ बाज़ार को कैसे देखता है और इसे देखने के बाद कैसे काम करता है।

सारांश:

अपनी ख़ुद की दैनिक और साप्ताहिक दिनचर्या बनाएं और उसका पालन करें। सफल सट्टेबाज़ी के नियमों को लागू करने में दिनचर्या का कोई विकल्प नहीं है।

अध्याय 16

गतिविधि शुरू होने के बाद प्रतिबद्धता करें

यह चीज़ हमारे दिमाग में बस गई है कि हमें किसी गतिविधि के शुरू होने से पहले ही इसे पकड़ना होता है। शायद यह हमारी गुफावासी मानसिकता से आता है, जहाँ पहले शिकार करने वाले को खाना मिलता है। या शायद यह आजीवन सबक है जो हम अपने बचपन से सीखते हैं कि जीवन एक दौड़ है और जितनी तेज़ी से हम दौड़ शुरू करते हैं हमारी बाकी के लोगों को हराने की संभावना उतनी अच्छी होती है। शायद यह उन युगों से सीखे गए सबक हैं, जहाँ सबसे पहले सोना खोदने वाले को ख़ज़ाना मिला था।

"गतिविधि शुरू होने से पहले प्रवेश करने" का मंत्र हमारी मानवीय मानसिकता का इतना महत्वपूर्ण भाग है कि लोग बाज़ार के महत्वपूर्ण मोड़ों को पकड़ने की जल्दी में रहते हैं। इस भगदड़ को अंदरूनी लोग हवा देते हैं, जो हर रैली को तेज़ी के बाज़ार की शुरुआत या निरंतरता के रूप में बताते हैं। यहाँ

तक कि “बुल मार्केट” शब्द भी तेज़ी से भागते हुए बैल की छवि तैयार करता है। मार्केटिंग मशीनरी हमेशा तैयार रहती है और प्रचार हमेशा कुछ क्षण की दूरी पर होता है। बेयर मार्केट की सबसे गहराई में होने के बावजूद, मार्केटिंग मशीनरी नई संभावनाओं पर विचार करती है और लोगों को नई “ख़रीदने योग्य” सूची प्रदान करती है।

बॉयड कहा करते थे कि बेयर मार्केट की “गलत गतिविधियों का पीछा करने” के दौरान ज़्यादातर पैसे समाप्त हो जाते हैं। बॉयड एक क्लासिक लाइन प्रयोग करते थे, “तब तक न ख़रीदें जब तक गतिविधि निश्चित रूप से शुरू नहीं होती।” हममें से कितने लोग गलत गतिविधियां ख़त्म होने का इंतज़ार करते हैं? कुछ भी न गंवाने की ज़रूरत इतनी मजबूत और शक्तिशाली होती है कि हममें से सबसे अच्छे लोगों को भी जालों से बचने के लिए कठोर नियमों का सेट लागू करना पड़ता है।

शेयर बाज़ार में जल्दी जाने के बजाय देर से जाना ज़्यादा बेहतर होता है। दूसरे शब्दों में, किसी पार्टी में कभी जल्दी न जाएं। इसकी कोई गारंटी नहीं है कि हर पार्टी सफल होगी। किसी पार्टी में आने से पहले इंतज़ार करके यह पुष्टि कर लेना अच्छा होता है कि कोई अच्छी पार्टी चल रही है। किसी गतिविधि के शुरू होने से पहले के बजाय गतिविधि शुरू होने के बाद अंदर जाना हमेशा बेहतर होता है। आपको इन सवालों को ध्यान में रखना चाहिए:

- यदि मैं गतिविधि शुरू होने से पहले अंदर जाता हूँ तो इसकी क्या गारंटी है कि गतिविधि होगी?

- यदि गतिविधि शुरू हो भी जाती है तो क्या गारंटी है कि गतिविधि मेरी मनचाही दिशा में होगी?
- वास्तव में गतिविधि शुरू होने से पहले मुझे कितनी देर इंतज़ार करना होगा?

कोई भी प्रतिबद्धताएं करने से पहले गतिविधि शुरू होने की पुष्टि का इंतज़ार करने की सट्टेबाज़ की मानसिकता केवल स्टॉक मार्केट में मुनाफे की तलाश में काम नहीं करती, बल्कि जीवन के सभी क्षेत्रों में उसके काम आती है। रियल एस्टेट में भी यही है। कोई गतिविधि शुरू होने से पहले रियल एस्टेट संपत्ति में पैसे लगाने का कोई मतलब नहीं है। कोई व्यक्ति जीवन भर किसी बेकार संपत्ति को पकड़कर बैठा रह सकता है। दूसरी ओर, गंभीर गतिविधि शुरू होने के बाद, स्मार्ट सट्टेबाज़ के लिए कई अच्छी चालें सामने आती हैं, जो निश्चित रूप से इस गतिविधि के शुरू होने का इंतज़ार कर रहे थे।

सारांश:

जब तक कोई गंभीर गतिविधि निश्चित रूप से चालू होने की पुष्टि नहीं हो जाती, तब तक कोई प्रतिबद्धता न करें।

अध्याय 17

अनुभवी हारने वाला या अनुभवी विजेता

इंसान करके सीखता है। हम वास्तव में रेंगकर रेंगना सीखते हैं। हम वास्तव में चलकर चलना सीखते हैं। हम वास्तव में दौड़कर और तैरकर दौड़ना और तैरना सीखते हैं। हाँ, रेंगना, चलना और दौड़ना सीखने की प्रक्रिया के दौरान, हम गिरते हैं, चोटिल होते हैं, धीमे होते हैं, ठोकर खाते हैं और ख़ुद को खरोंचते हैं। और तैरना सीखने की प्रक्रिया के दौरान हम बहुत सारा गंदा पानी पीते हैं, हमारी आँखों में दर्द होता है, हमारे कानों में दर्द होता है। हालाँकि, एक बार सीखने की प्रक्रिया पूरी हो जाने के बाद, हम जानते हैं कि हमें किन चीज़ों से बचने की ज़रूरत है। हम अभी भी कभी-कभार गिर सकते हैं, लेकिन, हम शायद ही कभी गंभीर रूप से चोटिल होते हैं।

स्टॉक मार्केट में भी कुछ अलग नहीं है। यहाँ पर भी सीखने की प्रक्रिया धीमी, लम्बी और कष्टदायक है। यदि कोई हार मान लेता है तो उसके पास सफल सट्टेबाज़ी के सबक सीखने का कोई मौका नहीं होता है।

ज़्यादातर लोग बाज़ार में मुनाफा कमाने के लिए सीधे-सरल जवाब चाहते हैं। और जब बॉयड हंट जैसे लोग उनकी बात मानकर जांचें-परखे सबक देते हैं तो छात्र उनकी बात नहीं सुनना चाहते। बॉयड जैसे लोगों द्वारा दिए जाने वाले सबक बहुत नीरस, पुराने ज़माने के, धीरे मुनाफा कमाने वाले होते हैं, जिनके लिए सोचने, सीखने और बाज़ार को समझने की ज़रूरत होती है। इसके लिए हमें अपने जीवन के दूसरे कामों में सीखे गए सबकों को भूलने की ज़रूरत पड़ती है। सबसे बड़े सबक स्व-अनुशासन और मानवीय तत्व पर काबू पाने से संबंधित होते हैं।

बॉयड कहते थे कि बाज़ार अनुभवी लोगों से भरा पड़ा है। लेकिन, उनमें से ज़्यादातर लोग अनुभवी हारने वाले होते हैं क्योंकि किसी भी दस साल के चक्र के दौरान बाहर आने वाले अधिकांश लोग भी भाग्यशाली होंगे। अनुभवी विजेता बहुत कम होते हैं और आम तौर पर वो शांत रहते हैं। तर्क के अनुसार, अनुभवी विजेता को शांत रहना पड़ता है क्योंकि जब पूरी दुनिया बुलिश होती है तो भी उन्हें बेयरिश रहना पड़ता है। ज़्यादातर लोगों के बुलिश होने पर अपने मन की बात करके ख़ुद को बेयरिश बताना उसे बहिष्कृत कर सकता है और हम सब सामाजिक प्राणी हैं। हममें से कोई भी बहिष्कृत नहीं होना चाहता और यह अनुभव अच्छा नहीं होता।

अगर कोई बॉयड जैसा हो, जो स्वभाव से ही अलग और दूरी बनाकर रहना पसंद करता है तो वो सफल हो सकता है क्योंकि उनके जैसे लोगों को वैसे भी दूसरों से घुलने-मिलने में कोई रूचि नहीं होती है। बॉयड ने सालों साल बाज़ार से मात खायी थी। उन्होंने अपने सबक मुश्किल से सीखे थे। उन्हें किसी और को अपनी क्षमताएं साबित करने की ज़रूरत नहीं थी। उन्हें अपनी क्षमताएं अच्छी तरह पता थीं और उनके लिए बस इतना ही काफी था। उन्हें अपनी जीत या अपनी बाज़ार की सही समझ का विज्ञापन करने की कोई आवश्यकता नहीं थी। उनके पास किसी को साबित करने के लिए कुछ नहीं था। उनके लिए, उनकी क्षमताओं का प्रमाण उनके ट्रेडिंग खाते के मूल्य में था। उस ट्रेडिंग खाते का एक मूल्य था जिसके पीछे ढेर सारे शून्य लगे हुए थे।

कुछ साल पहले जब बॉयड ने अपनी स्टॉक सेवा बंद करने का फैसला किया था, तो मैंने उनसे पूछा था कि वह यह कदम क्यों उठा रहे हैं। आख़िरकार, उनके चुनाव बहुत अच्छे थे और उनकी मार्केट टाइमिंग ऐसे किसी भी सट्टेबाज़ से कहीं ज़्यादा बेहतर थी जिन्हें मैं जानता था। और मैं बाज़ार में काफी सफल ऑपरेटरों को जानता था। उनका जवाब था, "मेरे अंदर हर पाठक की मानवीय ज़रूरतों को पूरा करने की कोशिश करने की क्षमता नहीं है। लोग जीत का इंतज़ार नहीं कर सकते। मैं लोगों द्वारा खेले जाने वाले माइंड गेम से थक गया था। जब बाज़ार बदल रहा था और मैं अपने पाठकों को सावधान रहने के लिए कह रहा था तो वे तेज़ी में रहना चाहते थे और उन्होंने मुझसे कहा कि दशकों में सबसे अच्छा बुल मार्केट शुरू होने वाला है। कुछ हफ्तों या महीनों में जब मैं

सही साबित होता था तो कई पाठकों को ऐसा लगता कि मैं अपने लेखन से उनकी बुद्धिमत्ता का अपमान कर रहा हूँ, जहाँ मैं यह बताता कि जो संकेत मैंने देखे थे, वे स्पष्ट रूप से सामने आ रहे थे।"

उन्होंने आगे कहा, "जो लोग बुरे समय के ख़त्म होने का इंतज़ार नहीं कर सकते, वे अच्छे समय में स्टॉक के साथ इंतज़ार नहीं कर सकते। परिस्थितियां अच्छी हों, बुरी हों या उदासीन हों, प्रतीक्षा ही सफलता की कुंजी है। कोई इंतज़ार नहीं करना चाहता। बुरे समय में, मैं नकद के साथ इंतज़ार करने का सुझाव देता था। कोई भी बुरे समय के ख़त्म होने का इंतज़ार नहीं करना चाहता था। वे या तो बाज़ार के अंदर और बाहर जाने के लिए ट्रेड करते थे या अपनी सदस्यता रद्द कर देते थे। अच्छा समय आने के बाद, जो लोग बाज़ार के अंदर और बाहर ट्रेड करते थे, वो कुछ मुनाफा कमा पाते थे। कुछ लोग बड़े विजेताओं को जल्दबाज़ी में बेच देते थे और सच्ची गतिविधि को गँवा देते थे। कई लोग बहुत देर से बाज़ार आते थे। इन सभी मामलों में, शांति से बैठने और प्रतीक्षा करने की क्षमता की कमी बाज़ार में बड़ी और सच्ची गतिविधियों से चुकने का मुख्य कारण थी।"

"बाज़ार जोखिम से भरा हुआ है। मैं 10% खोकर 10% पाने को सही नहीं ठहरा सकता। अगर मैं बाज़ार में शामिल होने जा रहा हूँ, तो इसे मुझे अपने पैसे को दोगुना करने की कुछ अच्छी संभावनाएं प्रदान करनी चाहिए। अन्यथा, जोखिम भागीदारी के लायक नहीं है। अगर बहुत सारे सही मायने में जीतने वाले स्टॉक ऑफर नहीं किये जा रहे हैं तो बाज़ार से मुझे कोई फायदा नहीं है।"

“जब मैंने अपनी सेवा बंद करने का फैसला किया, तो मुझे कुछ मुट्ठी भर पाठकों से विचारशील ईमेल और कॉल प्राप्त हुए, जिन्होंने मुझसे काम जारी रखने का अनुरोध किया। मैंने अपनी कमेंटरी के माध्यम से केवल इन पाठकों को सेवा देना शुरू कर दिया। ये पाठक कई दशकों से मेरे साथ जुड़े हुए हैं और मुझे उनसे छुट्टी लेने में मुश्किल हो रही है।”

“मैंने उन्हें अपने आख़िरी कॉलम में सूचित किया है कि मैं अब अपना सारा कार्यभार आपको सौंप रहा हूँ और आप भी उतने ही अच्छे हैं। वे एक अच्छे ऑपरेटर को पहचानने की मेरी क्षमता का सम्मान करते हैं और मुझे पूरा विश्वास है कि आप उनकी अच्छी सेवा करेंगे और बदले में वे आपके साथ अच्छा व्यवहार करेंगे।”

“मुझे कभी भी अपने पाठकों को बढ़ाने की ज़रूरत महसूस नहीं हुई। मैं अपना जीवन सरल रखना पसंद करता हूँ। मैं ऐसा लेखक नहीं बनना चाहता था जिसे बहुत सारे लोग पढ़ें। मैं चाहूंगा कि आप भी ऐसे ही रहें। ढेर सारे सदस्यों के साथ आने वाले ज़्यादा सिरदर्द की कोई ज़रूरत नहीं है। क्योंकि उनकी वजह से फोकस खोना और सबको ख़ुश करने की कोशिश में जुटे रहना आसान हो जाता है। इस प्रकार के कॉलम के लेखक का लक्ष्य बाज़ार की सही व्याख्या करना, सही समय पर सही स्टॉक चुनना और फिर उनका प्रभावी ढंग से ट्रेड करना है। जब तक आप लक्ष्य पर नजर रखेंगे, तब तक आप ठीक रहेंगे।”

मुझे एहसास हुआ कि बॉयड ने मुझे पहले ही अपनी बागडोर थमा दी थी। उन्होंने कहा, “मैं आपको तुरंत शुरू करने का सुझाव दूंगा। मैं इस सप्ताह के अंत

में अपना आख़िरी कॉलम लिख रहा हूँ और मैं अपने पाठकों को अलविदा कहूंगा। मैं अपने उत्तराधिकारी के चयन से काफी ख़ुश और संतुष्ट हूँ। मैं इस चुनौती को स्वीकार करने के लिए आपकी सराहना करता हूँ। मैं आपको आश्वस्त कर सकता हूँ कि आप पाठकों से बहुत कुछ सीखेंगे और मुझे यकीन है कि वे आपसे और आपके नए दृष्टिकोण से बहुत कुछ सीखेंगे।"

उस रात जब मैं बॉयड के सबकों के सारे नोट्स एक किताब के रूप में रखने लगा तो मुझे बहुत अकेलापन महसूस हो रहा था क्योंकि मैं इतने बड़े आदमी और अपने प्यारे दोस्त के न होने की कमी महसूस कर रहा था। मैं सोच रहा था कि बाज़ार में भ्रम की स्थिति पैदा होने पर अब मैं किसके पास जाऊंगा। तभी मुझे एहसास हुआ कि बॉयड ने जब मुझसे कहा कि "बाज़ार और प्रमुख स्टॉक को सुनें। वो शायद ही कभी आपको गलत दिशा में ले जाएंगे। कभी भी इंसानों की न सुनें क्योंकि वो लगभग हमेशा गलत होते हैं। बाज़ार ही इकलौता ऐसा है जो कभी गलत नहीं होता," तभी उन्होंने मुझे खतरनाक परिस्थितियों से बाहर निकलने के लिए वो सबकुछ दे दिया था जिसकी मुझे ज़रूरत थी।

मुझे अपने अंदर आत्मविश्वास महसूस हुआ। मैं जानता था कि बाज़ार ही मेरा दोस्त और मेरा एकमात्र सच्चा मार्गदर्शक है। बाज़ार और प्रमुख शेयरों के अलावा, मेरे पास किसी पर या किसी और चीज़ पर निर्भर होने या भरोसा करने का कोई कारण नहीं था। बॉयड ने बाज़ार को अपना एक अच्छा दोस्त बना लिया था। बॉयड ने शांति से और विवेकपूर्ण तरीके से मेरे लिए एक महान उपहार छोड़ा था, और यही उनका स्टाइल था। मैं बहुत भाग्यशाली था और मैं

इस सौभाग्य को उनके साथ साझा करना चाहता था जो बाज़ार को अपना दोस्त बनाने के लिए अपना समय, मेहनत और प्रयास लगाना चाहते हैं।

सारांश:

बाज़ार सट्टेबाज़ों का एकमात्र सच्चा दोस्त है क्योंकि बाज़ार कभी भी सट्टेबाज़ को गलत दिशा में नहीं ले जायेगा।

परिशिष्ट 1

सट्टेबाज़ी के नियम

1. सबसे पहले, कोई नुकसान न करें।
2. ख़रीदने से पहले अपनी चेक लिस्ट पर निशान लगाएं: ( ) क्या सामान्य बाज़ार में ऊपर का रुझान है? ( ) क्या मुझे कोई 20/4 प्रकार की स्टॉक गतिविधि दिखाई दे रही है? ( ) क्या मुझे मूल्य और मात्रा की गतिविधि दिखाई देती है जो मेरे द्वारा देखी गई हर चीज़ की पुष्टि करती है?
3. यदि मैं टेस्ट ख़रीदारियों पर पैसे नहीं कमा सकता तो मैं बड़ी धनराशियों पर भी पैसे नहीं कमा पाऊंगा।
4. अपने आपसे खाते को बचाने के लिए हमेशा स्टॉप-लॉस का प्रयोग करें।

5. रुझान आपका दोस्त है और अपने स्टॉप को रुझान की गतिविधि के अनुसार आगे बढ़ाएं।

6. मुझे पहले दिन से अपनी पोज़ीशन पर मुनाफा कमाना शुरू कर देना चाहिए और चार हफ्ते के अंदर स्टॉक को अपने ख़रीदारी मूल्य से उच्च मूल्य पर कम से कम 20% गतिविधि करनी चाहिए। 20/4 प्रकार के स्टॉक को ऊपरी रुझान में रहना चाहिए, जहाँ वो उच्चतर उच्च और उच्चतर निम्न मूल्यों को छूते रहते हैं।

7. दूसरा स्टॉक तब तक न ख़रीदें और पहले स्टॉक पर तब तक पिरामिड ख़रीदारी न करें जब तक कि पहले स्टॉक ने लाभ कमाया न हो।

8. पिरामिड केवल तभी बनाएं जब संभावनाएं आपके पक्ष में होती हैं और इस बात का ध्यान रखें कि समग्र ट्रेड पर पिरामिड ख़रीदारी से कभी भी नुकसान न उठाना पड़े।

9. यदि कई प्रमुख 20/4 प्रकार के स्टॉक बिक्री-स्टॉप सक्रिय कर रहे हैं तो बाज़ार खतरे के संकेत दिखा सकता है।

10. ख़राब बाज़ारों में लाभ कमाने की कोशिश न करें। लहर की विपरीत दिशा में तैरने की कोशिश करने के बजाय, ऐसे ख़राब बाज़ारों से दूर रहना ही बेहतर ही जहाँ जीतने की संभावना हमारे विरुद्ध हो।

11. यदि सबसे अच्छे शेयरों का मूल्य ऊपर नहीं जा रहा है तो बाज़ार आपको जीतने की अच्छी संभावना नहीं दे सकता। यदि सबसे अच्छे

शेयरों का मूल्य ऊपर जा रहा है तो ख़रीदने के लिए किसी अन्य कारण की आवश्यकता नहीं है और यदि सबसे अच्छे शेयर मूल्य में नहीं बढ़ रहे हैं, तो ख़रीदारी से बचने के लिए किसी अन्य कारण की आवश्यकता नहीं है।

12. अपने आज तक के पूर्व उच्च मूल्यों के 15-20% के अंदर वाले शेयरों पर नज़र रखनी चाहिए।

13. किसी भी रियल टाइम डेटा के लिए दिन भर अपनी कंप्यूटर स्क्रीन न देखें। केवल डे-ट्रेडर हर मिनट और हर सेकंड बाज़ार देखते हैं।

14. बाज़ार की सामान्य स्थिति के बारे में किसी भी इंसान की न सुनें। प्रमुख शेयरों और प्रमुख सूचकांकों को अपने कार्यों को निर्देशित करने दें।

15. स्टॉक वही करेंगे जो वे करना चाहते हैं। कोई भी व्यक्ति किसी स्टॉक को एक दिशा या दूसरी दिशा में जाने से नहीं रोक सकता।

16. फैसला लेना सरल होना चाहिए। जीवन वैसे भी काफी मुश्किल है। स्टॉक ट्रेडिंग में भारी-भरकम फैसलों के बोझ तले इसे और ज़्यादा मुश्किल बनाने की कोई ज़रूरत नहीं है।

17. बाज़ार का काम केवल हमें भटकाना और बेवकूफ बनाना है। हमेशा पुष्टि करने वाले संकेतों की तलाश में रहें। घाटे के सौदे को बेचने में

जल्दी दिखाएं और मुनाफे के सौदे को बेचने में देर करें। अपने स्टॉप को अपने लिए फैसले करने दें।

18. ब्रेकअवे ठोस दांव होते हैं। एक ऊपर के रुझान वाले बाज़ार के ब्रेकअवे में जो ब्रेकअवे अधिकांश सच्चे मानदंडों को पूरा करते हैं, आम तौर पर, वही सच्चे ऊपरी रुझान की गतिविधि की शुरुआत का संकेत देते हैं।

19. ब्रेकआउट वाले दिन की मात्रा बहुत ज़्यादा होनी चाहिए। यदि सट्टेबाज़ किसी दिए गए साल के लिए केवल कुछ संभावित ट्रेड की तलाश करना चाहता है तो उसे ट्रेडिंग सत्र के पहले घंटे के अंदर कम से कम स्टॉक के ट्रेड किये जाने वाले शेयरों की दैनिक औसत मात्रा की मांग करनी चाहिए।

20. प्रत्येक ट्रेड का लिखित ब्यौरा रखें। अपनी गलतियों से सीखें। आपकी गलतियां आपको अपने बारे में बहुत कुछ सिखाएंगी। ये सबक कोई और नहीं सिखा सकता।

परिशिष्ट 2

एक तस्वीर हज़ार शब्दों के बराबर होती है

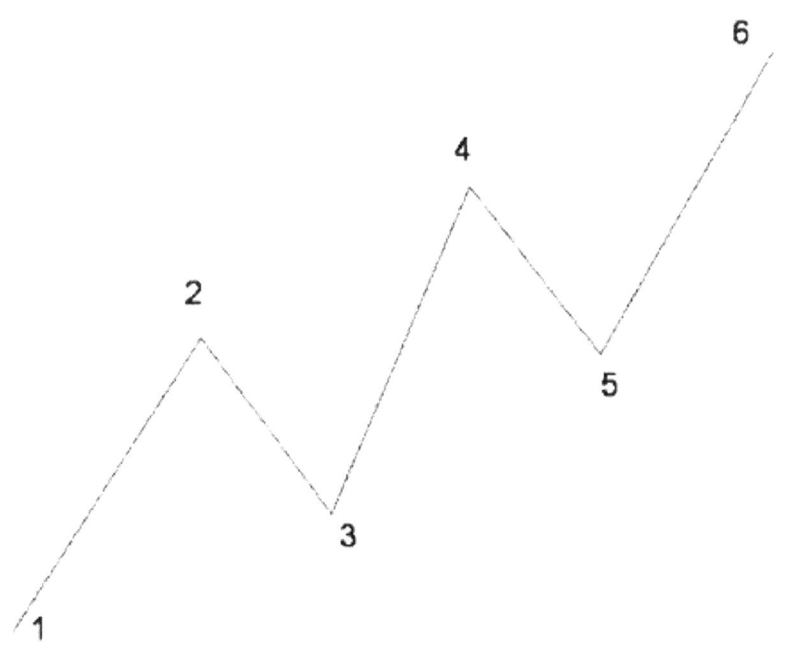

चित्र 1. निश्चित ऊपर का रुझान

1. सबसे हालिया निम्न
2. किसी ऊपर के रुझान वाले स्टॉक द्वारा तय किया गया निकट अवधि का उच्च
3. बिंदु 2 पर तय किये गए उच्च की प्रतिक्रिया में निम्न स्तर
4. बिंदु 2 के पिछले उच्च के ऊपर नया उच्चतर उच्च
5. बिंदु 4 पर सबसे हालिया उच्च के लिए प्रतिक्रियाशील निम्न
6. एक नया उच्चतर उच्च

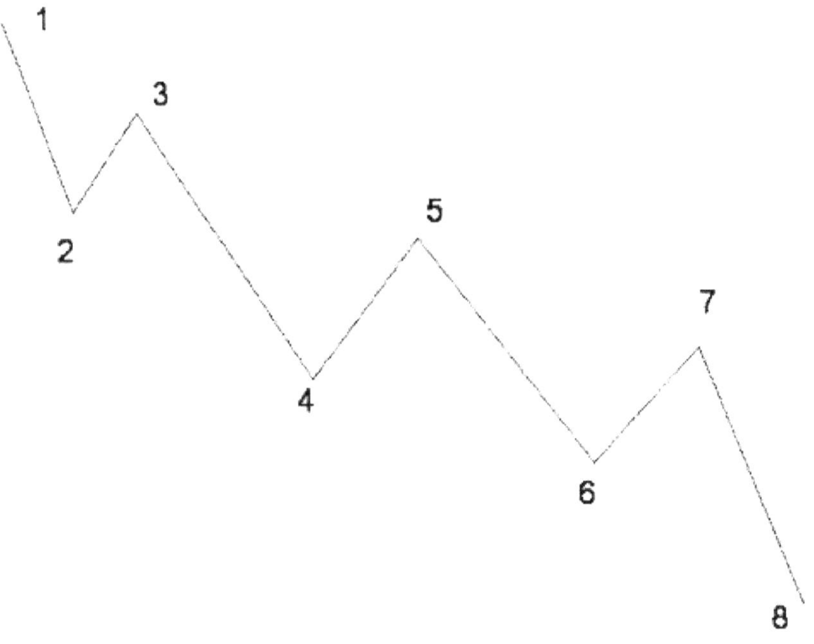

चित्र 2. निश्चित नीचे का रुझान

1. सबसे हालिया उच्च
2. किसी नीचे के रुझान द्वारा तय किया गया निकट अवधि का निम्न
3. बिंदु 1 से बिंदु 2 तक नीचे की गतिविधि की प्रतिक्रिया में उच्च
4. नीचे के रुझान की निरंतरता में तय किया गया एक नया निम्नतर निम्न
5. प्रतिक्रियाशील उच्च बिंदु 3 पर पिछले उच्च से ज़्यादा नीचे है
6. एक नया निम्नतर निम्न निर्धारित किया गया
7. प्रतिक्रियाशील उच्च एक बार फिर से बिंदु 5 पर पिछले उच्च से नीचे है
8. नीचे के रुझान की निरंतर गतिविधि

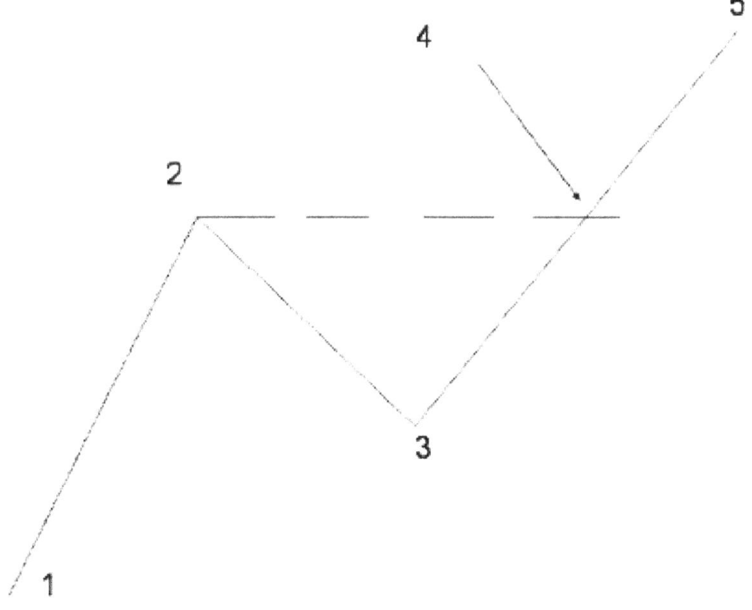

चित्र 3. ज़िग संभावित ऊपर के रुझान को दर्शाता है

1. शुरूआती ऊपर का रुझान
2. सबसे हालिया उच्च
3. सबसे हालिया उच्च की प्रतिक्रिया में निम्न
4. चूँकि बिंदु 2 पर तय किया गया उच्च बिंदु पार हो गया है और स्पष्ट है, इसलिए संभावित नया ऊपर का रुझान शुरू हो सकता है

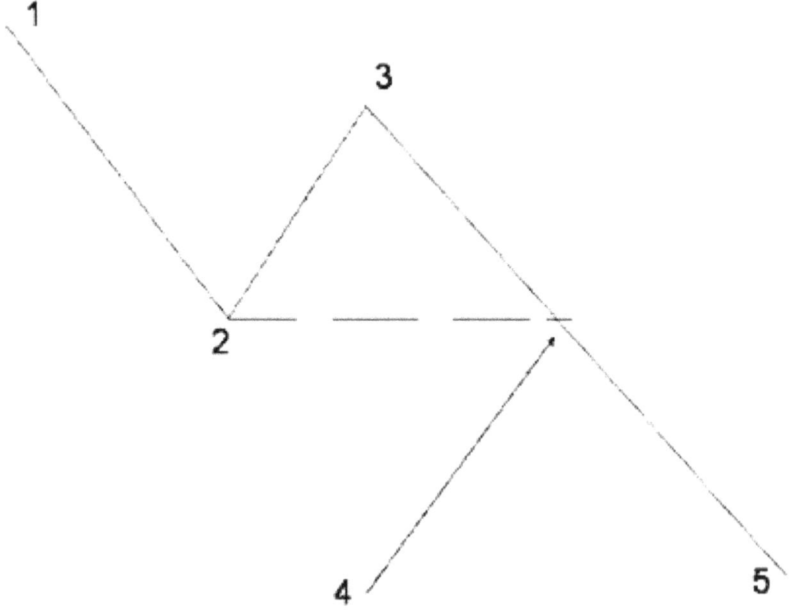

चित्र 4. ज़ैग संभावित नीचे के रुझान को दर्शाता है

1. शुरूआती नीचे का रुझान
2. सबसे हालिया निम्न

3. सबसे हालिया निम्न की प्रतिक्रिया में उच्च
4. चूँकि बिंदु 2 पर तय किया गया नया निम्न बिंदु नीचे की तरफ प्रवेश करता है, इसलिए संभावित नया नीचे का रुझान शुरू हो सकता है

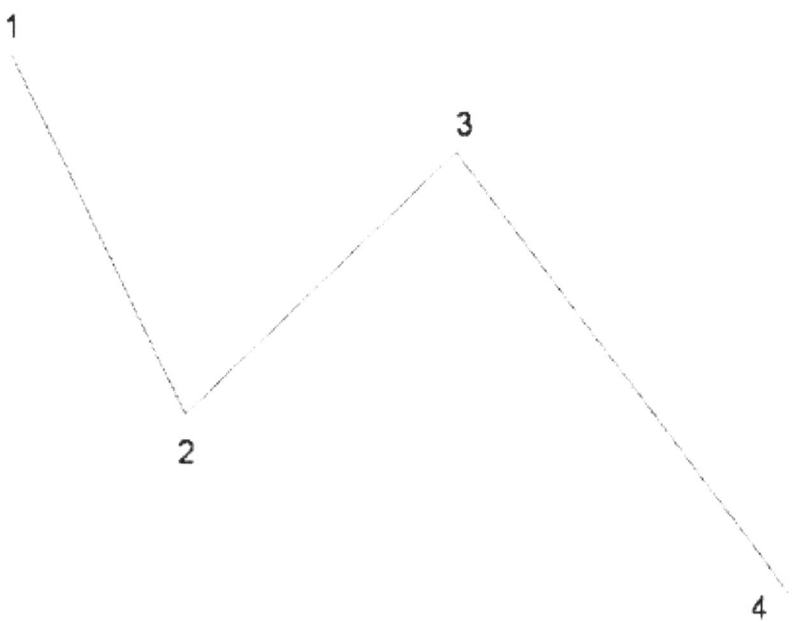

चित्र 5a. नीचे के रुझान वाला बाज़ार

1. नीचे के रुझान से पहले
2. सबसे हालिया निम्न
3. सबसे हालिया निम्न की प्रतिक्रिया में उच्च
4. एक नया निम्नतर निम्न

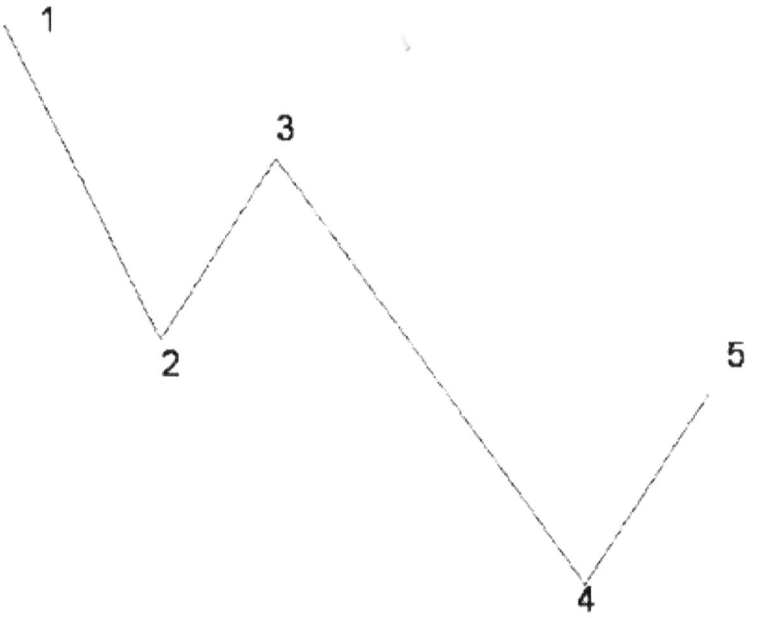

<u>**चित्र 5b. एक संभावित बदला हुआ रुझान आ भी सकता है या नहीं भी आ सकता है**</u>

1. नीचे के रुझान से पहले
2. सबसे हालिया निम्न
3. सबसे हालिया निम्न की प्रतिक्रिया में उच्च
4. एक नया निम्नतर निम्न
5. बिंदु 4 से ऊपर की गतिविधि

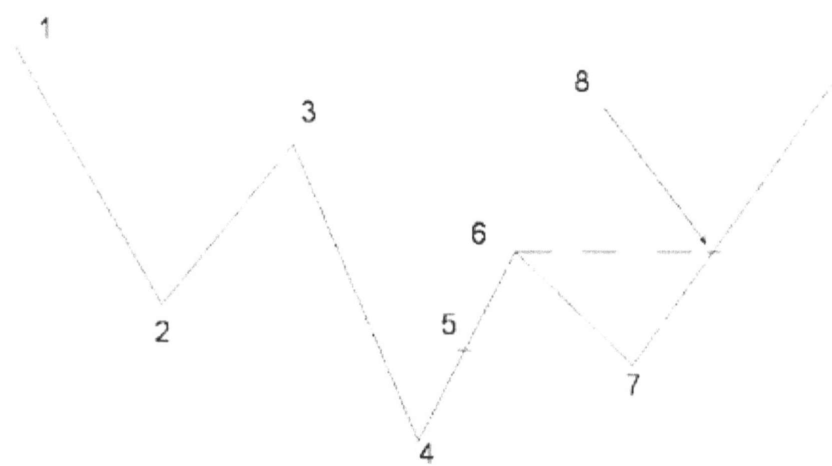

चित्र 5c. रुझान में बदलाव

1. नीचे के रुझान से पहले
2. सबसे हालिया निम्न
3. सबसे हालिया निम्न की प्रतिक्रिया में उच्च
4. एक नया निम्नतर निम्न
5. सबसे हालिया निम्न से ऊपर की गतिविधि
6. सबसे हालिया ऊपर की गतिविधि के दौरान निर्धारित उच्च
7. सबसे हालिया ऊपर की गतिविधि की प्रक्रिया में नीचे की गतिविधि, लेकिन यह निम्न पिछले बिंदु 4 वाले निम्न से ज़्यादा उच्च है।
8. जैसे ही कीमत पिछले उच्च बिंदु 6 से ऊपर जाती है, एक नए बदले हुए रुझान का संकेत मिलता है

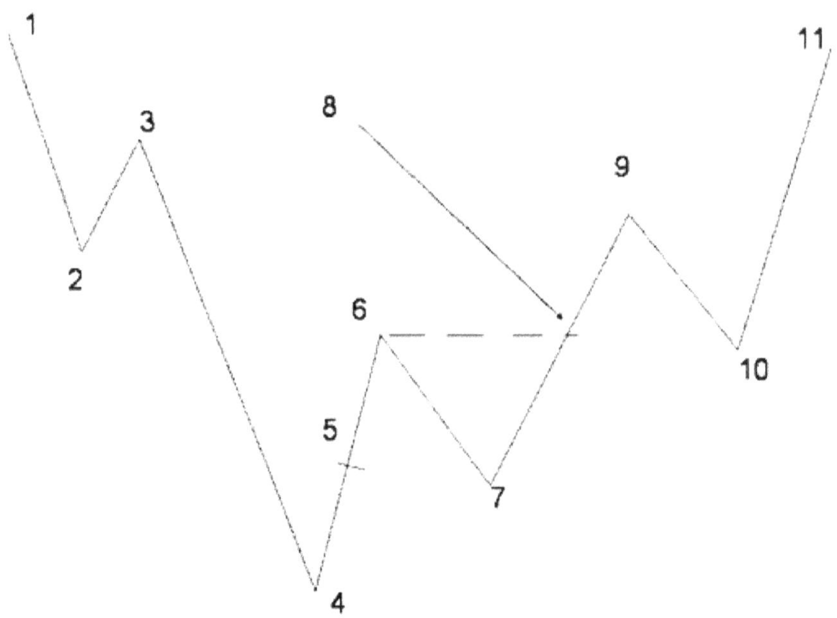

चित्र 5d. रुझान में बदलाव की पुष्टि

1. नीचे के रुझान से पहले
2. सबसे हालिया निम्न
3. सबसे हालिया निम्न की प्रतिक्रिया में उच्च
4. एक नया निम्नतर निम्न
5. सबसे हालिया निम्न से ऊपर की गतिविधि
6. सबसे हालिया ऊपर की गतिविधि के दौरान तय किया गया उच्च
7. सबसे हालिया ऊपर की गतिविधि की प्रक्रिया में नीचे की गतिविधि, लेकिन यह निम्न पिछले बिंदु 4 वाले निम्न से ज़्यादा उच्च है।

8. जैसे ही कीमत पिछले उच्च बिंदु 6 से ऊपर जाती है, एक नए बदले हुए रुझान का संकेत मिलता है
9. बिंदु 6 पर पिछले उच्च से ऊपर एक नया उच्चतर उच्च निर्धारित किया गया
10. बिंदु 7 पर पिछले निम्न की तुलना में एक उच्चतर निम्न निर्धारित किया गया
11. एक नया उच्चतर उच्च ऊपर के रुझान को जारी रखता है

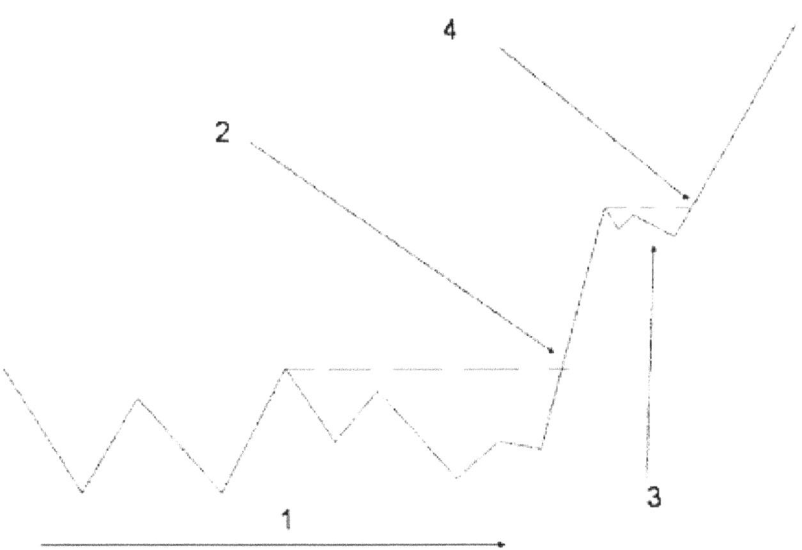

चित्र 6. सामान्य 20/4 प्रकार की स्टॉक गतिविधि

1. महीनों और सालों तक चलने वाला लंबा स्थापना चरण
2. मूल्य के आज तक के सबसे नए उच्च स्तर देखे गए

3. दृढ़ीकरण या स्थिर चरण

4. बिंदु 4 से चार हफ्ते के अंदर 20% या उससे ज़्यादा की गतिविधि के लिए नए उच्च स्तरों पर ब्रेकआउट

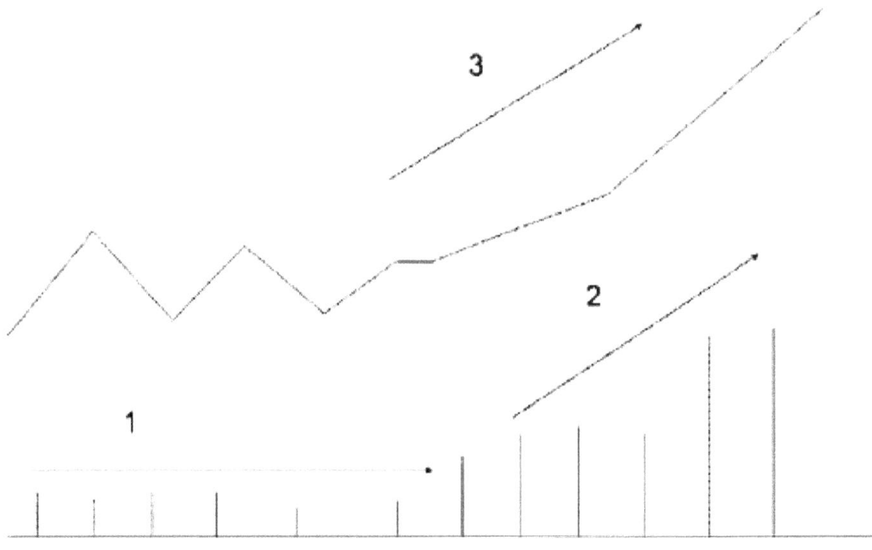

चित्र 7. आदर्श मूल्य/मात्रा गतिविधि

1. शांत मात्रा के साथ लंबा स्थापना चरण

2. बढ़ती हुई मात्रा

3. बढ़ता हुआ मूल्य बढ़ती हुई मात्रा के साथ आता है

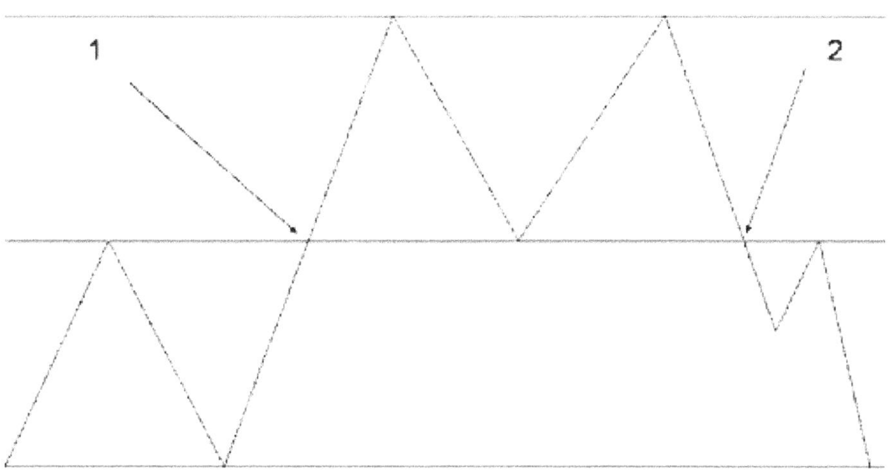

चित्र 8a. कोई भी पुराना ब्रेकआउट

1. एक मूल्य सीमा से उच्च मूल्य सीमा में ब्रेकआउट
2. वास्तविक निचली मूल्य सीमा में वापसी

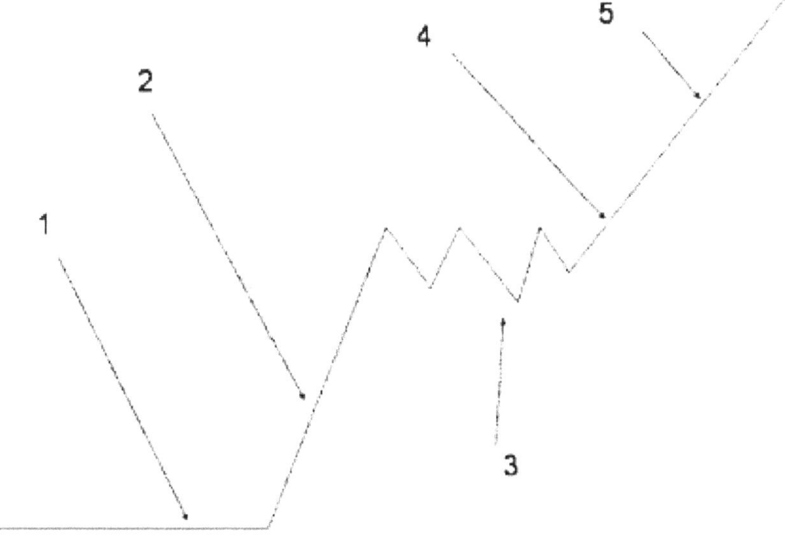

चित्र 8b. असली ब्रेकआउट

1. लंबा स्थापना चरण
2. नए उच्च मूल्य बनाने के लिए एक मजबूत ऊपरी रुझान शुरू हुआ
3. दृढ़ीकरण चरण
4. आज तक के सबसे नए उच्च मूल्य क्षेत्र में ब्रेकआउट
5. दृढ़ीकरण चरण के बाद ऊपर का रुझान अब फिर से शुरू हुआ

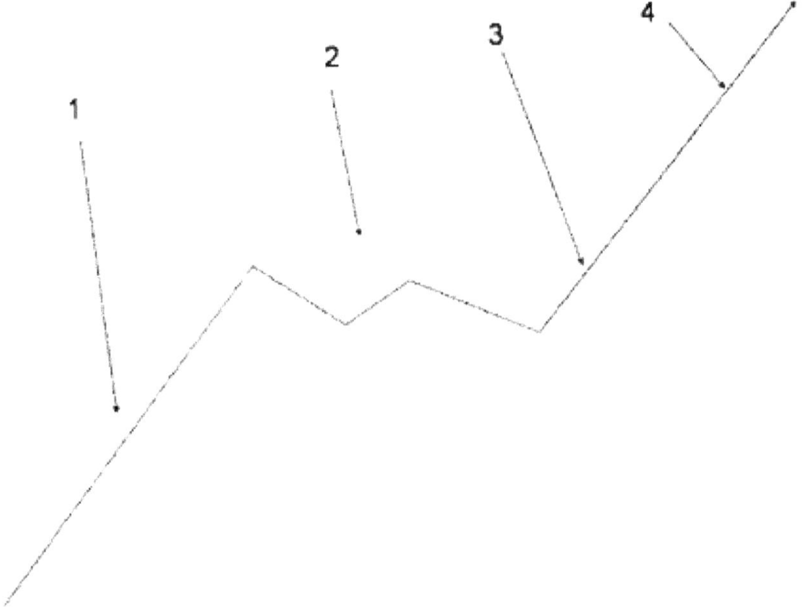

चित्र 8c. असली ब्रेकआउट का समापन

1. नए उच्च मूल्य बनाने के लिए एक मजबूत ऊपरी रुझान शुरू हुआ

2. दृढ़ीकरण चरण
3. आज तक के सबसे नए उच्च मूल्य क्षेत्र में ब्रेकआउट
4. दृढ़ीकरण चरण के बाद ऊपर का रुझान अब फिर से शुरू हुआ

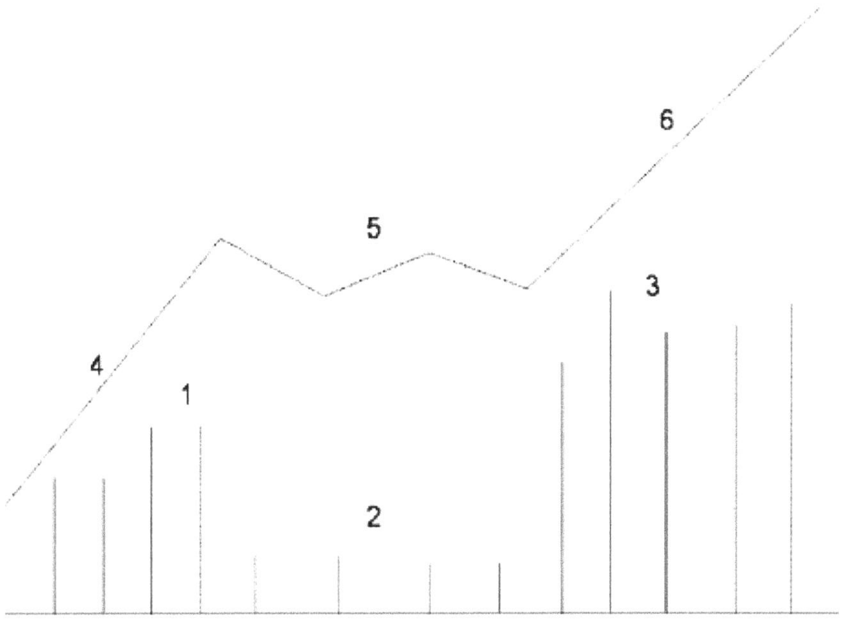

चित्र 9. ठोस मूल्य/मात्रा गतिविधि के साथ असली ब्रेकआउट

1. ऊपर के रुझान से पहले बढ़ती हुई मात्रा
2. स्थिर या दृढ़ीकरण के चरण के दौरान मात्रा में संकुचन
3. स्टॉक के आज तक के इतिहास में ट्रेडिंग की मात्रा सबसे उच्च स्तरों पर पहुंच जाती है
4. ऊपरी रुझान से पहले मूल्य क्षेत्र

5. दृढ़ीकरण का चरण - इस चरण के दौरान उच्च मूल्य एक “सीलिंग” है, जब तक कि स्टॉक इस “सीलिंग” मूल्य से ऊपर नहीं पहुंच जाता। “सीलिंग” मूल्य से ऊपर जाने के बाद, “सीलिंग” “फ्लोर” मूल्य बन जाता है, जो आम तौर पर फिर से नीचे की ओर नहीं जाता है

6. ऊपर का रुझान फिर से शुरू होता है

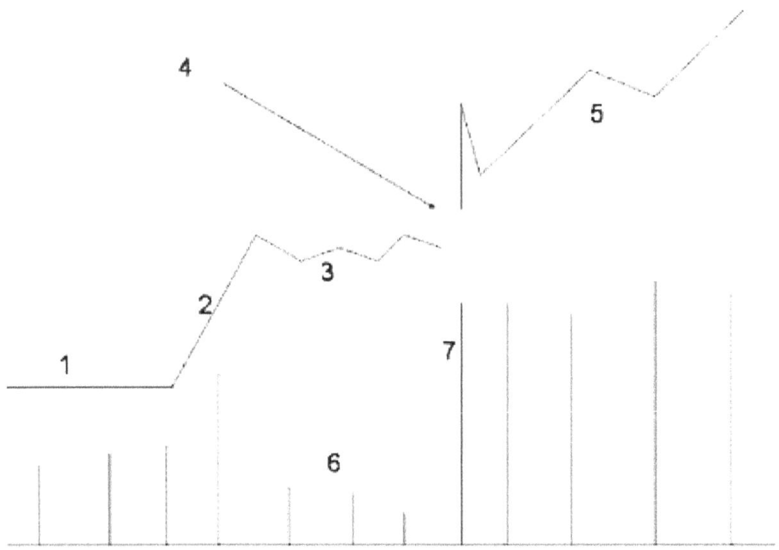

<u>चित्र 10. असली ब्रेकअवे</u>

1. लंबा अप्रत्यक्ष आधार चरण

2. नए उच्च मूल्य स्तर बनाने के लिए एक मजबूत ऊपरी रुझान शुरू हुआ

3. स्थिर और दृढ़ीकरण चरण

4. ब्रेकअवे अंतराल

5. स्थिर या दृढ़ीकरण चरण के बाद जारी ऊपर का रुझान फिर से शुरू हुआ
6. स्थिर चरण के दौरान निष्क्रिय मात्रा
7. स्टॉक के आज तक के इतिहास में सबसे ज़्यादा ट्रेड की मात्रा देखी गई

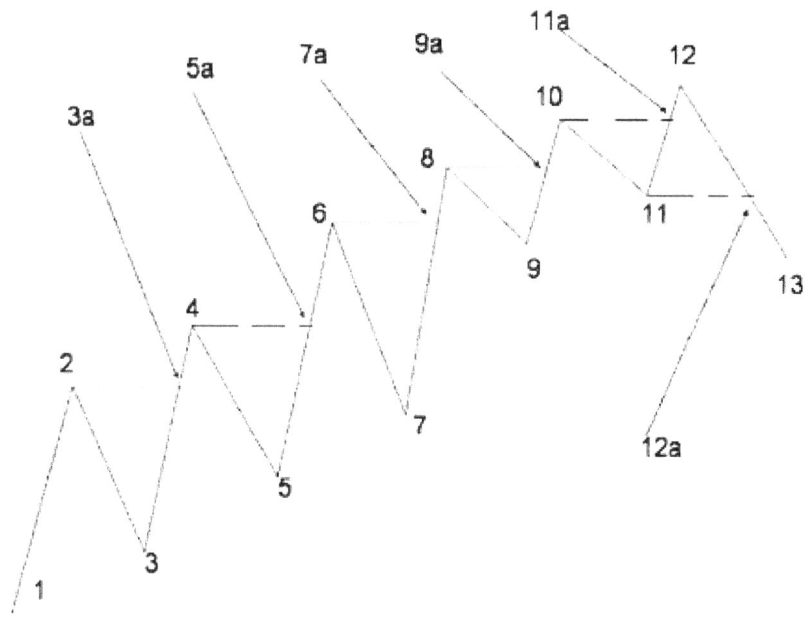

<u>चित्र 11. रुझान की गतिविधि के साथ स्टॉप आगे बढ़ाना</u>

बॉयड ने कहा कि, “मान लीजिये आपके पास कोई स्टॉक है जिसका मूल्य बढ़ रहा है। मैंने ऐसे स्टॉक का चित्र बनाया है। मान लीजिये जैसे ही वो स्टॉक बिंदु 3a से आगे बढ़ा और नया उच्च मूल्य बनाया आपने स्टॉक ख़रीद लिया। 3a पर स्टॉक ख़रीदते ही, आपने 3a के मूल्य से 10% नीचे बिक्री-स्टॉप लागू कर दिया।

मान लीजिये जब तक स्टॉक उच्चतर उच्च और उच्चतर निम्न तक नहीं पहुंचता, बिक्री स्टॉप का मूल्य सक्रिय नहीं होता है। यानी, स्टॉक को पहले बिंदु 4 पर उच्च मूल्य तक पहुंचना होगा। उसके बाद, इस ऊपर की गतिविधि के लिए प्रतिक्रिया आनी चाहिए, जो बिंदु 5 पर मूल्य में दिखाई देता है। इस बात का ध्यान रखें कि बिंदु 5 पर मूल्य बिंदु 3 पर मूल्य से ज़्यादा है - जो स्टॉक का पिछला निम्न था। उसके बाद स्टॉक को नए उच्चतर उच्च पर पहुंचना होगा, जैसे यह बिंदु 6 के मूल्य पर करता है। ध्यान दें कि बिंदु 6 पर मूल्य बिंदु 4 पर पिछले उच्च मूल्य से ज़्यादा है। बिंदु 5 से बिंदु 7 पर स्टॉक के मूल्य की गतिविधि के दौरान, यह 5a पर मूल्य से होकर गुज़रता है, जो मूल रूप से वही मूल्य है जिसे बिंदु 4 पर उच्च मूल्य के रूप में निर्धारित किया गया है। जैसे ही स्टॉक इस बिंदु 5a से ऊपर जाता है, स्टॉक के ऊपर के रुझान की दोबारा पुष्टि हो जाती है। इसी समय बिक्री-स्टॉप को पूर्व बिक्री-स्टॉप से बिंदु 5 पर मूल्य से थोड़ा नीचे ले जाया जाता है।"

"बिक्री- स्टॉप बिंदु 5 पर मूल्य से थोड़ा नीचे रहता है जब तक कि उच्चतर उच्च और उच्चतर निम्न के एक और राउंड की पुष्टि नहीं हो जाती है। यानी स्टॉक को पहले उस उच्च तक पहुंचना होगा, जैसा कि बिंदु 6 पर मूल्य से दर्शाया गया है। उसके बाद, स्टॉक को बिंदु 6 पर नए उच्च मूल्य के लिए प्रतिक्रिया देनी होगी। इस प्रतिक्रिया को बिंदु 7 पर कम मूल्य से दर्शाया गया है। उसके बाद नई ऊपरी गतिविधि शुरू होती है। बिंदु 7 से बिंदु 8 पर मूल्य की नई ऊपरी गतिविधि के दौरान, स्टॉक को बिंदु 6 पर निर्धारित उच्च मूल्य को पार करना होगा या उससे

गुज़रना होगा। मैंने इस मूल्य को बिंदु 7a पर मूल्य से दर्शाया है। जैसे ही स्टॉक 7a पर इस मूल्य से आगे बढ़ता है, मैं फिर से अपने बिक्री स्टॉप को बिंदु 5 पर मूल्य के थोड़ा नीचे से बिंदु 7 पर मूल्य से थोड़ा नीचे ले आता हूँ। बिंदु 7 पर मूल्य से थोड़ा नीचे रखे गए बिक्री स्टॉप को तब तक नहीं हटाया जाता, जब तक कि उच्चतर उच्च और उच्चतर निम्न का एक और पूरा राउंड नहीं दिखाई देता है।"

"कागज़ पर यह काफी सरल और साधारण लगता है। ज़्यादातर नौसिखियों के सामने सबसे बड़ी बाधा यह आती है कि वे अपने खाते के मूल्यों और अपने स्टॉक के मूल्यों पर दिन-प्रतिदिन ध्यान देते हैं। जब वे देखते हैं कि स्टॉक उच्च स्तर पर आ गया है, उदाहरण के लिए, बिंदु 6 पर और फिर वे देखते हैं कि यह बिंदु 7 पर प्रतिक्रिया करता है, तो वे घबराने लगते हैं। उन्हें लगता है कि वे अपना मुनाफा 'खो' रहे हैं और मूल्य गिरने के पहले संकेत पर ही स्टॉक बेचना शुरू कर देते हैं।"

"रुझान की गतिविधि के साथ-साथ बिक्री-स्टॉप का पालन करने के अनुशासन को विकसित होने में समय लगता है। ज़्यादातर लोगों के अंदर यह अनुशासन बड़ी जीत का मौका "गंवाने" के बाद आता है। रुझान में कइयों बार किसी सच्चे विजेता को छोड़ने के बाद, ज़्यादातर लोगों को रुझान के साथ-साथ ट्रेड करने की आदत पड़ती है। दुःख की बात यह है कि कई दूसरे लोगों को अनुशासन की सादगी की समझ कभी नहीं आती है। जैसा कि मैंने कहा, समय सापेक्ष है। मेरे जैसे लोगों के लिए शेयर बाज़ार में चार से आठ महीने लंबा

समय नहीं है, जिन्होंने दशकों से बाज़ार के उपहारों और खतरों को देखा और अनुभव किया है। लेकिन नौसिखियों और कई अनुशासनहीन पेशेवरों (जो लंबे समय तक पेशेवर नहीं रहेंगे) के लिए, 4-8 सप्ताह भी अनंत काल की तरह लगते हैं।"

और उन्होंने आगे कहा, "जैसे-जैसे स्टॉक ये उच्चतर उच्च और उच्चतर निम्न बनाना जारी रखता है, रुझान की गतिविधि में स्टॉप की जगह भी बदलती रहती है। एक बिंदु पर ऊपर का मूल्य दबाव ख़त्म हो जायेगा। और फिर मूल्यों को नीचे धकेलने का दबाव शुरू होता है। कभी-कभी यह बदलाव सूक्ष्म रूप से आता है और कभी पूरी स्पष्टता के साथ आता है। लेकिन अपने नियमों को लागू करने वाला सट्टेबाज़ अपने स्टॉप को ऊपर की ओर बढ़ाता रहेगा। पहले स्टॉप बिंदु 9 पर मूल्य से थोड़ा नीचे जाता है। फिर बिंदु 11 पर मूल्य से थोड़ा नीचे जाता है। जैसे ही स्टॉक मध्यम या लंबी अवधि के लिए सबसे ऊपर होता है और नीचे की ओर बढ़ना शुरू होता है, यह स्टॉप सक्रिय हो जाएगा और स्टॉक बिक जायेगा। इस तरह, सट्टेबाज़ स्टॉक के साथ बिंदु 3a से बिंदु 11 पर मूल्य तक आने में समर्थ था। यह एक महत्वपूर्ण गतिविधि है और किसी होशियार सट्टेबाज़ का असली लक्ष्य है - किसी रुझान वाली गतिविधि के सबसे महत्वपूर्ण हिस्से को पकड़ना और उसके साथ आगे बढ़ना।"

परिशिष्ट 3

वो अन्य किताबें जिनकी सट्टेबाज़ों को ज़रूरत पड़ेगी

1. निकोलस दर्वास की "मैंने शेयर बाज़ार में $2 मिलियन कैसे कमाए"
2. विलियम जिलर की "शेयर बाज़ार में चार्ट आपकी मदद कैसे कर सकते हैं"
3. ब्रैड कोटेश्वर की "सर्वश्रेष्ठ स्टॉक"

बाकी के सारे सबक वास्तव में ट्रेड करके और एक पूरे चक्र का अनुभव करके सीखने होंगे जिसमें एक संपूर्ण तेज़ी का रुझान और एक संपूर्ण मंदी का रुझान होगा।

लेखक का परिचय

सर्वश्रेष्ठ सट्टेबाज़ के लेखक, ब्रैड कोटेश्वर, को पहली बार 52 हफ्ते में टेज़र इंटरनेशनल के स्टॉक की कीमत में 7000% की असाधारण उछाल के बारे में अपनी रिपोर्ट के लिए जाना गया था। जब उन्होंने अपनी रिपोर्ट जारी की, जिसे उन्होंने अपने ग्राहकों के लिए काल्पनिक कहानी के रूप में लिखा था और 2004 के मध्य में स्थानीय एरिज़ोना मीडिया में प्रचार की तलाश में थे, तब उन्हें अस्वीकार कर दिया गया क्योंकि एरिज़ोना के छोटे लेकिन समृद्ध समुदायों में सभी टेज़र के शेयरों के मालिक थे। उनमें से कोई यह मानने को तैयार नहीं था कि अप्रैल 2004 में टेज़र की कीमत अपने शीर्ष पर थी।

www.ingramcontent.com/pod-product-compliance
Lightning Source LLC
Chambersburg PA
CBHW060353200326
41519CB00011BA/2130

* 9 7 8 1 9 3 4 2 9 5 9 8 4 *